Neue
Kleine Bibliothek 315

Frank Deppe / Georg Fülberth
André Leisewitz (Hg.)

Fortschritt in neuen Farben?

Umbrüche, Machtverschiebungen
und ungelöste Krisen der Gegenwart

PapyRossa Verlag

© 2022 by PapyRossa Verlags GmbH & Co. KG, Köln
Luxemburger Str. 202, 50937 Köln
Tel.:   +49 (0) 221 – 44 85 45
Fax: +49 (0) 221 – 44 43 05
E-Mail: mail@papyrossa.de
Internet: www.papyrossa.de

Umschlag: Verlag, unter Verwendung eines
            Motivs © by malerapaso | iStock [174899958]
Druck: Interpress

Die Deutsche Nationalbibliothek verzeichnet diese Publikation in
der Deutschen Nationalbibliografie; detaillierte bibliografische
Daten sind im Internet über http://dnb.d-nb.de abrufbar

ISBN 978-3-89438-787-7

Inhalt

II.
WESSEN WELT IST DIE WELT?
MOMENTAUFNAHMEN ZUR GEOPOLITIK

Vorwort

Am 20. Januar 2021 trat Joe Biden sein Amt als 46. Präsidenten der Vereinigten Staaten von Amerika an, am 8. Dezember 2021 wurde Olaf Scholz zum neunten Bundeskanzler der Bundesrepublik Deutschland gewählt.

In der Wahrnehmung vieler Zeitgenoss(inn)en eröffneten diese beiden Amtswechsel die Möglichkeit eines politischen Aufbruchs in eine neue Ära.

Biden verband die von ihm proklamierte Rückkehr der USA zur Kooperation mit den Verbündeten im American Empire mit dem Anspruch auf eine erneuerte globale Führerschaft seines Landes. Er erteilte dem Chauvinismus und Rassismus seines Vorgängers eine Absage und wollte viele Milliarden Dollar für die Verringerung sozialer Ungleichheit, die Erneuerung der Infrastruktur und den Kampf gegen die Erderwärmung mobilisieren.

In Deutschland verabschiedeten Bündnis 90/Die Grünen, FDP und SPD einen Koalitionsvertrag mit der Überschrift »Mehr Fortschritt wagen!« Sie verpflichteten sich zu einer sozialökologischen Modernisierung mit großen Investitionen für eine Klimawende und den Ausbau der Digitalisierung sowie eine Erneuerung des Sozialstaats.

Die Autor(inn)en des hier vorliegenden Bandes stellten sich die Aufgabe, die Realisierungsmöglichkeiten dieser Zukunftsprojekte zu überprüfen und die ersten Schritte, die dabei schon gegangen waren, zu beurteilen. Das Ergebnis fiel – gelinde gesagt – skeptisch aus.

In der Bundesrepublik sollte die sozialökologische Transformation ohne die Revision der in den vorangegangenen vier Jahrzehnten – insbesondere der von der Schröder/Fischer-Regierung (1998-

2005) – geschaffenen Tatsachen bewerkstelligt werden. Nach der Abrufung noch nicht in Anspruch genommener Kredite und dem Einsatz von Schattenhaushalten ist, da die Wiedereinführung der Vermögensteuer oder andere Maßnahmen zwecks Umverteilung von oben nach unten tabu sind, eine weitere Belastung der Unter- und Mittelschichten der Lohnabhängigen wahrscheinlich. Die Koalition bekennt sich zum NATO-Ziel von zwei Prozent des Bruttoinlandsprodukts für die Aufrüstung. In den USA korrigierte Biden Schritt für Schritt seine sozialpolitischen Ankündigungen nach unten.

Weltweit ist die gesellschaftliche Ungleichheit – wie Thomas Piketty wiederholt festgestellt hat – nahezu so hoch wie 1913. Es gibt weder in den USA unter Biden noch seit Beginn der Ampelkoalition Anzeichen dafür, dass sich daran etwas ändern wird. Im Gegenteil: Während der Corona-Pandemie ist die Kluft zwischen Arm und Reich noch breiter geworden. Durch sie hervorgerufene Verwerfungen fördern weiterhin Rassismus und Chauvinismus.

Längst hatte ein geopolitischer Umbruch begonnen: Die USA sehen ihre globale Hegemonie durch den Aufstieg der Volksrepublik China herausgefordert. Bei dem Versuch, ihm zu begegnen, aktivieren sie ein Bündnissystem im indo-pazifischen Raum. Zugleich wurde – in Revision von Trumps Politik – durch Biden im Westen die NATO wieder vitalisiert. Deren ständige Ost-Erweiterung nach 1990 ist von Russland als Einkreisung und Bedrohung wahrgenommen worden. Konflikte zwischen den Großmächten und ein neuer Rüstungswettlauf bestimmen die internationale Politik. Die grüne Außenministerin benutzte schon im Wahlkampf und dann vom ersten Tag ihrer Amtszeit an ein Kreuzzugs-Vokabular.

Dies war der Befund der hier versammelten Aufsätze. Redaktionsschluss war der 22. Februar 2022. Zwei Tage später griff die Russische Föderation unter Bruch des Völkerrechts die Ukraine an, einen seit 1991 selbständigen Staat, der Mitglied der UNO ist.

Am 27. Februar 2022 rief Kanzler Scholz im Bundestag eine Zeitenwende aus. Die russische Aggression wurde von Regierung, Parlament, veröffentlichter Meinung und – soweit sich das feststellen lässt – Bevölkerung einhellig verurteilt. Jenseits dieser Selbstverständlichkeit fragt sich, was daraus folgt. Eine Antwort von Scholz ist – unter anderem – Militarisierung nicht nur der deutschen Außen-, sondern auch der Fiskalpolitik. Die NATO-Norm für Rüstungsausgaben – zwei Prozent vom Bruttoinlandsprodukt – soll zwischenzeitlich überboten werden. Der aktuelle Militärhaushalt wird durch ein »Sondervermögen Bundeswehr« in Höhe von 100 Milliarden Euro aufgestockt. Zu diesem Zweck soll das Grundgesetz geändert werden. Deutschland erklärt sich damit zunächst für die Dauer der gegenwärtigen Situation zu einem fiskalischen Kriegsführungsstaat (warfare-state). Die Geschwindigkeit, mit der nur drei Tage nach dem russischen Angriff recht detaillierte Aufrüstungspläne angekündigt wurden, macht evident, dass sie schon länger gut vorbereitet gewesen sein müssen. Es ist nicht ausgeschlossen, dass dies der Beginn einer langfristigen Einreihung der Bundesrepublik an der Seite der USA in eine neue globale Konfrontation ist, die sich perspektivisch nicht nur gegen Russland, sondern vor allem gegen China richtet. Trump, Biden und die deutsche Außenministerin Baerbock hatten dieses Land schon vor dem 24. Februar zum Hauptfeind für den so genannten »Westen« erklärt.

Was wird also auf den Krieg um die Ukraine folgen? Dabei wird auch die Frage entschieden werden, welche Rolle Deutschland und die EU in einem solchen globalen Showdown und in den bevorstehenden Kämpfen um die Weltordnung spielen werden.

Seit Februar 2022 sind die ambitionierten Programme für eine sozialökologische Wende in Deutschland de facto ausgesetzt. Die angekündigten Milliarden zur Bekämpfung der Erderwärmung werden langfristig wohl für die Finanzierung des forcierten Rüstungswettlaufs umgewidmet werden. Ähnliches dürfte auch für den von Biden in den USA, von der EU-Kommissionspräsidentin von der Leyen in Europa und von der Ampelkoalition in Deutschland propagierten Green New Deal gelten. Nunmehr ist die Welt in eine Situation zurückgeworfen, in der sie sich 1914 und 1939 befand – auf einem unvergleichlich höheren Niveau des Vernichtungspotentials.

Die neuen Farben des Fortschritts, die seit 2021 aufgetragen wurden, taugen nicht einmal mehr als Make up, auch wenn der Bundeskanzler am Ende seiner Rede vom 27. Februar an der raschen Erreichung von CO_2-Neutralität festhielt: als Teil der neuen Strategie, von
russischen Energie-Lieferungen möglichst unabhängig zu werden.
Wenn drei Wochen später der Wirtschafts- und Klimaschutzminis-
ter Robert Habeck in Katar und den Vereinigten Arabischen Emira-
ten über den Kauf von Flüssiggas verhandelte, machte er klar, dass
die »wertebasierte« Außenpolitik Annalena Baerbocks gegenwärtig
vor seinem Ressort Halt zu machen hat und die Entkarbonisierung
zumindest für eine Übergangszeit noch etwas warten muss. Beides
verband er mit der Ankündigung, man wolle mit den dortigen Regierungen auch über eine Partnerschaft bei der Entwicklung von
Wasserstoff-Energie verhandeln. Was die Menschenrechte angeht,
mag er auf eine Art Wandel durch Annäherung hoffen.

Die von Scholz am 27. Februar 2022 ausgerufene Zeitenwende
steht am Ende einer vierzigjährigen neoliberalen Wendezeit. Der
nur auf den ersten Blick als abrupt erscheinende Umschlag hatte
Voraussetzungen: Es sind die Umbrüche, Machtverschiebungen
und ungelösten Krisen der Gegenwart, die sich nun katastrophal zu
entladen drohen. Dieses Buch beschäftigt sich in seinen Einzelbei-
trägen mit der Vorgeschichte dessen, was jetzt geschieht.

Die Autor(inn)en und Herausgeber dieses Bandes widmen ihn Jürgen Harrer in Erinnerung an jahrzehntelange Zusammenarbeit und
in der Hoffnung, dass der PapyRossa Verlag auch in Zukunft erfolgreich zur Aufklärung des gesellschaftlichen Bewusstseins beitragen
kann.

Frank Deppe, Georg Fülberth, André Leisewitz

I.
Fortschritt wagen?

Momentaufnahmen deutscher Innenpolitik

Frank Deppe

Machtverschiebungen in die linke Mitte?

Der »herrschende Block« in Zeiten der Ampel

1.

Klaus Schwab ist ein deutsch-schweizerischer Unternehmer, der 1971 das Weltwirtschaftsforum in Davos gründete und diesem bis heute präsidiert. Dort treffen sich die Reichen und Mächtigen aus aller Welt, um über den Zustand des globalen Kapitalismus sowie über Fragen einer »Gobal Governance« zu diskutieren. Das Forum ist zu einer transstaatlichen Institution geworden, die der Sicherung der Herrschaft der transnationalen Konzerne und des globalen Finanzkapitals dienen soll und informelle Verfahren der Konfliktregulierung und Interessenwahrnehmung jenseits der traditionellen zwischenstaatlichen Beziehungen anbietet.

Die optimistische Grundstimmung des Forums hat sich in der jüngsten Zeit allerdings deutlich eingetrübt. Davon zeugt auch der jährliche *Global Risks Report* aus Davos. Er ist den Gefahren gewidmet, denen die Welt im jeweils folgenden Jahr ausgesetzt sein wird. Die Palette solcher Risiken ist breit: von Naturkatastrophen, Krankheiten, Cyberangriffen bis zu Kriegsgefahr, Handelskriegen sowie Wirtschafts- und Finanzkrisen. »Die größte Gefahr für die Menschheit«, hieß es etwa im Bericht von 2019, »besteht aktuell in den ›geopolitischen und geoökonomischen Spannungen zwischen den großen Mächten in der Welt ... Gleichzeitig nehmen ›makroökonomische Risiken‹ zu. Das Wirtschaftswachstum geht weltweit zurück. Die Finanzmärkte legen eine zunehmende Volatilität an den Tag und die globale Schuldenlast liegt mit gewaltigen 225 Prozent der Weltwirtschaftsleistung erheblich höher als vor der ›globalen Finanzkrise‹ der Jahre 2007 bis 2009«.

Klaus Schwab veröffentlichte 2020 ein Memorandum unter dem Titel »Covid-19: der große Umbruch«. Darin fordert er einen Neustart (»Re-Set«) für die Welt.[1] Er ist davon überzeugt, dass die Corona-Krise eine Zuspitzung der Krisentendenzen im Wirtschafts- und Gesellschaftssystem – verbunden mit langfristigen geopolitischen, ökologischen und technologischen Umbrüchen (»digitale Transformation«) – bewirken wird.

In diesen Umbruchskrisen nehmen einerseits die Unzufriedenheit der Menschen, die Handlungsschwächen der Regierungen und die Konflikte um die Verteilung der Macht zwischen den Großmächten (vor allem zwischen den USA und China) zu. Die Regierungen werden angesichts der sozialen und wirtschaftlichen Folgen der Pandemie mit neuen Aufgaben eines Krisenmanagements konfrontiert, das einen erweiterten Staatsinterventionismus, aber auch eine Aufblähung der Staatsschulden erfordert. Dabei vergrößert die Pandemie die »Bruchlinien, die unsere Volkswirtschaften und Gesellschaften bereits seit langem belasten. Zunehmende soziale Ungleichheiten, ein weit verbreitetes Gefühl der Ungerechtigkeit, sich vertiefende geopolitische Gräben, politische Polarisierung, wachsende Haushaltsdefizite, eine ineffektive oder nicht vorhandene globale Ordnungspolitik, exzessiver Finanzmarkt-Kapitalismus, Umweltzerstörungen – das sind nur einige der größten Herausforderungen, die bereits vor der Pandemie bestanden. Die Corona-Krise hat sie alle noch verschärft.«[2]

Diese Krisentendenzen enthalten erhebliche Gefahrenpotenziale: »Wenn es uns nicht gelingt, die tief verwurzelten Missstände in unseren Gesellschaften und Wirtschaftssystemen anzugehen und zu beheben, könnte das Risiko zunehmen, dass wie so häufig in der

1   Schwab, Klaus/Malleret, Thierry: Covid19: der große Umbruch, Köln/Genf 2020, S. 292.
2   Ebd., S. 291.

Geschichte letztlich ein Umbruch durch gewaltsame Erschütterungen wie Kriege oder gar Revolutionen erzwungen wird.« Schwab ist
davon überzeugt, dass »in der Welt nach der Corona-Pandemie …
Fragen der Gerechtigkeit und Fairness in den Vordergrund rücken
werden, die von stagnierenden Realeinkommen bis zur Neudefini-
tion unseres Gesellschaftsvertrages reichen«.[3] Eine »unabdingbare
Voraussetzung« für die Bewältigung dieser Krisen ist eine »stärkere
Zusammenarbeit und Kooperation in und zwischen den Ländern«
(ebd.). Die größte Gefahr für den globalen Kapitalismus wäre also
neben den sozialen Unruhen in der Welt ein Rückfall auf Positionen
eines wirtschaftlichen und politischen Nationalismus.

Der Re-Set verlangt freilich einen New Deal, der sowohl auf die
soziale Ungleichheit als auch auf die ökologischen Herausforderungen und dabei vor allem auf die Klimakrise zu reagieren vermag. In
einem neuen Gesellschaftsvertrag sollte z. B. enthalten sein: »1. Ein
breiterer, wenn nicht universeller Zugang zu Sozialhilfe, Sozialver-
sicherung, Gesundheitsversorgung und hochwertiger Grundver-
sorgung; 2. Bemühungen für einen besseren sozialen Schutz von
Arbeitnehmern und den derzeit am meisten Betroffenen (wie zum
Beispiel jene, die in der Gig Economy beschäftigt sind und diese befeuern, in der Vollangestellte durch unabhängige Auftragnehmer
und Selbständige ersetzt werden)«.[4] Zu einem solchen Programm
des Re-Set gehören auch umfangreiche Maßnahmen auf dem Gebiet
der Umwelt- und Klimapolitik – auf der lokalen, nationalen und
globalen Ebene. Stets entscheide aber die Bereitschaft zur transnationalen Kooperation – auf der Ebene der Konzerne, der Staaten wie
der internationalen Organisationen – darüber, ob die Welt noch zu
retten sei. Klaus Schwab ist der Exponent eines globalen Kapitalismus, der sich für die Kooperation mit den linksliberalen und sozialdemokratischen Parteien, aber auch mit sozialen Bewegungen (vor
allem der Klimabewegung) öffnen muss.

---

3   Ebd., S. 297.
4   Ebd., S. 112f.

2.

Die systemische Krise des globalen Finanzmarktkapitalismus, der sich am Ende des vergangenen Jahrhunderts als der »Sieger der Geschichte« feierte, hat seit dem Big Crash von 2008 angesichts des drohenden Zusammenbruchs von Banken, industriellen Unternehmen und von zahlungsunfähigen Staaten sowie angesichts des Einbruchs des Wirtschaftswachstums und der Gefahren steigender Arbeitslosigkeit die Politik herausgefordert, dem Zusammenbruch entgegenzuwirken.[5] Dabei hat der Staat – über die Mobilisierung von gewaltigen Konjunktur- und Stabilisierungsprogrammen – zunächst Banken gerettet, überschuldeten Staaten ein Krisenmanagement – genauer ein Austeritätsregime – aufoktroyiert und Maßnahmen zur Begrenzung der Arbeitslosigkeit eingeleitet (z. B. Kurzarbeitergeld).

Die Verhinderung eines Zusammenbruchs – für die Herrschenden war es eine »erfolgreiche Krisenbewältigung« – ging in den entwickelten kapitalistischen Staaten allerdings in einen schwachen Wachstumszyklus mit sinkenden Investitionsquoten, stagnierender Produktivität und steigender – öffentlicher wie privater – Verschuldung über. Die Volksrepublik China fungierte ab 2010 als Konjunkturlokomotive der Weltwirtschaft. Die »Finanzialisierung des kapitalistischen Akkumulationsprozesses« beschleunigte sich und damit verschärfte sich einmal mehr die ungleiche Entwicklung zwischen den Klassen, aber auch zwischen Staaten, Regionen und Wirtschaftssektoren. Gleichzeitig breiten sich die Wirkungen und Einbrüche des Klimawandels (Waldsterben, Feuersbrünste, Flutkatastrophen und Sturmschäden) aus. Die Flüchtlingswellen, die auf Armut, Repression und Klimaschäden im globalen Maßstab reagieren, erzwingen ebenso neue staatliche Maßnahmen des Krisenmanagements und verstärken die Krise der Demokratie – als Repräsentationskrise – in den Staaten Westeuropas und Nordamerikas. Dass die »Welt aus den Fugen« geraten sei, gehört inzwischen zum

---

5   Tooze, Adam: Crashed. Wie zehn Jahre Finanzkrise die Welt verändert haben, München 2018.

zeitdiagnostischen Vokabular von Politikern aller Richtungen. Die Spezifik dieser langen Krise besteht auch darin, dass sich in ihr die Widersprüche der finanzgetriebenen Globalisierung und der neoliberalen Politik verdichten.

Schließlich hat 2020 der Übergang in die Corona-Pandemie nicht nur Millionen Todesopfer gefordert. Er führte auch zu einem weiteren Wirtschaftseinbruch und zwingt die Staaten einmal mehr zu gewaltigen Ausgaben, um die gesundheitlichen und wirtschaftlichen Folgen der Seuche zu bekämpfen. Die neue Welle der Infektionen seit Ende 2021 hat alle Hoffnungen und die politischen Planungen für a) den Übergang zur »Normalität« sowie b) zur ökonomischen Erholung als Illusion erwiesen. Dabei treten die Qualität des öffentlichen Gesundheitswesens, aber auch die Entlohnung sowie die Arbeitsbedingungen der dort tätigen Lohnabhängigen ins Zentrum politischer – aber auch gewerkschaftspolitischer – Auseinandersetzungen.

3.

In diesem globalen Krisenszenario mochte Deutschland bislang als »Insel der Glückseligen« erscheinen. Die ungleiche Entwicklung produziert »Gewinner« und »Verlierer«. Deutschland gehört innerhalb der EU – mehr noch im Vergleich mit den Armutsregionen der Welt – zu den »Gewinnern« – vor allem aufgrund der starken Position der deutschen Exportindustrien (Automobile, Maschinenbau, Elektroindustrie, Chemie/Pharmazie). Die Konzerne in diesen Branchen machen Riesengewinne und alimentieren den Staat mit Steuern – wie auch deren Arbeiter und Angestellte, die meist über starke Gewerkschaften verfügen. Ihre Einkommen sind durch Tarifverträge gesichert, die zumindest für die Facharbeiter einen Lebensstandard der unteren Mittelklasse gewährleisten.

Die gewaltigen Profite sowie Überschüsse der Leistungsbilanz – aber auch die Suche nach finanziellen Extraprofiten – beflügeln den Finanzsektor, der durch die Niedrigzinspolitik die Aktien- und Immobilienmärkte anheizt. Die Konjunktur der Bauwirtschaft wird

durch diesen Nachfrageüberhang befördert. Darüber hinaus wächst
– im Zusammenhang der »digitalen Revolution« – der sog. IT-Sek-
tor – innerhalb der Industrie wie im Dienstleistungsbereich, in dem
qualifizierte Fachkräfte gesucht werden und mit Einkommen rechnen können, die deutlich die der Facharbeiter übersteigen. Dazu
kommen die Beschäftigten des öffentlichen Sektors, die in den Lauf-
bahnen des gehobenen und höheren Dienstes über akademische
Qualifikationen verfügen und (z. B. als Lehrer, Hochschullehrer, im
Justizdienst sowie im Gesundheitswesen) zugleich über gesicherte
mittlere Einkommen sowie über besondere Sozialleistungen verfügen und mit den selbständigen Ärzten, Therapeuten, Architekten,
Anwälten, Steuer- und Unternehmensberatern eine stabile Fraktion der Mittelklassen bilden. Trotz dieser günstigen Daten aus den
»Wohlstandssektoren« von Wirtschaft und Gesellschaft »werden
nach aktuellem Stand bis 2022 rund 650 Milliarden neue Schulden
von Bund, Ländern und Gemeinden aufgenommen«.[6]

Während die Zahl der Milliardäre des obersten 1 % in der Hie-
rarchie der Einkommen und Vermögen enorm zugenommen hat
und die – akademisch qualifizierte – lohnabhängige Fraktion der
Mittelklasse deutlich zugenommen hat,[7] wird die Mehrheit der
Lohnabhängigen a) durch stagnierende oder sinkende Einkommen (durch Preissteigerungen, z. B. beim Benzin oder auch durch
Negativzinsen bei den Banken, auch durch das Anziehen der Inflation), und b) durch die Tendenzen zum »sozialen Abstieg« durch
Arbeitsplatzverlust bzw. durch die Ausweitung des sog. prekären
Sektors bedroht.[8] Der Armuts- und Ungleichheitsforscher Chris-
toph Butterwegge eröffnet sein Buch über die »zerrissene Republik«
mit dem folgenden Befund: »Seit geraumer Zeit ist die wachsende

---

6   Schramm, Katharina: Auf dem Weg in ein neues wirtschaftspolitisches Pa-
    radigma? In: Z. 127, September 2021, S. 26.

7   Vgl. Dörre, Klaus: In der Warteschlange. Arbeiter*innen und die radikale
    Rechte, Münster 2020, S. 306ff.

8   Nachtwey: Oliver: Die Abstiegsgesellschaft. Über das Aufbegehren in der
    regressiven Moderne, Berlin 2016.

sozioökonomische Ungleichheit das Kardinalproblem unserer Gesellschaft, wenn nicht der gesamten Menschheit. Ungleichheit, von
den meisten Deutschen hauptsächlich in Ländern wie den USA,
Brasilien oder Südafrika verortet, breitet sich verstärkt auch in der
Bundesrepublik aus. Sie ist bereits im Kindergarten spürbar, prägt
das Erwerbsleben der Gesellschaftsmitglieder genauso wie ihre Bildung und endet aber nicht mit ihrem Tod, macht vielmehr selbst
vor dem Begräbnis und der Grabstätte nicht halt. Die zunehmende
Ungleichheit beschränkt sich auch nicht auf die asymmetrische Verteilung von Einkommen und Vermögen, erstreckt sich vielmehr auf
unterschiedliche Lebensbereiche wie Bildung, Gesundheit, Wohnen, Freizeit und Mobilität«.[9]

4.

Mit den Bundestagswahlen vom September 2021 gingen die »Ära
Merkel« sowie die beiden »Großen Koalitionen« (2005 – 2009 sowie
2013 – 2021) von CDU/CSU und SPD zu Ende. Die neue »Ampel-
Koalition« aus SPD, Grünen und FDP präsentiert sich als eine Re-
gierung des »Aufbruchs«, des »Fortschritts« und der »Mitte«. Im
Wahlkampf stellte sich die SPD als Partei der »sozialen Gerechtigkeit« und der Arbeitnehmer*innen vor. Die Grünen setzten sich für
eine Wende in der Klimapolitik ein. Beide Parteien werden der linken Mitte zugerechnet. Angesichts der schweren Verluste der CDU/
CSU warnten konservative Kommentatoren daher schon vor einem
»Linksruck«. Da jedoch die FDP zur Ampel-Koalition bereit und
Christian Lindner schon als Finanzminister vorgesetzt war, kann
die neue Regierung mit einem Vertrauensvorschuss von Seiten
des »herrschenden Blocks«[10] – z. B. in den Kommentaren der *FAZ*

---

9 Butterwegge, Christoph: Die zerrissene Republik. Wirtschaftliche, soziale
   und politische Ungleichheit in Deutschland, Weinheim/Basel 2020, S. 9; vgl.
   auch Butterwegge in: isw-report, Nr. 127, München 2021.

10 Die »herrschende Klasse« der Produktionsmitteleigner ist stets Bestandteil
   – in der Regel die Führungsschicht – eines »herrschenden Blocks« sozialer,
   politischer und ideologischer Kräfte. Dazu gehören Vertreter der »politi-

– rechnen.[11] Grund dafür ist die FDP, die auf der Schuldenbremse besteht und Steuererhöhungen für die Reichen und Superreichen verweigert. Sie wird auch in der neuen Koalition die »Marktwirtschaft«, d. h. Kapitalinteressen, gegen staatlichen Interventionismus, Gewerkschaftsforderungen und Sozialstaatlichkeit verteidigen. Der Forderungskatalog zur sozialen Gerechtigkeit und den Arbeitnehmerrechten, den die SPD von den Gewerkschaften in ihr Wahlprogramm aufgenommen hatte, ist daher schon in den Koalitionsverhandlungen zusammengeschrumpft.

Im Wahlergebnis sowie im Koalitionsvertrag spiegeln sich zunächst Interessen – aber auch Widersprüche – wider, die mit den verschiedenen Klassenfraktionen in der Mitte der Gesellschaft verbunden sind. Die »Besserverdienenden« wollen die Bundesrepublik als »Insel der Glückseligen« erhalten. Das erfordert die Stärkung der deutschen Wirtschaftsmacht auf dem Weltmarkt, die zugleich – aus der Sicht des »herrschenden Blocks« – eine Neuorientierung in der Außen- und Sicherheitspolitik erfordert. Dafür muss aber auch die dafür notwendige Infrastruktur im eigenen Lande – durch

---

schen Klasse«, die Spitzen der Staatsverwaltung (vor allem der Sicherheitsapparate), Führungskräfte aus den Medien und dem Wissenschaftsbereich sowie Prominente aus Sport und Kultur. Zur Ausübung einer stabilen bürgerlich-kapitalistischen Hegemonie gehört immer auch die Integration von Führungskräften der Arbeiterbewegung (Sozialdemokratie/Gewerkschaften) in den »herrschenden Block«, in dem es allerdings auch immer wieder – vor allem in Umbruchsperioden eines »Interregnums« zu Konflikten und Auseinandersetzungen – z. B. über die Reaktion auf die Krisen – kommt.

11 Dort hieß es schon am Tag nach der Wahl zu den Wahlversprechen von SPD und Grünen: »Eine Mehrheit für die Aufweichung der Schuldenbremse im Grundgesetz ist nicht zu sehen. Wahrscheinlicher sind daher Versuche, die Anwendungsregeln zu dehnen. So könnte der Spielraum um ein paar Milliarden Euro geweitet werden – doch selbst das wird den Koalitionsverhandlungen nicht wirklich helfen. Für Neues, für die Verwirklichung der Wahlversprechen ist nichts da: weder für weitere Klimaschutzinvestitionen noch für eine große Digitalisierungsoffensive, weder für die Speisung eines neuen Katastrophenfonds noch für den Wegfall des Rest-Solidaritätszuschlages«. Auf der gleichen Seite fand sich ein weiterer Leitartikel mit der Überschrift: »Die FDP muss zuschlagen«!

»Digitalisierung« sowie durch Bildungsreformen und Wissen-
schaftsförderung – modernisiert werden. Für die Wirtschaftseliten
im »herrschenden Block« sind diese Ziele zentral; klimapolitische,
ökologische und sozialpolitische Ziele sind ihnen unterzuordnen.
Der grüne Ministerpräsident des Autolandes Baden-Württemberg,
Winfried Kretschmann, aber auch der – mit der CDU koalierende
– hessische Grünen-Vorsitzende und Minister Tarek Al-Wazir per-
sonifizieren diese Linie einer kapitalorientierten Politik mit ökologischen Akzenten.

Im Wahlergebnis – vor allem beim Stimmzuwachs für die SPD
und die Grünen – kommen aber auch in der Mittelklasse jene kri-
tischen Einstellungen und jenes Krisenbewusstsein zum Ausdruck,
die den Kampf gegen die Umwelt- und Klimakatastrophe, aber
auch gegen die Polarisierung der Vermögen und Einkommen und
die damit verbundenen Klassenspaltungen als Aufgabe der Regierung durchaus anerkennen. Das Programm der neuen Regierung
entspricht durchaus den Vorstellungen, die Klaus Schwab für das
Weltwirtschaftsforum als Reformprogramm zur Bewältigung der
systemischen Krise des globalen Kapitalismus (»Re-Set«) vertritt.
Gleichwohl ist die Programmatik, die die Expansion der globalen
Wirtschaft auf der einen, Reformen gegen die Klimakrise und gegen
soziale Spaltungen auf der anderen Seite zusammenführen möchte,
mit enormen Widerspruchspotenzialen aufgeladen.

5.

Die erste Ebene solcher Widersprüche liegt im Bereich der Innenpolitik. Die ideologischen und programmatischen Differenzen
zwischen den Koalitionsparteien enthalten natürlich ein Span-
nungspotenzial, das sich zumal beim weltwirtschaftlichen Krisenmanagement sowie bei der damit verbundenen, erweiterten
Funktion des Nationalstaates entfalten muss. Die FDP verteidigt
neoliberale Orthodoxie, während die Klimapolitik (Dekarbonisierung, Abschied von Diesel und Benzinern, Umbau der Verkehrs-
und Mobilitätssysteme) nicht nur Maßnahmen der Umverteilung

(Steuerpolitik) sondern auch erweiterte Staatsausgaben und -funktionen erfordert, die dann auch dem Kampf gegen die soziale Ungleichheit gewidmet werden müssen. Die Jugendorganisationen der Grünen wie der SPD haben schon in ersten Stellungnahmen auf solche Widersprüche und Konfliktpotenziale hingewiesen. Auch die Gewerkschaften, deren Spitzen zunächst den Wahlsieg der SPD und die Kanzlerschaft von Olaf Scholz begrüßten, werden schnell lernen müssen, dass die Abwehr der liberalen Agenda (Bekenntnis zur Austeritätspolitik, Privatisierung im Bereich der Renten, Blockade gegen wirtschaftsdemokratische Reformen) die Entwicklung von außerparlamentarischen Druckpotenzialen gegenüber der SPD und den Grünen sowie gegenüber der Regierung insgesamt erfordern wird.

Da die neue Koalition »Aufbruch« und »Fortschritt« mit der Macht und den Erfolgen der »deutschen Wirtschaft« auf den Weltmärkten identifiziert, wird ihre Politik – auf einer zweiten Ebene – unvermeidlich mit den Krisen und Konflikten konfrontiert werden, die nicht nur aus neuen Weltwirtschafts- und Finanzkrisen, sondern vor allem aus den Kämpfen um die politische Machtverteilung auf dem Felde der Weltpolitik resultieren. Der erfolgreiche deutsche Kapitalismus ist im Innern und nach Außen – im Bereich der Europäischen Union (EU), aber auch auf dem Weltmarkt – ein Herrschaftssystem, für dessen Stabilität und Expansion der kapitalistische Staat eine zentrale Rolle spielt. Innerhalb der EU hat die BRD – nach dem Anschluss der DDR und dem Zusammenbruch des realen Sozialismus, nach der Bildung des Gemeinsamen Marktes, der Osterweiterung und der Einführung des Euro – eine Führungsposition erreicht, die sich auf die starke Wirtschafts- und Exportposition stützt, die wiederum vom europäischen Binnenmarkt und dem Euro profitiert.

Diese ökonomische und politische – weniger militärische – Führungsposition in der EU erzeugt im Innern immer wieder Widerstände gegen die »deutsche Vorherrschaft« und die politischen Methoden, mit denen sie z. B. in der Eurokrise nach 2011 durchgesetzt wurden. Der »Brexit« war durch solche Kritik an deutscher Hegemonie (die stets Erinnerungen an die beiden Weltkriege weckt) beflügelt. Auch die rechten Regierungen in Ost- und Südost-Europa wehren sich gegen deutsche Vorherrschaft – in der Wirtschaft des eigenen Landes ebenso wie in der Politik der EU. Die Bundesregierung kann aber ihre Position in die großen weltpolitischen Auseinandersetzungen nur dann erfolgreich einbringen, wenn die EU als Global Player und die BRD als Führungsmacht der EU anerkannt werden. Der Niedergang des American Empire[12] sowie der Aufstieg der Volksrepublik China und anderer Staaten in Ostasien bilden die Grundstruktur eines epochalen Wandels, in dem alte und neue Großmächte die Weltordnung bestimmen werden. Dazu gehören nach Herfried Münkler neben den USA und China noch Russland und (vielleicht) die EU und Indien.[13]

Dieser Konflikt erzeugt – ausgelöst durch die Reaktionen der USA auf den Niedergang (»Make America Great Again«) – in der jüngsten Zeit Fronten eines neuen Kalten Krieges (der »Westen« gegen Russland und China). Konflikte zwischen den Blöcken – z. B. in der Ukraine oder in Taiwan – haben das Potenzial zu größeren militärischen Auseinandersetzungen. Die Aufrüstungsspirale ist längst im Gange. Die Rolle Deutschlands in diesem Kampf um die neue Weltordnung ist allerdings dadurch beeinträchtigt, dass das Land militärisch gegenüber den USA, China und Russland ein »Zwerg« ist und dass auch die EU als militärischer Akteur zwar ausgebaut wurde, allerdings im Vergleich zu den anderen Großmächten zweitrangig ist. Dazu kommt, dass innere Krisen der EU die Rolle der deutschen Regierung als Führungsmacht eines im Krisenmodus

---

12 Panitch, Leo / Gindin, Sam: The Making of Global Capitalism. The Political Economy of the American Empire, London / New York 2012; Greiner, Bernd: »Nine Eleven«, Afghanistan, Irak: Das Ende des amerikanischen Jahrhunderts, in: Blätter für deutsche und internationale Politik, 9/2021, S. 43-52.

13 Münkler, Herfried: Eine Weltordnung ohne Hüter: Afghanistan als globale Zäsur, in: Blätter für deutsche und internationale Politik, 10/2021, S. 76.

zerstrittenen Bündnisses auf der Ebene globaler Machtpolitik keineswegs stärken.[14] Daraus wiederum folgt, dass die deutsche Politik, will sie im globalen Machtspiel eine Rolle spielen, sich zugleich – über die NATO – als sub-imperialistische Macht im Bündnis mit den USA bewähren muss. Nach dem Sieg von Joe Biden scheint diese Bindung wieder besser zu funktionieren. Sie ist allerdings auch mit Widersprüchen behaftet; denn die Verflechtungen der deutschen mit der chinesischen Wirtschaft, aber auch die Kooperation zwischen Deutschland und Russland auf dem Energiesektor (Nord Stream 2) reproduzieren schon jetzt Konflikte mit den westlichen Bündnispartnern, vor allem mit den USA.

Auf jeden Fall erzeugen diese globalen Machtkonflikte Druck für höhere Rüstungsausgaben sowie für neue Anstrengungen bei der Modernisierung der Waffensysteme, Förderung der deutschen Rüstungsindustrien und -exporte – und gleichzeitig ideologische Offensiven, um im Kampf der westlichen Welt gegen die autoritären Regime klassenübergreifende Fronten aufzubauen. Die neue Außenministerin von den *Grünen* – eine ausgewiesene »Menschenrechtsbellizistin«[15] und Protagonistin eines neuen Kalten Krieges – wird auf jeden Fall eine solche Politik der Konfrontation – sowie die damit verbundenen Risiken – vorantreiben.[16] Damit ist aber auch

---

14 Vgl. Deppe, Frank: The Rebirth of Nationalism and the Crisis of the European Union, in: Greg Albo / Stephen Maher / Alan Zuege (Eds.), State Transformations. Classes, Strategy, Socialism, Leiden/Boston 2021, S. 165-184.

15 Seit dem grünen Außenminister Joseph Fischer haben diese grünen Bellizist*innen – vor allem auch im Europäischen Parlament – die militärischen Überfälle auf Jugoslawien, den Irak, Libyen sowie Militärmissionen der EU unterstützt. Selbstverständlich unterstützen sie die NATO-Politik gegenüber Russland und unterstützen ultrarechte Kriegstreiber in der Ukraine.

16 In einer ersten Stellungnahme zum Koalitionsvertrag hat der sog. »Friedensratschlag« die Vereinbarungen zur Friedens- und Außenpolitik scharf kritisiert: »Nach diesem Koalitionsvertrag soll die Aggression und Einkreisung Russlands und Chinas verschärft werden. Die Auslandseinsätze der Bundeswehr werden – trotz der Afghanistan-Erfahrungen – fortgesetzt. Unter der Losung ›Durchsetzung der regelbasierten internationalen Ord-

schon für Konflikte in der Regierungskoalition gesorgt, denn sowohl bei den Grünen als auch bei der SPD gibt es Kräfte, die die Entspannungspolitik von Willy Brandt in der Zeit des »alten Kalten Krieges« bewundern und die Forderungen der (nationalen und weltweiten) Friedensbewegungen unterstützen. Für die Partei Die Linke sollten Kooperation und Unterstützung der außerparlamentarischen Friedensbewegung eine zentrale Aufgabe sein, um ihr Profil zu schärfen.

6.

Der Re-Set à la Schwab wird scheitern; denn er ignoriert den Sachverhalt, dass die Krisen des globalen Finanzmarktkapitalismus eben in dessen Funktionslogiken ihren Ursprung haben, die an die Profiterzielung und die Markterweiterung im Rahmen des American Empire gebunden sind. Eine linke Koalitionsregierung hätte antikapitalistische Strukturreformen durchzusetzen, die u. a. mit drastischen Eingriffen zur Regulierung des Finanzsektors, zum Abbau der Einkommens- und Vermögensunterschiede sowie zur »Stärkung des

nung‹ droht die Ausweitung der Kriegseinsätze besonders in Afrika und im Osten und Südosten Europas. Die Charta der Vereinten Nationen wird weiter demoliert. Beim Thema Frieden haben SPD und Bündnis90/Die Grünen offensichtlich frühere Prinzipien über Bord geworfen.

Atomwaffen werden in Deutschland weiterhin einsatzbereit gelagert, die ›atomare Teilhabe‹ bleibt Teil der offensiven Kriegsführungsstrategie. Es wird keinen Beitritt zum Atomwaffenverbotsvertrag geben und auch Rüstungsexporten wird kein klarer Riegel vorgeschoben. Mit diesem Vertrag sollen die Aufrüstungspolitik und die 2-Prozent-Forderung der NATO, die weitere EU-Militarisierung und die Beschaffung bewaffneter Drohnen für die Bundeswehr realisiert werden. Die Einigung auf Anschaffung bewaffneter Drohnen ist eine friedenspolitische Katastrophe. Klimaschutz spielt beim Militär keine Rolle.

Dass nach dem Koalitionsvertrag Deutschland künftig für einen ›vernetzten und inklusiven Ansatz langfristig drei Prozent seines Bruttoinlandsprodukts in internationales Handeln investiert‹, und ›so seine Diplomatie und seine Entwicklungspolitik stärkt und seine in der NATO eingegangenen Verpflichtungen erfüllt‹, signalisiert, dass mit allen Mitteln eine militarisierte Globalstrategie betrieben werden soll.«

realen Akkumulationsprozesses« im Zuge der sozialökologischen Transformation (»Green New Deal«) einhergehen.[17] Die Mobilisierung des Widerstandes gegen die Umsetzung einer neoliberalen Austeritätspolitik sowie gegen Aufrüstung und die Militarisierung der Außenpolitik wird auf solche Alternativen zurückgreifen müssen.

---

17 Vgl. Goldberg, Jörg: Die Wirtschaft der Bundesrepublik Deutschland in der neoliberalen Entwicklungsphase, in: Z., Nr. 127, September 2021, S. 31-33; vgl. auch als sozialistisches Manifest gegen die Herrschaft des Finanzmarktkapitalismus: Blakeley, Grace: Stolen. How to Save the World from Financialisation, London 2019.

Georg Fülberth

Die suspendierte Krise

Das Kabinett I nach Merkel:
Zum neuerlichen Reformstau im Parteiensystem

1949-2005: Rechte und linke Mitte

1969 löste eine von der SPD geführte Regierung eine Große Koalition mit dem Versprechen ab, durch Modernisierung einen Problemstau, den diese hinterlassen habe, aufzulösen. Nach den Bundestagswahlen von 2021 wurde dieser Versuch zum zweiten Mal unternommen. Ein Vergleich bietet sich an.

Die SPD hatte damals ihren Wahlkampf mit der Parole geführt: »Wir schaffen das moderne Deutschland«. In seiner Regierungserklärung am 28. Oktober 1969 sagte der neue Kanzler Willy Brandt, die Deutschen sollten ein »Volk der guten Nachbarn«, er selbst wolle ein »Kanzler der inneren Reformen« sein und »mehr Demokratie wagen«. Damit benannte er implizit den Problemstau, der einer Modernisierung im Weg stand und nun beseitigt werden müsse:

Erstens: Die von Konrad Adenauer betriebene Konfrontationspolitik gegenüber der Sowjetunion und der DDR hatte nicht zur Wiedervereinigung geführt. Es mussten neue Wege gesucht werden. 1963 gab Egon Bahr dafür die Losung aus: »Wandel durch Annäherung«.

Zweitens: Seit Anfang der sechziger Jahre war spürbar geworden, dass die Infrastruktur der Bundesrepublik erneuert werden müsse. Am deutlichsten war das im Bildungssystem. Nachdem die DDR 1961 ihre Grenze zu BRD und Westberlin geschlossen hatte, blieb der Zuzug von Facharbeitskräften, Abiturient(inn)en und Ärzt(inn)en aus.

Schulen und Hochschulen der Bundesrepublik waren unterfinanziert und konnten zunächst keinen Ersatz bereitstellen. Darüber hinaus wurde seit dem Sputnik-Schock von 1957 ein Rückstand des Westens im technologischen Wettlauf mit der Sowjetunion zumindest im rüstungsrelevanten Bereich befürchtet. Innerhalb des Föderalismus fiel die Bildungspolitik allerdings weitgehend in die Zuständigkeit der Länder. Sie bestimmte dennoch in den Folgejahren wesentlich die Charakterisierung dieser Zeit als einer Reformperiode.

Drittens: Die außerparlamentarische Opposition seit 1967 hatte das Repräsentativsystem in Frage gestellt und stattdessen direkte Demokratie – und sei es durch Räte – verlangt. Davon findet sich in der Regierungserklärung nichts, stattdessen die Ankündigung von Transparenz, Effektivierung und Flexibilisierung.

Dieser Reformkatalog wurde innerhalb eines bipolaren Parteiensystems bearbeitet, das sich seit 1949 herausgebildet hatte und sich über mehrere Modifikationen bis zur großen Krise seit 2008 erhalten hatte. Es folgte einem Rechts-Links-Schema.

Die klarste Form hatte es schon 1949 in der Sicht des sozialdemokratischen Oppositionsführers Kurt Schumacher angenommen: hier seine Partei, dort ein von CDU und CSU geführter Bürgerblock, zu dem als feste Größe die FDP gehörte.

Dieser Dualismus setzte sich in den sechziger Jahren fort. Auf der Seite der Union stand weiterhin die FDP und kehrte nach einem Intermezzo in der Opposition (1956-1961) schließlich wieder dorthin zurück, zunächst nur bis 1966. Die Große Koalition (1966-1969) galt als Ausnahme von der bisherigen Bipolarität von CDU/CSU-SPD. Letztere wurde 1969-1982 unter den sozialdemokratischen Kanzlern Brandt und Schmidt wiederhergestellt, jetzt nicht mehr unter Führung der Union, sondern der SPD. Möglich wurde dies dadurch, dass in der FDP für einige Jahre sozialliberale Positionen gegenüber den bisherigen markt- und nationalliberalen an Boden gewonnen hatten. Als Partei des Kapitals hatte sie ein offenes Ohr für das Interesse von Unternehmen an der Öffnung von Märkten in den sozialistischen Ländern und an einer Qualifizierung der

Arbeitskraft durch Bildungsreformen sowie einer Modernisierung der Infrastruktur. Die neue Konstellation beschrieb Willy Brandt im Wahlkampf von 1972 so: Es gebe eine »linke Mitte«, der die Union als rechte gegenüberstand. Diese Definition behielt also die altbekannte Bipolarität bei. 1982 bis 1998 bildeten Union und eine nun marktradikal gewendete FDP wieder eine Bürgerblock-Regierung. Die Grünen, 1983 erstmals im Bundestag, beanspruchten zwar, nicht in das Rechts-Links-Schema zu passen, doch in der Koalition mit der SPD 1998-2005 nahmen sie eine ähnliche Funktion wahr wie 1969-1982 die FDP: Juniorpartner der Sozialdemokratie. Gerhard Schröder sprach bei der Charakterisierung des Bündnisses seiner Partei mit ihnen 2002 ebenso wie Brandt 1972 zwar von einer »Mitte«, aber nicht mehr von einer »linken«, sondern von einer »neuen«. Diese semantische Änderung war nicht beiläufig, sondern markierte, wie sich ab 2003, nach der Ausrufung der »Agenda 2010«, zeigen sollte, einen Bruch mit der bisherigen Variante des Wohlfahrtsstaats. Unter sozialdemokratischer Führung wurde mit über einem Jahrzehnt Verspätung die marktradikale (in der gängigen linken Kritik als »neoliberal« bezeichnete) Wende vollzogen, die Margaret Thatcher in Großbritannien und Ronald Reagan in den USA über ein Jahrzehnt vorher eingeleitet hatten.

Große Koalitionen als Normalfall

Unter Angela Merkel wurde das gouvernementale Rechts-Links-Schema aufgegeben. In zwölf ihrer 16 Kanzlerinnen-Jahre stand sie einer Großen Koalition vor. Nur zwischen 2009 und 2013 galt noch einmal der Dualismus aus Bürgerblock und linker Opposition und musste dann wieder einer CDU/CSU-SPD-Regierung Platz machen. Anders als 1966 bis 1969 handelte es sich nicht um eine kurzlebige Notlösung, sondern um eine Art Normalfall.

Merkels Große Koalitionen dauerten viermal so lange wie einst unter Kiesinger. Damals, 1966 bis 1969, hatte sich erwiesen, dass ein Reformstau nur nach Auflösung der schwarz-roten Übergangsregierung behoben werden konnte.

Jetzt, ab 2005, gelang das nicht mehr. Merkel konnte ihre Ankündigung in ihrem ersten Wahlkampf, sie wolle »durchregieren«,
nicht wahrmachen. Auf dem CDU-Parteitag von 2003 hatte sie eine
Forcierung marktliberaler Politik gefordert. Als klassische Partne-
rin hierfür kam nur die FDP in Frage. Stattdessen wurde die zweite
Große Koalition in der Geschichte der Bundesrepublik gebildet. Als
2009 endlich eine Mehrheit aus Union und FDP erreicht wurde, erwies sich dies als Episode, die durch acht weitere Jahre schwarz-ro-
ter Regierungen abgelöst wurde.

Ungelöste Probleme

Die Schwierigkeiten, die sich seit Schröder akkumuliert hatten,
konnten weder durch einen Bürgerblock noch durch die Große Koalition behoben werden.

Warum? Um diese Frage zu beantworten, müssen zuerst
- die sich einstellenden Probleme
- und dann die Hindernisse, die ihrer schnellen Behebung im Weg
  standen,
identifiziert werden.

Das erste Kabinett Merkel (2005-2009) erbte die von Schröder
und Fischer angerichtete Reduzierung des Sozialstaats und das dadurch ausgelöste Wachsen der Ungleichheit, der Arbeitsplatzunsi-
cherheit und eines größer werdenden Armutsbereichs.

Die Partei Die Linke problematisierte diese Situation. Rein rechnerisch hat nach der Bundestagswahl 2005 eine Mehrheit aus ihr,
den Grünen und der SPD bestanden. Die Große Koalition, die stattdessen gebildet wurde, war auch ein Bündnis zur Ausgrenzung der
Linkspartei.

Seitdem ist der Reformstau, der sich aufbaute, größer geworden:

Hierher gehört eine nicht mehr zu übersehende Zunahme der
Ungleichheit von Vermögen und Einkommen. 2013 hatte der französische Ökonom Thomas Piketty vorgeschlagen, sie durch eine
steuerpolitische Umverteilung von oben nach unten und zugunsten

öffentlicher Investitionen, unter anderem ins Bildungswesen, zu beheben. Der SPD-Vorsitzende und Wirtschaftsminister Sigmar Gabriel erteilte 2014 Pikettys Vorstellungen eine Absage.

Auf zwei Gebieten wuchs der Problemstau zusätzlich weiter.

Erstens: Das wirtschaftliche Gefälle zwischen den hochentwickelten Staaten des Nordens (USA, EU) einerseits und armen Gesellschaften des globalen Südens andererseits sowie die Kriege im Nahen Osten lösten eine Migrationswelle aus, die in den Zentren zu aggressiven, teilweise faschistoiden Abwehrreaktionen führten. In Deutschland gelang es der Union nicht mehr, ihren bisherigen rechten Rand zu halten. Die »Alternative für Deutschland« zog 2017 in den Bundestag ein und gewann Einfluss auch unter bisherigen Wähler(inne)n nicht nur der CDU, sondern auch von SPD und Linkspartei und auch bei vielen Gewerkschaftsmitgliedern.

Zweitens: Zur Bekämpfung der Erderwärmung wurde eine Neuorientierung der Industriepolitik und ein Umbau der Wirtschaft unabdingbar. Dieser erfordert neben geeigneten technischen Lösungen umfangreiche Investitionsmittel, aufzubringen durch Steuern und/oder Kreditaufnahme. Letztere ist aufgrund der 2009 beschlossenen und im Grundgesetz fixierten so genannten »Schuldenbremse« verboten.

Als 2017 nach großen Verlusten für CDU/CSU und SPD eine dritte Große Koalition zwischen Union und SPD geschlossen wurde, hatte diese keine Reformagenda auf den Problemgebieten Ungleichheit, Migration, Klimakrise. Nach dem Ausbruch der Covid-19-Pandemie ab 2020 zeigte sich, dass das finanzpolitische Dogma der Schuldenbremse, das auf dem Papier weiter bestand, in der Praxis nicht aufrechterhalten werden konnte: Die öffentlichen Haushalte mussten große Kredite aufnehmen. Auch für eine Forcierung des Ausbaus der digitalen Infrastruktur und den Klimaschutz gibt es einen hohen Bedarf an staatlich zu mobilisierendem Kapital, der nicht zu decken sein wird, solange steuerpolitische Umverteilung tabu ist und keine neuen Schulden gemacht werden können.

Erderwärmung, Plünderung natürlicher Ressourcen sowie die Belastung von Boden, Atmosphäre und Wasser schädigen nicht nur klassenübergreifend die Lebensgrundlagen aller Menschen, sondern auch die stofflichen Voraussetzungen der Mehrwertproduktion. Führende Unternehmer und ihrer Verbände zeigen mittlerweile Sympathien für die Grünen, zum Beispiel Joe Kaeser, bis 2021 Vorstandvorsitzender von Siemens. Startup-Millionäre spenden für diese Partei. Große Teile der Unter- und auch der Mittelschichten reagieren auf die Verschlechterung ihrer Lage mit einer Wahrnehmungsverschiebung: Nicht die jahrzehntelange Umverteilung von unten nach oben ist für sie die Ursache, sondern die Zuwanderung. Von der daraus resultierenden Ausländerfeindlichkeit profitiert die AfD, die sie ihrerseits schürt. In einigen Bundesländern wurden Notkoalitionen geschlossen, deren fast einzige Gemeinsamkeit darin besteht, den unmittelbaren Einfluss dieser Partei auf die Regierungsbildung zu verhindern. Deren indirekte Wirkung ist umso größer. Nach der Wahl eines FDP-Politikers (und dessen baldigem Rücktritt) zum Ministerpräsidenten mit den Stimmen einer geschwächten und zerrütteten CDU in Thüringen 2020 ist eine rot-rot-grüne Minderheitsregierung auf Tolerierung durch die Union angewiesen.

Suspendierte systemische Krise

Dieser Umbruch hatte nicht nur zyklischen Charakter, sondern das Potential zu einer systemischen Krise, wie sie bereits 1873, 1929 und 1975 ausgebrochen waren.[1]

Darunter sind Rezessionen zu verstehen, die den Kapitalismus, der als solcher durchaus fortbesteht, tiefgreifend ändern.

Nach 1873 hatte diese Variierung im Übergang zum Organisierten Kapitalismus bestanden, nach 1929 zu einem zunächst vor allem Kriegs-, dann wohlfahrtsstaatlichen Keynesianismus, 1973/75 zum

---

1 Zum Folgenden: Fülberth, Georg: G Strich. Kleine Geschichte des Kapitalismus, 7. Aufl., Köln 2021, S. 322.

Neoliberalismus. Dessen Dynamik war 2008 bereits gebrochen, doch ist eine nun offenbar wieder anstehende kapitalismusinterne Transformation durch geldpolitische Maßnahmen suspendiert worden. Die Behebung der Krise, die damals ausbrach, wurde in Teilen der kapitalistischen Welt nicht der angeblichen Selbstheilung durch die Märkte überlassen. An deren Stelle traten umfangreiche staatliche Kredit- und Ausgabenprogramme, zunächst auf der nationalstaatlichen Ebene, seit 2010 mit massivem Aufkauf von Staatsanleihen durch die Europäische Zentralbank, in der Corona-Krise auch durch einen Aufbaufonds der Europäischen Union, erstmals verbunden mit der Aufnahme von Schulden durch diese. Die Effizienz dieser Politik wird daran zu messen sein, ob sie gleichzeitig die bisherige Tendenz zu wachsender Ungleichheit und Belastung der Biosphäre stoppen, umkehren oder verstärken, und ob sie noch einmal lediglich die Suspendierung einer Transformation bedeuten.

Nach Merkel

Das gleiche Kriterium gilt für die Anstrengungen, die nach Merkel in Deutschland unternommen werden.

Offenbar werden sie nicht im Rahmen des alten bipolaren Parteiensystems der Jahrzehnte 1949 bis 2005 stattfinden. Dieses hatte sich zunächst verengt, dann erweitert und mündet nun in eine Zersplitterung. In den fünfziger Jahren war noch eine Vielzahl von Fraktionen im Bundestag vertreten gewesen. Von ihnen waren ab 1961 drei übriggeblieben: CDU/CSU, FDP, SPD. 1983 wurden daraus vier durch die Grünen, nach dem Anschluss der DDR kam zunächst die PDS (2007: Die Linke) hinzu, 2017 die AfD. 2021 erhielt auch der Südschleswigsche Wählerverband einen Sitz.

Nach der Bundestagswahl von 2021 wären rechnerisch mehrere Mehrheitsregierungen möglich gewesen. Schon vorher wurden in der veröffentlichten Meinung zwei bevorzugt diskutiert: entweder »Jamaika« (CDU/CSU, FDP, Grüne) oder »Ampel« (FDP, Grüne, SPD). Danach setzte sich schnell die letztere Variante durch. Auf lange Sicht könnte sich erweisen, dass dies auch im Interesse der Union ist:

Die 21. Weltklimakonferenz der UNO hat das Ziel gesetzt, den menschengemachten globalen Temperaturanstieg vom Beginn der Industrialisierung bis zum Jahr 2100 auf 1,5 Grad Celsius zu beschränken, und die Grünen, unverzichtbar sowohl für eine Ampel- wie auch für eine Jamaika-Koalition, dringen auf bereits kurzfristig wirksame Maßnahmen auf diesem Weg.

Trüge die Union als Kanzlerpartei diese Politik in vollem Umfang mit, würde sie mitverantwortlich gemacht für Preiserhöhungen bei Konsumgütern und Mobilität (vom Auto in dünn besiedelten ländlichen Regionen bis zum bislang wohlfeilen Flug in den Urlaub), die mit der Begründung vorgenommen werden, sie seien zwecks Sanierung der Umwelt unvermeidlich. Wohlhabende werden davon weniger betroffen als Arme, CDU und CSU verlören an die AfD noch mehr Anhang in der unteren Mittelschicht und in den Teilen der Arbeiterklasse, die ihnen in der Vergangenheit immer wieder einmal ihre Stimme gegeben haben. Fortschritte der Digitalisierung – neben der Umweltpolitik ist sie das zweite Modernisierungsversprechen jeder Koalition, an der teilzunehmen Grüne und FDP bereit sind – können für einige Zeit zu einer Ausgrenzung von Älteren (sie sind unter den Wähler/innen von CDU und CSU stark vertreten) und weniger gut Ausgebildeten führen. Ein Umbau des Rentensystems zugunsten von mehr Kapitaldeckung kann die Alterssicherung weiter gefährden. Von der FDP befürwortet, kann er auch Zustimmung bei den Grünen finden, und es ist ungewiss, ob nicht die SPD hier letztlich mitzieht.

Außerhalb der Regierung hätte die Union die Chancen, sich die durch solche Zumutungen verursachten Verwerfungen in der Wählerschaft zunutze zu machen und dies nicht der AfD allein zu überlassen.

Die Grünen profitieren nicht nur von der frühen Besetzung des Umweltthemas durch sie, sondern auch von einer langfristigen Entwicklung, die einst Eric Hobsbawm neben dem weitgehenden Verschwinden der Bauern in den kapitalistischen Zentren sogar als Teil einer innerkapitalistischen sozialen Revolution seit 1945 bezeichnete: dem Aufwuchs der Intelligenz zu einer Massenschicht. Aus ihr rekrutiert diese Partei mehr als Union und SPD ihre Basis. Die Angehörigen der neuakademischen Mittelschicht haben im Schnitt ein höheres Einkommen als die lohnabhängigen Arbeiter(innen). Etwaige finanzielle Belastungen durch die Umweltpolitik können sie leichter wegstecken. Aufgrund ihrer guten Ausbildung trauen sie sich zu, Herausforderungen der Digitalisierung zu meistern, teils sind sie selbst dort Profis. »Fridays for Future« ist objektiv – nicht dem Selbstverständnis vieler ihrer Mitglieder nach – eine Vorfeldbewegung der Grünen, die einen hohen Anteil an jungen Wählerinnen und Wählern haben.

Auch die FDP war 2021 in dieser Alterskohorte erfolgreich. Für sie wirkt sich ebenfalls eine Langfrist-Tendenz aus. Sie begann mit der neoliberalen Wende um 1980: Eine ganze Generation wurde geprägt von der Erfahrung und Ideologie marktradikaler Alternativlosigkeit sowie der Ratsamkeit von Selbstmanagement nach betriebswirtschaftlichem Kalkül. Die aktuelle FDP präsentiert sich somit nicht nur unverändert als eine Partei des Kapitals, die, anders als die Union, keine sozialstaatlichen Kompromisse eingeht und – im Unterschied zu den Grünen – für gesellschaftliche Probleme ausschließlich technische Lösungen kennt. Beide Parteien haben eine Basis in zwei verschiedenen Kulturen des gut ausgebildeten Teils der jüngeren Generation.

Im Wahlkampf 2021 demonstrierte die SPD wieder Nähe zur Arbeiterklasse. Schröders Agenda 2010 und das Hartz-Regime sind allenfalls verbal da und dort zur Disposition gestellt worden, die von ihnen geschaffenen Strukturen bleiben erhalten. Während der Großen Koalitionen unter Merkel wurden einige Modifikationen unter Federführung des sozialdemokratisch geführten Arbeitsministeriums vorgenommen. Jetzt gilt die Aufmerksamkeit der SPD offenbar vor allem den von der IG Metall und der IG Bergbau, Chemie, Energie (IG BCE) vertretenen Kernbelegschaften der exportorientierten Industrien. Kohleausstieg und Umstellung auf Elektromobilität sollen möglichst ohne Arbeitsplatzverluste organisiert werden. Die Sozialdemokratie nimmt ihre klassische Doppelfunktion wieder ein: einerseits Interessenvertretung von abhängig Arbeitenden, andererseits Vermittlung kapitalistischer so genannter Sachzwänge in ihre Klientel hinein.

Im Ampelbündnis wird so eine Kombination von Teilen der Intelligenz, relativ jungen Aufsteiger(innen) und gewerkschaftlich organisierter Industriearbeiterschaft innerhalb des fortbestehenden neoliberalen Regimes sichtbar. Vielleicht lohnt ein Blick auf zwei gegenwärtig nicht aktuelle andere Kombinationen:

In der Schlussphase des Wahlkampfs wurde kurzfristig eine etwaige rot-rot-grüne Koalition thematisiert. Dies hatte ausschließlich taktische Gründe. Die in die Defensive gedrängte Union versuchte mit der Warnung vor einem solchen Bündnis Stimmen zu fangen. Wenn Olaf Scholz diese Kombination nicht völlig ausschloss, versuchte er seine Position in einem absehbaren künftigen Koalitionspoker mit FDP und Grünen zu verbessern. Die Linkspartei versprach sich von der öffentlichen Diskussion über Rot-Grün-Rot werbewirksame Aufmerksamkeit, Teile ihrer Führung verbreiteten Illusionen. Letztlich handelte es sich um eine Rechnung, die ohne die Grünen, deren Tendenz entweder zu einer Jamaika- oder einer Ampel-Koalition von Anfang an unverkennbar war, gemacht wurde. Inhaltlich war ein solches Bündnis niemals ausreichend vorbereitet. Unterstellt man ihm eine Ernsthaftigkeit, die es nicht hatte, ließe sich eine wirtschafts- und fiskalpolitische Überwindung der gegenwärtigen suspendierten Krise etwa entlang der Vorschläge Pikettys denken. Das katastrophale Wahlergebnis der Partei Die Linke machte diese Spekulationen vollends gegenstandslos.

Auf der anderen Seite des Parteienspektrums hat sich die AfD bei leichten Verlusten gut behauptet. Sie kann auf absehbare Zeit als etabliert gelten. Wirtschafts- und sozialpolitisch bestehen Schnittflächen mit Union und FDP. Aktuell behalten diese ihre Abgrenzung von der AfD weiter. Wird sie irgendwann aufgegeben, eröffnet sich die Perspektive auf eine andere Beendigung der gegenwärtigen Suspension: Übergang in eine besonders autoritäre Phase kapitalistischer Entwicklung.

Externe Schocks?

Nicht zu kalkulieren ist eine jähe Wendung durch externe Schocks. Auf deren Bedeutung hat jüngst Jörg Goldberg anhand der Kriege 1914-1918 und 1939-1945 mit Berufung auf Paul A. Baran und Paul M. Sweezy hingewiesen.[2] Alle Parteien, die entweder für eine Ampel- oder eine Jamaika-Regierung in Frage kommen, befürworten die Teilnahme der Bundesrepublik an einem Wettrüsten in Auseinandersetzung mit China und Russland.

Transformation ohne Umverteilung?

Zugleich ist der Begriff der Transformation im Umfeld der neuen Koalition aktuell geworden. Er bezieht sich fast ausschließlich auf die Herausforderungen durch Klimawandel und Digitalisierung. Nachgerade krampfhaft wird versucht, die Klärung verteilungspolitischer Voraussetzungen und Folgen zu vermeiden. Klar dürfte sein, dass die seit 2008 anhaltende Suspendierung der fälligen innerkapitalistischen Transformationskrise ihrem Ende zugeht. Die Widersprüche, die sich daraus ergeben, widerspiegeln sich in den erratischen Entwicklungen des Parteiensystems.

---

2   Goldberg, Jörg: Ein neuer Kapitalismus? Grundlagen historischer Kapitalismusanalyse, Köln 2021, S. 30.

Gerd Wiegel

Zwischen Faschismus und konservativer Realpolitik

Eine Zwischenbilanz zur Entwicklung der AfD

2013 gegründet, muss die AfD mittelfristig als fester Bestandteil des deutschen Parteiensystems angesehen werden. Damit hat sich, erstmals in der Geschichte der Bundesrepublik, eine Partei der extremen Rechten dauerhaft auf bundespolitischer Ebene verankert. Anders als beim kurzzeitigen Aufstieg der NPD Mitte der 1960er Jahre ist aktuell nicht damit zu rechnen, dass die AfD so schnell abstürzt, wie sie aufgestiegen ist. Das Potenzial für eine Rechtspartei nach dem Muster der AfD war schon lange in der Bundesrepublik vorhanden, und die selbsternannte Alternative hat zwischen Eurorettung (2008f.) und Fluchtmigration (2015f.) das kurze Zeitfenster für eine erfolgreiche Parteigründung genutzt.

Nachvollzogen wurde damit in Deutschland eine Entwicklung, die sich in zahlreichen west- und mitteleuropäischen Ländern schon weitaus früher vollzogen hat. Mit dem Aufstieg der FPÖ auf der einen und des Front National auf der anderen Seite dieses Spektrums hat sich der Typ einer modernisierten radikalen Rechten[1] in zahlreichen Ländern etabliert, der sich einerseits vom traditionellen Neofaschismus unterscheidet und andererseits sehr hetero-

---

1 Zur begrifflichen Definition vgl. Gerd Wiegel, Die modernisierte radikale Rechte in Europa. Ausprägungen und Varianten, in: Mario Candeias (Hg.), Rechtspopulismus, radikale Rechte, Faschisierung. Bestimmungsversuche, Erklärungsmuster und Gegenstrategien, Materialien, Nr. 24, Rosa-Luxemburg-Stiftung, Berlin 2018.

gene Wählermilieus ansprechen kann. Die Neoliberalisierung der europäischen Sozialdemokratie am Ende der 1990er Jahre (»Dritter Weg«) hat dieser Rechten zugleich den Zugang zu Klassensegmenten eröffnet, die vorher für die extreme Rechte schwer zugänglich waren.[2]

Der Zusammenhang des Aufstiegs dieser modernisierten radikalen Rechten mit einer forcierten Neoliberalisierung und dem Abbau sozialstaatlicher Sicherungen, wie sie für einen Teil des westlichen Kapitalismus nach 1945 typisch waren, ist mehrfach betont worden. In Deutschland fand diese Entwicklung mit einer erheblichen Verzögerung statt, was u. a. mit der längeren Bindungsfähigkeit der großen Volksparteien und – bezogen auf eine Partei der extremen Rechten – auch mit sich aus der öffentlichen Erinnerung an die NS-Vergangenheit ergebenden Barrieren zusammenhängt.

Blickt man rund neun Jahre nach der Gründung der AfD und nach einem wiederholten zweistelligen Einzug der Partei in den Bundestag auf die vergangene Entwicklung zurück, dann ergibt sich ein differenzierteres Bild, als es manche Schreckensszenarien eines neuen Faschismus, aber auch verfrühte Abgesänge auf die Rechte vermuten lassen.

Lange angekündigter Aufstieg

Der Zusammenhang von zunehmender Neoliberalisierung des westlichen Kapitalismus seit den 1980er Jahren und einer Form des politischen Autoritarismus, der sich vor allem gegen schwache Gruppen in der Gesellschaft wendet, ist in den Sozialwissenschaften mehrfach analysiert worden. Der Aufstieg von Parteien einer modernisierten radikalen Rechten ist ein Ergebnis dieser Entwicklung. Bereits 2001 hatte Wilhelm Heitmeyer im Zusammenhang des Neoliberalisierungsschubs der rot-grünen Bundesregierung unter Gerhard Schröder und der damit verbundenen »Entsicherung« der

---

2   Vgl. Christoph Butterwegge, Gudrun Hentges (Hg.), Rechtspopulismus, Arbeitswelt und Armut. Befunde aus Deutschland, Österreich und der Schweiz, Opladen & Farmington Hills 2008.

deutschen Gesellschaft von einem sich bildenden autoritären Kapitalismus geschrieben, »der vielfältige Kontrollverluste erzeugt, die auch zu Demokratieentleerung beitragen, so daß neue autoritäre Versuchungen durch staatliche Kontroll- und Repressionspolitik wie auch rabiater Rechtspopulismus befördert werden.«[3] Zwölf Jahre vor Gründung der AfD, aber vor dem Hintergrund des Aufstiegs von FPÖ, Front National und anderen Parteien dieses Typs war das eine realistische Einschätzung, verbunden mit dem Hinweis auf die gesellschaftspolitischen Folgen der Etablierung eines autoritäreren Kapitalismustyps. Von Heitmeyer wurde diese Entwicklung über zehn Jahre in der Studie »Deutsche Zustände« bis 2011 dokumentiert. Der Aufstieg der AfD begann zwei Jahre später.

Bis heute wird von Seiten der politisch Verantwortlichen der Zusammenhang von ökonomisch induzierter Entsicherung der Gesellschaft und Aufstieg einer autoritären Rechten weitgehend ignoriert bzw. in Kauf genommen. Stattdessen wird verbal der Zusammenhalt einer Gesellschaft beschworen, deren Zerfall über Jahrzehnte politisch befördert wurde.

In der Debatte zu den Gründen des rechten Aufstiegs wird immer wieder die Frage gestellt, ob es vor allem die sozialen Verwerfungen des neoliberalen Kapitalismus sind, die den Erfolg dieser Parteien begründen. Alle bekannten Studien und Daten zu dieser Frage lassen den Schluss zu, dass es keine monokausale Antwort gibt. Der Erfolg der radikalen modernisierten Rechten beruht gerade auf der Heterogenität ihrer Wählermilieus und der Heterogenität und teilweisen Gegensätzlichkeit ihrer politischen Botschaften, für die der Populismus als stilistische Klammer wirkt. Neoliberale Programmatik lässt sich mit völkischem Antikapitalismus nur dann verbinden, wenn es andere zentrale inhaltliche Gemeinsamkeiten gibt. Gegenwärtig sind das der Antieliten-Populismus, ein völkisch

---

3   Wilhelm Heitmeyer, Autoritärer Kapitalismus, Demokratieentleerung und Rechtspopulismus. Eine Analyse von Entwicklungstendenzen, in: Dietmar Loch, Wilhelm Heitmeyer (Hg.), Schattenseiten der Globalisierung, Frankfurt a. M. 2001, S. 500.

begründeter und vor allem antimuslimischer Rassismus, der rabiate
Kampf gegen jede Infragestellung tradierter Geschlechterverhält-
nisse und die Beförderung von Verschwörungsmythen unterschiedlicher Art, die sich wahlweise gegen politische Maßnahmen im Zusammenhang der Klimadebatte, der internationalen Migration oder
der Corona-Pandemie in Anschlag bringen lassen.

Bezogen auf die AfD lässt sich seit 2016 eine deutliche Verschiebung der Wähler*innenschaft hin zu »Arbeitern« und »Arbeitslosen« ausmachen.[4] Das hat zu der berechtigten Frage geführt, welche
Verantwortung die politische Linke für den Aufstieg der Rechten hat
und ob eine stärkere Ausrichtung an klassenpolitischen Fragen den
Zustrom zur AfD stoppen könnte. Die fortschreitende Auflösung
tradierter Klassenmilieus (Stichwort Individualisierung) stellt jedoch die Formulierung klassenpolitischer Politikangebote vor große
Herausforderungen. Zudem ist der Teil der klassischen Arbeiter*in-
nenklasse im Sinne der Industriearbeiterschaft weiter am Schrumpfen. Bezogen auf die AfD kommt Denis Eversberg für die Bundestagswahl 2017 zu der Einschätzung, dass der Arbeiter*innenanteil
der AfD-Wähler nur bei ca. 14 Prozent, der Anteil der Arbeitslosen
nur bei 3 Prozent lag. Angestellte und Rentner*innen machten demgegenüber 36 bzw. 30 Prozent aus.[5] Auch scheinen sich viele AfD-
Anhänger*innen nicht vor allem als ökonomische Verlierer*innen
zu sehen, sondern es ist die Sorge vor einem möglichen zukünftigen
sozialen Abstieg, verbunden mit der Bedrohung kultureller Sicherheiten, die Wählerinnen und Wähler zur AfD treibt. Dennoch spielt
für den Teil der AfD-Wählerinnen und -Wähler, der von der politischen Linken potenziell zu erreichen ist, die soziale Frage in einem
weiten Sinne eine entscheidende Rolle, Formen des Konkurrenzras-
sismus finden hier verstärkt Anklang.

4   Gerd Wiegel, Ein aufhaltsamer Aufstieg. Alternativen zu AfD & Co., Köln
     2017, S. 94ff.
5   Denis Eversberg, Denis, Innerimperiale Kämpfe: Der autoritäre Nationalis-
     mus der AfD und die imperiale Lebensweise, Working Paper 7, DFG-Kol-
     legforscher_innengruppe Postwachstumsgesellschaften 2017, S. 5.

Konsolidierung der AfD

Mit 10,3 Prozent bei den Bundestagswahlen 2021 gehörte die AfD zu den Verlierern der Wahl, hatte sie doch gegenüber ihrem Ergebnis von 2017 (12,6 Prozent) 2,3 Prozentpunkte eingebüßt. Dennoch ist es der Partei zum zweiten Mal gelungen, zweistellig in den Bundestag einzuziehen und sich in zahlreichen Regionen des Landes nachhaltig zu verankern. In Ostdeutschland ist die AfD ohne Zweifel Volkspartei, mit flächendeckenden Ergebnissen oberhalb von 20 Prozent. In Sachsen und Thüringen wurde sie stärkste Partei, in den anderen ostdeutschen Bundesländern landet sie auf dem zweiten Platz. Auch 16 Direktmandate (2017 waren es drei) sprechen für diese Verankerung. Im Westen sieht es anders aus, hier zeigen sich sehr differenzierte Ergebnisse mit Schwerpunkten in den süddeutschen Bundesländern Baden-Württemberg, Bayern und Rheinland-Pfalz.

Einzuordnen ist das Ergebnis der Bundestagswahl 2021 vor dem Hintergrund einer Radikalisierungsspirale, die für die Partei von Anfang an kennzeichnend war, die sich jedoch in den vier Jahren nach dem ersten Bundestagseinzug noch einmal beschleunigt hat. Der AfD ist es gelungen, ein Publikum an sich zu binden, das sich von den deutlichen Bezügen der Partei zur traditionellen extremen Rechten und ihren Anleihen bei Ideologiemomenten des Faschismus nicht abschrecken lässt. Diese Erkenntnis dürfte allen Behauptungen, die zunehmende Dominanz des völkischen Flügels schade der Partei vor allem, den Boden entziehen. Umgekehrt ist es der bürgerlichen Rechten in der Partei bis heute nicht gelungen, ähnliche Erfolge wie die völkische Rechte vorzuweisen. Der Rückzug von Jörg Meuthen vom Parteivorsitz ist Ausdruck dieser Entwicklung und die Bestätigung der Rechtsverschiebung der letzten Jahre.

Auf der anderen Seite zeigt diese relative Dominanz der völkischen Rechten jedoch zugleich das perspektivisch stärker werdende strategische Dilemma der Partei. Die unbegrenzt scheinende Wachstumsphase ist offensichtlich vorbei. Deutlichster Ausdruck dafür war die Tatsache, dass die AfD in keiner Weise von den massiven Verlusten der Union bei den letzten Bundestagswahlen profitieren konnte. Zumindest im Vergleich zu 2017 hat die Rechte generell verloren – auch wenn sich unter den »Sonstigen« bei der Bundestagswahl einige Parteien dieses Lagers fanden. Keine Antwort gibt es in der AfD auf die Frage, wie die relative eigene Stärke in reale Politik, in eine angestrebte Rechtsverschiebung der Bundesrepublik umgesetzt werden kann. Von Björn Höcke und der völkischen Rechten hört man dazu seit Jahren nur, dass man nicht bereit sei, Zugeständnisse und Kompromisse in Richtung der Union zu machen und erst aus einer Position der Stärker heraus zum Regieren bereit sei. Aus der Perspektive der Thüringer Provinz mag das eine mögliche Strategie sein, für die Bundesrepublik insgesamt verbleibt diese Vorstellung allerdings im Glauben an die AfD als ›letzter friedlicher Chance der Bundesrepublik‹ (Höcke) und damit letztlich in der Vorstellung einer völkischen Machtübernahme.

Die Selbstsuggestion, man vertrete objektiv den politischen Willen einer schweigenden Mehrheit, steckt hinter solchen Vorstellungen, die jedoch für die Ideenwelt des Faschismus typisch sind. Andererseits war es gerade Björn Höcke, der mit seinem geschickten Schachzug 2020 in Thüringen die Möglichkeit einer bürgerlichen Rechtsregierung unter Duldung der AfD aufblitzen ließ. Letztlich scheiterte der Coup an einer unzureichenden Vorbereitung der bürgerlichen Rechten und an den massiven Widerständen in Teilen des herrschenden Blocks gegen eine Regierungsbeteiligung der AfD. Die Frage für die AfD muss also sein, wie und in welcher Konstellation eine solche Rechtsregierung vorbereitet werden kann und ob es dazu den politischen Willen gibt.

Perspektiven eines rechten Machtblocks

Im ideologischen Umfeld der AfD wird die Frage, wie man die relative Stärke der Partei für eine generelle Verschiebung der politischen Achse der Bundesrepublik nach rechts nutzbar machen kann, kontrovers diskutiert. Unter anderem führte sie zum Bruch zwischen Karlheinz Weißmann, einem führenden Intellektuellen der Neuen Rechten und Mitbegründer des Instituts für Staatspolitik (IfS), und

dem Leiter des IfS, Götz Kubitschek. Schon früh plädierte Weißmann für eine inhaltliche Aufstellung der AfD, die Bündnisse mit
der Union ermöglichen und einen vereinten Rechtsblock dazu
nutzen sollte, die politisch-ideologische Achse der Bundesrepublik
nach rechts zu verschieben. Vor dem Hintergrund einer behaupte-
ten linken Hegemonie in Deutschland (»links-rot-grün verseuchtes
68er-Deutschland«, Jörg Meuthen) gälte es, die AfD als Druckmittel
gegen die Union in Stellung zu bringen, um diese auf einen klar konservativen Kurs zurückzuführen. Völkische Umsturzphantasien und
Anleihen beim historischen Faschismus wurden dabei von Weißmann als unpolitischer Ausdruck eines rechten Romantizismus
bewertet. Ganz anders demgegenüber Kubitschek und die Mehrheit der jungen Rechten im IfS, die den rasanten Aufstieg der AfD,
verbunden mit rechten Straßenbewegungen wie Pegida, als Beginn
einer Implosion des politischen Systems deuteten und ganz offenbar
von der realistischen Chance eines Systembruchs von rechts ausgin-
gen.

Auch wenn die US-amerikanische Erfahrung mit einem Präsidenten Donald Trump diesen Systembruch von rechts nicht völlig
unwahrscheinlich erscheinen ließ, wurde doch schnell klar, dass die
Stabilität der liberalen Demokratie weitaus größer war und ist, als
die Protagonisten dieses Teils der modernisierten Rechten es ver-
mutet hatten. So steht die AfD gegenwärtig vor dem Dilemma, dass
sich parteiintern die völkische Rechte zumindest soweit verankert
hat, dass gegen sie keine Politik gemacht werden kann. Auf der anderen Seite hat die seit Mitte der 2010er Jahre anhaltende Radikalisierung der Partei dafür gesorgt, dass die Brücken und Verbindungen zur Union eher weniger geworden bzw. völlig abgebrochen sind
– mindestens auf der Ebene der Bundespolitik.

In vier Jahren ist es der AfD im Bundestag nicht gelungen,
eine Mehrheit für einen Vertreter der Partei im Bundestagspräsi-
dium zu organisieren, trotz Mehrheiten rechts der Mitte bis 2021.
Im 20. Deutschen Bundestag scheint die Partei noch isolierter zu
sein. Bei der letzten Wahl eines Vizepräsidenten aus ihren Reihen

erreichte sie mit 94 Stimmen nur noch eine Stimmenzahl knapp oberhalb ihrer eigenen Mandatsstärke (83) und bei der Besetzung der Ausschussvorsitze konnte die AfD-Fraktion bei geheimer Wahl keine Mehrheit für einen Ausschussvorsitz erringen.

Ob sich diese Abgrenzung der Union zur AfD auch unter einem Vorsitzenden Friedrich Merz weiter fortsetzen wird oder ob es hier zu Änderungen kommt, bleibt abzuwarten. Allerdings hat die Union die Erfahrungen von 2017 und 2018, als Seehofer, Söder und andere mit einem scharfen Rechtskurs in der Migrationsfrage die AfD von rechts attackieren wollten, sicherlich ausgewertet und die Vergeblichkeit eines Radikalisierungswettbewerbs mit der AfD konstatiert. Auch die Erfahrungen mit einem Kandidaten Hans-Georg Maaßen dürften nicht für den Kurs der weiteren Annäherung an die AfD sprechen.

Die Bundestagswahl 2021 könnte von Seiten der Union als weiterer Beleg dafür genommen werden, dass die Abwanderung eigener Wähler*innen zur AfD vorerst gestoppt ist und dass eine deutliche Rechtsverschiebung mehr Verluste und eine Zementierung der sich als neue Mitte definierenden Regierungskoalition bedeuten würde.

Auch in der AfD und ihrem Umfeld finden sich nach der Bundestagswahl vermehrt Debatten, wie die weitere Perspektive der modernisierten radikalen Rechten aussieht und welche Rolle hier die AfD spielen kann. Während das Höcke-Lager auf die Erfolge im Osten verweist und den thüringischen und sächsischen Weg als Strategie für ganz Deutschland empfiehlt, verweist die Gegenseite auf die Unterschiedlichkeit von Ost- und Westdeutschland, die eine Kopie der Osterfolge unmöglich mache. So schreibt Dieter Stein in der *Jungen Freiheit*: »Die Rezepte aus dem Osten lassen sich eben nicht auf den Westen übertragen. Dies ist eigentlich schon länger bekannt, bleibt aber bislang ohne Konsequenzen – was sich zunehmend rächt und die Partei in eine gefährliche Schieflage bringt. Warum konnte die AfD beispielsweise nicht wenigstens teilweise die massiven Verluste der Union auf ihre Mühlen lenken?« Ganz anders dagegen Benedict Kaiser auf den Seiten der *Sezession,* der gerade die behäbige bürgerliche Ausrichtung der Westverbände für die Verluste verantwortlich macht: »Ein liberaler, möglichst versöhnlicher oder auch ›bürgerlicher‹ Wahlkampf … läßt die eigene Wählerschaft offenkundig kalt, demobilisiert Wechselwähler aus dem Protestsegment, treibt einen Teil von ihnen ins Nichtwählerlager – und andere Teile direkt zu den legitimierten Altparteien wie CDU und FDP.« Daniel Fiß, langjähriger Kader der »Identitären Bewegung« mit AfD-Verbindungen, schreibt ebenfalls auf den Seiten der *Sezession* über den »Weg zur politischen Gestaltungsmacht« und wie sich die AfD für ein perspektivisches Bündnis mit der Union aufstellen müsse: mit der Etablierung »rechter Lebenswelten« in Ostdeutschland und einer Konzentration auf den Graswurzelaufbau dort, so seine Empfehlung. Ein völkisches Gegenmodell Ost, verbunden mit relativer lokaler Hegemonie der AfD – aus einer solchen Position ließe sich auch ein Bündnis mit einem stärkeren konservativen Partner wagen.

Zwischen Faschismus und konservativer Realpolitik

Sieht man sich die inhaltliche Entwicklung der AfD in den letzten Jahren an, dann lässt sich die benannte Radikalisierung an vielen Stellen nachweisen. Die ersten vier Jahre der Partei im Deutschen Bundestag haben hier keineswegs zu einer Mäßigung, sondern ganz im Gegenteil zu einer Zuspitzung geführt.[6] In der Migrationspolitik vertritt sie eine völkische Position, steht für den ethnopluralistischen Ansatz der Neuen Rechten und negiert den Gleichheitsgrundsatz der Verfassung, indem sie Teilen der Bevölkerung qua Herkunft demokratische Rechte abspricht. Die Partei betreibt eine Delegitimierung demokratischer Institutionen, steht für eine klare Feindmarkierung und Kriminalisierung des politischen Gegners. Verschwörungsmythen und Formen des Irrationalismus werden von ihr bedient, verbunden mit dem Ziel, das politische System zu delegitimieren und ein Widerstandsrecht der Bevölkerung gegen

---

6   Vgl. Gerd Wiegel, Brandreden. Die AfD im Bundestag, Köln 2022.

einen vermeintlichen Weg in die Diktatur zu behaupten. »Umvol-
kung«, »Great Reset«, »DDR 2.0«, »EUdSSR« u. v. a. m. sind Stich-
worte, mit denen Woche für Woche im Bundestag gearbeitet wird.

Zentral für diesen Teil der AfD-Politik ist der Wille zum Bruch
mit dem politischen System, verstanden vor allem als westlicher
Liberalismus – dem zentralen Feindbild der Neuen Rechten. Der
Bezug auf außerparlamentarische, rechte oder nach rechts offene
Straßenbewegungen ist hier von hoher Bedeutung. Mit Pegida und
dem Querdenken-Spektrum fanden und finden sich Bezugspunkte
für die Partei, die sie für sich nutzbar machen will.[7]

Sozial- und wirtschaftspolitisch ist die AfD dagegen recht eindeutig Teil des Eigentumsblocks. Entgegen einem propagandistisch
gern beschworenen »sozialen Patriotismus« und einem angeblichen
völkischen Antikapitalismus steht die Partei z. B. in den Debatten
des Bundestages klar an der Seite von FDP und Union, wenn es um
Fragen wie die Verhinderung der Besteuerung hoher Vermögen, die
Ablehnung von Tarifbindung oder Einschränkungen für Vermie-
ter*innen und um Wohnungskonzerne geht. In all diesen Themen-
bereichen dominiert der marktradikale Flügel der Partei, werden die
Interessen vor allem vom mittelständischen Kapital vertreten und
das Bild einer formierten Gesellschaft vertreten.

Schließlich bilden die Familien- und Geschlechterpolitik ein
Klammerthema für die unterschiedlichen Flügel der Partei. Hier
finden sich Nationalkonservative und Völkische zusammen. Geht es
für letztere um die Kontrolle der Reproduktion des »Volkskörpers«,
steht für die Konservativen ein traditionell christlich geprägtes Fa-
milien- und Rollenbild im Zentrum. Die ablehnende Haltung gegenüber der Infragestellung tradierter Sexualitäts- und Geschlechterbil-
der sowie ein teils rabiater Antifeminismus verbinden die Lager. Ein
ähnliches Klammerthema könnte Klimapolitik sein. Während die
Nationalkonservativen hier vor allem mit Blick auf die Interessen

---

7   Vgl. Gudrun Hentges, Gerd Wiegel, Vergebliche Avancen: AfD und Quer-
    denken, in: Wolfgang Benz (Hg.), Querdenken. Protestbewegung zwischen
    Demokratieverachtung, Hass und Aufruhr, Berlin 2021.

kleiner und mittelständischer Kapitale auf der Bremse stehen, steht die aktuelle Klimapolitik für die völkische Rechte für alles, was sie unter dem »globalistisch« motivierten »Great Resset« verstehen. Die prinzipielle Ablehnung aller aktuellen Schritte in der Klimapolitik eint beide Teile der Partei.

Während die völkische und präfaschistische Zuspitzung der letzten Jahre die Aussicht auf baldige Bündnisse mit dem etablierten Konservatismus deutlich verschlechtert hat, sind die Überschneidungen in der Sozial-, Wirtschafts- und Familienpolitik nach wie vor vorhanden. Gerade der letztgenannte Faktor könnte bei einer vorsichtigen Rechtsverschiebung der CDU unter Friedrich Merz zu einer Schnittstelle punktueller Bündnisse in Opposition zu den Vorhaben der Ampel-Koalition werden. Ob daraus mittelfristig mehr werden kann, hängt von der weiteren Entwicklung in AfD und CDU ab. Schafft die AfD die innerparteiliche Befriedung mit einer Parteiführung, die sowohl die völkische Rechte als auch die Nationalkonservativen integrieren kann, könnte sie die nächsten vier Jahre im Bundestag nutzen, um überhaupt wieder Brücken zur Union zu bauen. Ob sich allerdings die Leute um Höcke tatsächlich einbinden lassen, bleibt fraglich.

Für die CDU stellt sich die Frage, wie sich die anstehende Neuaufstellung entwickelt. Sollte sich die Partei in Richtung eines »radikalisierten Konservatismus«[8] entwickeln, würden die Barrieren zur AfD bald fallen und erste Bündnisse in ostdeutschen Bundesländern die Folge sein. Ein solcher Weg kommt jedoch wohl erst dann in Betracht, sollte die Partei auf längere Zeit von Regierungsverantwortung auf Bundesebene ausgeschlossen bleiben.

---

8   Vgl. Natascha Strobl, Radikalisierter Konservatismus, Frankfurt a. M. 2021.

Ulrich Schneider

Neonazismus hofiert, Antifaschismus im Visier

Zu Freund und Feind einer »freiheitlich-demokratischen Grundordnung«

Als die Überlebenden der faschistischen Konzentrationslager und Haftstätten 1945 ihr politisches Vermächtnis für die Zeit nach der Befreiung am 19. April auf dem Appellplatz des ehemaligen KZ Buchenwald formulierten, hatten sie sich ganz sicher nicht vorstellen können, dass 75 Jahre später das Ziel von der »Vernichtung des Nazismus mit seinen Wurzeln« und »Aufbau einer neuen Welt des Friedens und der Freiheit« nicht umgesetzt sein würde. Es hätte sie auch überrascht, dass es bis heute Orientierung für nachgeborenen Generationen liefert. Und sie hätten sich damals ganz sicher auch nicht vorstellen können, dass die politischen und wirtschaftlichen Kräfte, die den Faschismus an die Macht gebracht und dessen Macht gestützt hatten, auch heute noch die Mächtigen dieses Landes sind. Schließlich verweist auch das auf die Losung von der »Vernichtung des Nazismus mit seinen Wurzeln«: Wenn die Durchsetzung des historischen Faschismus eine Antwort auf eine tiefgreifende wirtschaftliche und soziale Krise gegen Ende der 1920er / Anfang der 1930er Jahre war, so sind Vergleiche zu heute – samt dem Auftrieb rechter Kräfte – umso ernster zu nehmen. Zudem sind Rückblicke auch auf die ersten Jahrzehnte der Bundesrepublik hilfreich, um politische Zusammenhänge wie etwa den Komplex NSU/Verfassungsschutz oder die Versuche, die Wirkungsmöglichkeiten antifaschistischer Organisationen einzuschränken, einordnen zu können.

»Verfassungsfeindliche« Betätigung?
Antifaschismus traditionell unter Beobachtung

Von Anfang an sahen die politischen und wirtschaftlichen Eliten in der Westzone und der BRD – unterstützt durch die Westalliierten – einen Antifaschismus, der den Nazismus mit seinen Wurzeln beseitigen wollte, als Feindbild an. Während in der sowjetischen Besatzungszone und später in der DDR ein antifaschistisch-demokratischer Neuanfang mit Unterstützung der Besatzungsmacht auf der Tagesordnung stand, mussten die Antifaschisten im Westen eine Politik der Renazifizierung, Restauration und Remilitarisierung erleben. Da sich die ehemaligen Verfolgten des Naziregimes gegen solche Entwicklungen konsequent wehrten, gerieten die Antifaschisten schon in der Frühzeit der BRD ins Visier der herrschenden Politik. Die Adenauer-Regierung ging gegen eine Vielzahl von demokratischen Organisationen vor: mit Verboten gegen die Vereinigung der Verfolgten des Naziregimes (VVN) und ihre Mitglieder, mit juristischen Verfahren gegen Nazigegner, wenn diese ihrer kommunistischen Überzeugung auch nach dem KPD-Verbot treu blieben, bis hin zu wirtschaftlicher Existenzgefährdung durch die Verweigerung der Entschädigung für erlittene Verfolgungen gemäß Bundesentschädigungsgesetz Artikel 6. Die Bekämpfung von Antifaschisten erfolgte mit Entlassungen aus öffentlichen Ämtern, politischen Prozessen und gesellschaftlicher Ausgrenzung. Einen Höhepunkt der Verfolgung bildete das vor dem Bundesverwaltungsgericht angestrebte Verbotsverfahren gegen die VVN im Jahre 1962. Das scheiterte jedoch krachend, als die VVN enthüllte, dass der Vorsitzende Richter ein ehemaliger Nazijurist war. Einen solchen Skandal wollte sich die Bundesregierung Anfang der 1960er Jahre in einem Prozess, der international stark beachtet wurde, nicht leisten.

Danach änderte sich der Umgang mit dem organisierten Antifaschismus. Die Verbote der VVN-Landesvereinigungen in Hamburg und Rheinland-Pfalz wurden zwar nicht aufgehoben, aber man tolerierte »Ersatzgründungen«, wobei das Vereinsverbot als Damoklesschwert weiterhin über der Organisation schwebte.

ULRICH SCHNEIDER

Damit konnte aber nicht verhindert werden, dass die Ideen des
Antifaschismus unter den nachgeborenen Generationen deutlichen
Zuspruch fanden – nicht nur in der außerparlamentarischen Opposition und der Studentenbewegung, die mit dem Slogan »Unter den
Talaren der Muff von 1000 Jahren« die Renazifizierung der Hochschulen entlarvte. In allen Fakultäten, von den Geisteswissenschaf-
ten über die Medizin bis Jura, selbst in den Naturwissenschaften, gab
es zahlreiche personelle und damit auch inhaltliche Kontinuitäten
aus der Zeit des Faschismus. Derweil schufen die Innenminister des
Bundes und der Länder ein neues Instrument, um junge Menschen
davon abzuhalten, sich auch in antifaschistischer Hinsicht zu engagieren: die Berufsverbote-Politik mit dem so genannten »Radikalen-
Erlass« vom Januar 1972. Der Erlass zielte mit der Bespitzelung linker
Kräfte darauf, gesellschaftskritische Bestrebungen, die insbesondere
unter der arbeitenden und lernenden Jugend verbreitet waren, zu
unterdrücken. Dazu wurden alle Sicherheitsdienste und insbesondere der Inlandsgeheimdienst mit dem euphemistischen Namen »Verfassungsschutz« (VS) ausgebaut. Dienststellen und Ämter wurden
in diese Ausgrenzung eingebunden, indem potenzielle Bewerber für
einen Berufseinstieg und selbst langjährige Beamte, deren berufli-
che Betätigung als Lehrkraft, Briefträger oder Lokführer untadelig
war, sich Gesinnungsüberprüfungen unterziehen mussten. Mit Hilfe der »Regelanfrage« wurden über 3,5 Millionen Menschen auf eine
»verfassungsfeindliche« Betätigung bzw. ihre Haltung zur »freiheit-
lich-demokratischen Grundordnung« durchleuchtet. Mehrere Tausend »Anhörungen«, bei denen sich Bewerber gegenüber Vorwürfen
rechtfertigen mussten, deren Hintergrund sie nicht einmal nachprü-
fen konnten, wurden durchgeführt. Über Tausend Anwärter für den
öffentlichen Dienst wurden – basierend auf den »Erkenntnissen« der
Bespitzelung durch den VS – mit Berufsverbot belegt. Verwaltungs-
gerichte legitimierten diese verfassungswidrige Praxis der Behörden.
Es war einem breiten gesellschaftlichen Widerstand, der auch aus
dem Ausland unterstützt wurde, zu verdanken, dass diese Berufsverbote-Politik Ende der 80er Jahre weitgehend eingestellt wurde.

Die staatliche Gegnerschaft zum Antifaschismus blieb ungebrochen, selbst wenn es der antifaschistischen Bewegung in den 1980er Jahren gelang, geschichtspolitische Signale zu setzen, indem beispielsweise neue Gedenkorte angestoßen wurden, für die später öffentliche Mittel bereitgestellt wurden. In gesellschaftlichen Gruppen, in Gewerkschaften und anderen Organisationen der Arbeiterbewegung entwickelte sich ein breiteres Engagement für antifaschistische Themen. Erinnert sei nur an die Massenaktionen gegen NPD-Aufmärsche oder gegen SS-Treffen in Nordhessen. Dazu gehörten auch breite gesellschaftliche Initiativen, Geschichtswerkstätten, Schülerwettbewerbe zur deutschen Geschichte und die regionalen Gruppen der VVN-BdA, deren ältere Mitglieder nun als Zeitzeugen in der antifaschistischen Geschichtsvermittlung eine hohe Anerkennung genossen.

Dass eine solche Anerkennung jedoch an ihre ideologischen Grenzen stieß, wenn damit die Infragestellung der herrschenden Verhältnisse in der BRD verbunden war, konnte man immer wieder erleben – exemplarisch sei hier nur die Erinnerung an Wilhelm Hammann in Groß-Gerau genannt. Als Kommunist, Lehrer und Buchenwald-Häftling war er 1945 an der Rettung der Kinder im Block 8 beteiligt. Dafür wurde er 1984 durch die Gedenkstätte Yad Vashem in Jerusalem als »Gerechter unter den Völkern« geehrt. In seinem Heimatkreis verweigerte ihm der sozialdemokratische Landrat jegliche Wertschätzung, weil Hammann auch nach der Befreiung bis zu seinem Tod 1955 als Kommunist aktiv war. Besonders hatte den Landrat geärgert, dass die örtliche DKP sich für die Erinnerung an Wilhelm Hammann einsetzte. Erst seit einigen Jahren, sichtbar an der Vorbereitung zu seinem 125. Geburtstag im Februar 2022, gibt es einen entkrampfteren Umgang mit der Erinnerung.

Antifaschismus abgewickelt?

In den 1990er Jahren verband sich mit dem Anschluss der DDR die Erwartung, mit der Abwicklung der in ihrem politischen Selbstverständnis antifaschistischen DDR auch den Antifaschismus insgesamt entsorgen zu können. Hier ist nicht der Ort, die zahllosen Maßnahmen zur Beseitigung der öffentlichen Erinnerung an den antifaschistischen Widerstand in den »neuen Ländern« zusammen-zutragen. CDU/CSU-Politiker im Westen versuchten in diesem Rahmen antifaschistische Initiativen auch in der alten Bundesrepu-blik als »DDR-Tradition« mit abzuwickeln – eine »Hoffnung«, die sich, trotz aller Herausforderungen, auch mit Blick auf die VVN-BdA, nicht erfüllte.

Das wäre auch fatal gewesen, wenn man die dramatische Zu-nahme extrem rechter Gewalt – genannt seien hier nur Hoyerswer-da, Mölln, Rostock-Lichtenhagen und Solingen – in den alten und neuen Bundesländern betrachtete. Zudem waren es die geschichts-politischen Auseinandersetzungen um die Bewahrung der Erinne-rung an Verfolgung und Widerstand, die inhaltliche Ausrichtung der KZ-Gedenkstätten sowie die gesellschaftlich verstärkt einge-forderte Aufarbeitung der NS-Beteiligung von Unternehmen und staatlichen Institutionen, die das antifaschistische Anliegen aus-drückten. Anstehende Jubiläen beispielsweise des Volkswagen-Wer-kes konnten nicht mehr als »Jubelfeiern« inszeniert werden. Man war gezwungen, auch die faschistische Tradition der Werksgrün-dung aufarbeiten zu lassen. Und das war nur ein Beispiel, wie die – vom Ausland angestoßene – umfangreiche Debatte um die Zwangs-arbeiterentschädigung zeigte, dass das antifaschistische Potenzial in der regionalen Geschichtspolitik einmal mehr unter Beweis stellte: hier war die historische Aufarbeitung mit der Frage nach Taten und Tätern verbunden.

Da es in den letzten Jahren erkennbar schwieriger wurde, der Geschichtsmächtigkeit antifaschistischer Perspektiven ideologisch etwas entgegenzusetzen, verlagerten die reaktionären Kräfte um die CDU/CSU, aber auch die anderen bürgerlichen Parteien die ge-schichtspolitischen Auseinandersetzungen auch auf die europäische Ebene. Forciert durch offen rechte Abgeordnete der baltischen Staa-ten und Polens, wurde – im Sinne älterer Resolutionen, die mit Blick auf den deutsch-sowjetischen Nichtangriffsvertrag (»Hitler-Stalin-

Pakt«) den 23. August zum »Gedenktag gegen Totalitarismus« erheben wollen – am 19. September 2019 im Europäische Parlament eine Resolution zum »europäischen Geschichtsbewusstsein« verabschiedet, die mit Verdrehungen und antikommunistischen Plattitüden versucht, ein »antitotalitäres« Geschichtsbild zu etablieren. Darin wird der Sowjetunion u. a. eine erhebliche Mitschuld am Beginn des Zweiten Weltkrieges gegeben, außerdem wird behauptet, die osteuropäischen Länder seien 1945 nicht befreit worden, sondern es habe nur die Form der Diktatur gewechselt. Wenn man die Aktionen der antifaschistischen Öffentlichkeit 2021 zum 80. Jahrestag des deutschen Überfalls auf die Sowjetunion betrachtet, wird indes erkennbar, dass solche Thesen ideologisch bei weitem nicht hegemonial sind.

Im Geist der »Gründerväter«:
Antifaschismus als Fall für den Geheimdienst
So ist es nicht verwunderlich, dass antifaschistische Politik weiterhin im Visier repressiver Staatsorgane bleibt. Stellvertretend für andere Organisationen und Strömungen lässt sich das für die VVN-BdA aufzeigen. In deren Fall hat die Erwähnung im jährlichen Bericht des Verfassungsschutzes – oftmals mit falschen oder banalen Aussagen – eine jahrzehntelange Tradition. Die geheimdienstlichen »Erkenntnisse« speisten sich nicht aus ernsthaften Fakten, die eine Verfassungsgefährdung belegen würden, sondern waren Behauptungen, politisch hochproblematische Bewertungen oder subjektive Aussagen, die laut Gerichten als Meinungsäußerungen zulässig sind. Doch meinte der Geheimdienst sogar, den Bezug auf den »Schwur von Buchenwald«, das angeführte Vermächtnis der überlebenden Häftlinge von Buchenwald, als »verfassungsfeindlich« denunzieren zu können. Da das Bundesinnenministerium in den 2000ern kein Interesse daran hatte, jährlich wiederkehrende Auseinandersetzungen um solcherlei Bewertungen zu führen, wird die VVN-BdA seit 2007 nicht mehr im VS-Bericht erwähnt. Auslöser war, dass selbst die internationale Dachorganisation der antifaschis-

tischen Bewegung, die FIR, im Bericht angeführt wurde, was heftige internationale Reaktionen auslöste. Das Drohpotenzial blieb aber aufrechterhalten, indem im bayerischen und anderen VS-Berichten die VVN-BdA und »Antifaschismus als Handlungsfeld des Linksextremismus« weiterhin aufgeführt werden. Klagen dagegen wurden von den Verwaltungsgerichten mit zum Teil skandalösen Begründungen abgewiesen. Mehr noch, in Bayern wird mit Bezug auf die geheimdienstliche Beobachtung von zukünftigen Landesbediensteten eine Erklärung verlangt, dass sie nicht Mitglied der VVN-BdA seien.

Zur Frage der Legitimation kommt hinzu: Wer will schon einer staatlichen Behörde die politische Beurteilung des Antifaschismus überlassen, die selber in Strukturen der extremen Rechten eingebunden ist? Angeblich mit dem Auftrag von deren Beobachtung, erweisen sich die Inlandsgeheimdienste – wie verschiedene parlamentarischen Untersuchungsausschüsse belegen konnten – als Förderer und Finanziers genau jener gewaltbereiten neofaschistischen Szene, die von Antifaschisten auf der Straße und mit Aufklärungsarbeit bekämpft wird. Dass das thüringische Landesamt für Verfassungsschutz den »Thüringer Heimatschutz«, aus dem das mörderische NSU-Trio hervorging, nicht nur kontrolliert, sondern auch deren Aufbau finanziert hat, ist dabei nur die Spitze des Eisbergs.

Und es ist nicht nur der Verfassungsschutz, es sind auch die Polizei und die militärischen Strukturen – beispielsweise im Kommando Spezialkräfte (KSK) –, in denen extrem rechte Gruppen und Netzwerke existieren, von denen der Militärische Abschirmdienst (MAD) erst erfahren haben will, als antifaschistische Recherche und kritische Journalisten bereits umfangreich berichtet hatten. Welches Ausmaß diese rechte Bedrohung angenommen hat, zeigt die Tatsache, dass in den letzten Jahren mehr als hundert Dienstwaffen und mehrere Tausend Schuss Munition bei Bundeswehr und Polizei verschwunden sind. Bei knapp sechzig Bundeswehrangehörigen wurden seit 2018 entwendete Waffen oder Munition gefunden. Neonazis legen dabei ganze Waffenarsenale für den Tag X zur »Befreiung der Deutschen« an. Gleichzeitig erklärte der MAD, es lägen keine Kenntnisse über rechtsextreme Netzwerke in der Bundeswehr vor.

Solche Beziehungsnähe zwischen den bundesdeutschen Sicherheitsdiensten und neofaschistischen Strukturen entspricht dem »Gründungsgeist«: Eben jene Geheimdienste wurden mit den »erfahrenen Kräften« der Gestapo und der politischen Polizei des NS-Regimes aufgebaut. Ehemalige Verfolgte des Naziregimes, die in den 1950er Jahren zu Verhören bei der politischen Polizei vorgeladen waren, saßen oftmals den früheren Verfolgern aus der NS-Zeit gegenüber. Und der Geist dieser »Gründungsväter« ist auch weiterhin in den Ämtern lebendig.

Versuchter Entzug der Gemeinnützigkeit

Inwieweit die Auflistung in den VS-Berichten eine zusätzliche antidemokratische Wirkung entwickelt, mussten antifaschistische Kräfte in den vergangenen Jahren erleben. Über das Steuerrecht, genauer über die Festlegungen in der Abgabenordnung, wurde ein Weg gefunden, demokratische Rechte von gesellschaftskritischen Organisationen existenziell zu bedrohen. Dabei wird vorgeblich nicht ihre Tätigkeit in Frage gestellt, sondern sie werden in ihren finanziellen Möglichkeiten und ihrer Förderung massiv eingeschränkt. In der Abgabenordnung wurde im Rahmen eines Verwaltungsaktes festgelegt, dass diejenigen Organisationen, die in irgendeinem VS-Bericht erwähnt werden, die Gemeinnützigkeit verlieren. Begründet wurde diese Regelung mit der Behauptung, man wolle damit rechtsextremen Organisationen die finanzielle Förderung entziehen.

Zuvor war bereits die Organisation attac Opfer solcherlei finanztechnisch begründeten Demokratieabbaus. Ihr wurde unter anderem vorgeworfen, dass sie mit ihren Aktionen gegen eine neoliberale Globalisierung – völlig überraschend – auf die Beeinflussung von politischen Entscheidungen auch in den Parlamenten zielen würde. Damit nähme die Organisation, so die Begründung, eine Rolle ein, die originär nur den Parteien zustehe. Die Auseinandersetzung wurde vor Gericht ausgetragen, wobei die untergeordneten Gerichte die politische Anmaßung der Finanzverwaltung zurückwiesen, die höchste Instanz sich jedoch der Sichtweise des Bundesfinanzministeriums, das im Sinne der Bundesregierung diesen Vorstoß gegen attac umgesetzt hat, urteilte. Mit dieser Entscheidung sollte das Recht, sich kritisch in politische Entscheidungsprozesse einzumischen, mit dem Hebel des Steuerrechts beschnitten werden. Neben weniger bekannten Gruppen, die im Gefolge des attac-Urteils ebenfalls die Gemeinnützigkeit verlieren sollten, traf dieses Vorgehen auch die VVN-BdA, die in den Jahren zuvor alle Versuche der Einschränkung ihrer Handlungsmöglichkeiten überstanden und neue Generationen eingebunden hatte. Im Herbst 2019 entzog das Berliner Finanzamt der VVN-BdA-Bundesorganisation mit Verweis auf den bayerischen VS-Bericht die Gemeinnützigkeit.

Unterdessen zeigte die antifaschistische Bewegung eine enorme Lebendigkeit im Kampf gegen den immer offener und gewalttätiger auftretenden Neofaschismus. Die Tatsache, dass für die von der VVN initiierten »No-NPD-Kampagne« für einen NPD-Verbotsantrag über 185.000 Unterschriften gesammelt wurden, offenbarte das Mobilisierungspotenzial. Das Aufkommen und der Vormarsch der rechtspopulistischen und teilweise offen faschistischen Gruppen in Gestalt von PEGIDA oder AfD wurde ebenfalls mit konkreten Aktionen beantwortet, die es den bürgerlichen Parteien deutlich erschwerte, die AfD als möglichen Koalitionspartner in den Länderparlamenten zu etablieren. Damit hatten sich antifaschistische Initiativen bei der rechten Formierung der politischen Landschaft als Störpotenzial gezeigt. Da viele Antifaschisten ihre Legitimation für das politische Handeln aus dem Vermächtnis der Überlebenden ableiten, war das Vorgehen gegen die VVN auch als Angriff auf das antifaschistische Erbe der deutschen Geschichte zu verstehen.

Es spricht für die Lebendigkeit des Antifaschismus als politische Orientierung, dass im Frühjahr 2021 das Berliner Finanzamt seinen Angriff auf die VVN-BdA zurücknahm und die Gemeinnützigkeit wieder herstellte. Dieser Sinneswandel war das Ergebnis vielfältiger Stellungnahmen, die von politischen und gewerkschaftlichen Bündnispartnern, Persönlichkeiten des öffentlichen Lebens, darunter einer ehemaligen Bundesjustizministerin, Juristen für Finanzrecht und vielen anderen Menschen kamen, die sich mit ihren Argumenten an den Bundesminister für Finanzen und die Berliner Finanzverwaltung gerichtet hatten.

Diese öffentliche Reaktion ist ein weiteres Beispiel dafür, dass trotz aller politischen Angriffe gegen antifaschistische Initiativen, denen seitens der staatlichen Stellen in Verbindung mit rechten Medien Gewalttätigkeit bzw. Verfassungsfeindlichkeit vorgeworfen wird, der Gedanke des Antifaschismus in den heutigen Generationen lebendig ist. Es ist überraschend, wie weit sich Jugendliche heute mit dem Vermächtnis der Überlebenden verbunden fühlen, dies als Verpflichtung für antifaschistisches Handeln zu verstehen. Bei Aktionen gegen alte und neue Nazis, gegen rassistische Übergriffe, bei Friedensaktivitäten und selbst bei »Fridays for future« sieht man die Losung der Buchenwald-Überlebenden auf Transparenten: »Vernichtung des Nazismus mit seinen Wurzeln, Schaffung einer neuen Welt des Friedens und der Freiheit!« Und viele sind der Überzeugung, dass es dabei um eine grundlegende Veränderung der Gesellschaft und der politischen Machtverhältnisse gehen muss. Zumindest aber gilt es, für eine andere Politik einzutreten. Ihnen allen hat Esther Bejarano, die im Sommer 2021 verstorbene Auschwitz-Überlebende und Ehrenvorsitzende der VVN-BdA, mit ihrem letzten Appell an die Nachgeborenen aus dem Herzen gesprochen, als sie die Jugendlichen aufforderte: »Nie mehr schweigen, wenn Unrecht geschieht. Seid solidarisch! Helft einander! Achtet auf die Schwächsten! Bleibt mutig. Ich vertraue auf die Jugend, ich vertraue auf euch! Nie wieder Faschismus – nie wieder Krieg!«

II.
Wessen Welt ist die Welt?

Momentaufnahmen zur Geopolitik

Jörg Kronauer

»Kalter Frieden« mit China?

Szenarien der Bertelsmann Stiftung für Handlungsoptionen deutscher Unternehmen in der globalen Rivalität

Ende 2021 geriet der DAX-Konzern Continental unter ungewohnten Druck. Der Kfz-Zulieferer hatte 2018 begonnen, für 95 Millionen Euro in Litauen ein Werk zur Herstellung von Elektronikbauteilen zu errichten. Nichts Spektakuläres, sollte man meinen – und das war es auch nicht, bis die litauische Regierung im Lauf des Jahres 2021 einen heftigen Konflikt mit China anzettelte. Sie schwenkte komplett auf die besonders aggressive Linie der US-Chinapolitik ein, setzte mehrere gezielte Nadelstiche gegen Beijing und startete dann eine Provokation zu viel: Mit der Eröffnung eines »taiwanischen Vertretungsbüros« in der Hauptstadt Vilnius wertete sie Taiwan diplomatisch ein Stück weit auf. Damit überschritt sie eine rote Linie der chinesischen Politik, die auf strikter Anerkennung des Ein-China-Prinzips besteht. Beijing stufte die diplomatischen Beziehungen zu Litauen herab und ging dazu über, litauische Produkte zu boykottieren. Da kam ihr Continental ins Visier: Das neue litauische Werk des Konzerns liefert auch nach China. Als die chinesische Seite durchblicken ließ, Continental-Produkte aus Litauen seien in der Volksrepublik nicht mehr willkommen, da war klar: Das deutsche Chinageschäft litt nicht mehr nur unter extraterritorialen US-Sanktionen, die so manche Lieferung in die Volksrepublik verhindern; auch Beijing, sich gegen westliche Attacken verteidigend,

begann nun Einschränkungen zu verlangen. Der Druck, unter den
der Machtkampf zwischen Washington und Beijing die deutsche
Wirtschaft setzte, stieg. Was tun?

Reaktionen der deutschen Industrie
auf den Machtkampf USA/China

Zu der Frage, wie die deutsche Industrie auf den sich rasant ver-
schärfenden Machtkampf zwischen den Vereinigten Staaten und
China reagieren soll, hat im Herbst 2021 die einflussreiche Stiftung
des Bertelsmann-Konzerns eine Studie vorgelegt.[1] Das Besondere
daran: Es handelt sich nicht um eine der zahlreichen am Schreibtisch
erstellten Analysen, die verschiedene Entwicklungsszenarien und
Handlungsoptionen mehr oder weniger überzeugend theoretisch
durchdeklinieren. Die Studie ist vielmehr ein Destillat aus einem
Projekt, das praktische Erfahrungen und reale Strategien deutscher
Unternehmen zur Kenntnis nahm und auswertete. Dabei entwickel-
te die Stiftung zunächst in Zusammenarbeit mit dem Fraunhofer In-
stitut für System- und Innovationsforschung in Karlsruhe und mit
Vertretern von Wirtschaft und Politik fünf Szenarien zur künftigen
Mächtekonstellation in der Weltpolitik, um auf Grundlage dieser
Szenarien eine Serie von etwa 30 Gesprächsrunden mit rund 70
Vertretern von Wirtschaft und Politik durchzuführen. Die »zentrale
Fragestellung« sei gewesen, wie mit welchen »Auswirkungen einzel-
ner Szenarien auf deutsche Unternehmen« zu rechnen sei, welche
»mögliche[n] Reaktionsmuster« es gebe und welche Strategien zur
Verfügung stünden, schreibt die Stiftung. Als »Zeithorizont« habe
man das Jahr 2030 im Blick gehabt.

Welche Unternehmen genau an dem Projekt beteiligt waren,
ist nicht bekannt; sie habe »mit allen Gesprächspartnern Vertrau-
lichkeit vereinbart«, teilt die Bertelsmann Stiftung mit. Unterstützt
wurde das Projekt jedenfalls vom Bundesverband der Deutschen

---

1   Bertelsmann Stiftung: Globalisierungsszenarien. Herausforderungen und
    Handlungsoptionen aus Sicht der deutschen Wirtschaft, Gütersloh 2021.

Industrie (BDI). Der Inhalt der Studie legt nahe, dass sowohl Groß-konzerne als auch mittelständische Unternehmen eingebunden waren und dass allerlei unterschiedliche Branchen berücksichtigt wurden. Strategien, wie sie das Papier skizziert, werden laut einem Bericht des *Handelsblatts* vom November 2021 unter anderem von Siemens und Bosch erwogen.[2] Die Frage, wie die globalen Macht-kämpfe »ihre Geschäftsgrundlage« beeinflussen, treibt der Stiftung zufolge alle Unternehmen um. »Manche analysieren systematisch geopolitische und weltwirtschaftliche Entwicklungen, teilweise auch in Form ausgearbeiteter Zukunftsszenarien«, heißt es in der Studie; »bei einer Reihe großer deutscher Unternehmen« würden »derarti-ge Überlegungen strukturiert von eigens spezialisierten Organisa-tionseinheiten angestellt«. Und: »Familiengeführte Unternehmen verfügen teilweise über generationenübergreifende Erfahrungen mit weltweiten politischen Veränderungen, etwa aus der Zeit des Kalten Krieges.«

Die Studie bestätigt: Zentrale Bedeutung besitzt für die Praxis und die Strategien deutscher Unternehmen in allen Zukunftsszena-rien zunächst ihr Heimatmarkt – die EU. Die Bertelsmann Stiftung stellt grundlegende Kennziffern zusammen: Die Wirtschaftsleistung der EU lag 2019 bei 16,6 Billionen US-Dollar, diejenige der USA bei 18,3 Billionen, diejenige Chinas bei 11,5 Billionen – das europäische Staatenkartell ist also ganz vorne mit dabei. Sein Anteil am Welthan-del ist mit rund 12 Prozent in etwa so hoch wie derjenige Chinas und der Vereinigten Staaten. Eine gewisse Schwäche zeigt sich freilich in der Exportstruktur: Der Anteil der High-Tech-Exporte an der gesam-ten Industrieausfuhr liegt mit lediglich 16,1 Prozent unter demjeni-gen der USA (18,9 Prozent), vor allem aber weit unter demjenigen der Volksrepublik (30,8 Prozent). Eindeutig zugunsten Chinas fällt die Bevölkerungsgröße aus. Zwar liegt die EU mit 450 Millionen Einwohnern, aus denen sich Käufer und Arbeitskräfte rekrutieren,

---

2   Martin Buchenau / Dana Heide / Franz Hubik / Kevin Knitterscheidt / Mar-tin Murphy: Der große Graben, in: Handelsblatt, 9.11.2021.

deutlich vor den USA (330 Millionen), aber nur bei einem Drittel
der Bevölkerung Chinas (1,4 Milliarden). Die kaufkräftigen chinesischen Mittelschichten umfassen laut Schätzung der Großbank
HSBC schon heute 340 Millionen Menschen; dank erfolgreicher Ar-
mutsbekämpfung in der Volksrepublik dürften sie bis 2025 auf 500
Millionen Menschen anwachsen. Auch bei der Wirtschaftsleistung
drängt China nach vorn: Prognosen sehen das Land um 2030 am
Bruttoinlandsprodukt der Vereinigten Staaten vorbeiziehen.

Verhängnisvoll für die deutsche Industrie ist mit Blick auf den
eskalierenden Machtkampf zwischen den USA und China, dass sie
auf beide Länder angewiesen ist. Die Vereinigten Staaten sind nach
wie vor Deutschlands größter Absatzmarkt jenseits der EU; addiert
man den Handel mit Dienstleistungen hinzu, sind sie auch größter
Handelspartner. Vor allem aber sind sie der mit Abstand bedeu-
tendste Investitionsstandort deutscher Firmen mit einem Bestand
an unmittelbaren und mittelbaren Direktinvestitionen im Wert von
391 Milliarden Euro (2019, Angaben der Deutschen Bundesbank).
Deutsche Unternehmen sind in den USA fest verankert; sie haben
dort, schreibt die Bertelsmann Stiftung, »über Jahrzehnte gewachsene Beziehungen und Verflechtungen«. In den Vereinigten Staaten
präsent zu sein, zahle sich aus, liest man in der Bertelsmann-Studie:
Das Land schlüpfe »bei der Digitalisierung … in eine globale Vor-
reiterrolle«; es habe durch seine »Finanzmärkte und die Dominanz
des US-Dollar als Reservewährung« gewaltigen Einfluss; und wenn-
gleich es sein »politisches Gewicht stets dazu« benutze, »die einhei-
mische Wirtschaft zu fördern«: Mit Standort in den USA können
auch deutsche Unternehmen beispielsweise von den Investitions-
programmen der Biden-Administration profitieren. Und last but
not least: Das US-Rechtssystem, urteilt die Bertelsmann Stiftung,
»schafft … einen sehr verlässlichen Markt«.

Das sind Fakten, die Transatlantiker gewöhnlich anführen, wenn
sie für eine Positionierung auf Seiten der USA – und gegebenen-
falls auch gegen China – werben. Nur: Die Fakten beschreiben die
Gegenwart; China hingegen, heute schon größter Güterhandels-

partner und mit einem Volumen von 89 Milliarden Euro drittwich-
tigster Investitionsstandort deutscher Konzerne, steht ökonomisch
für die Zukunft. Das zeigen das Wachstum der Wirtschaftsleistung
Chinas und seiner kaufkräftigen Mittelschichten ebenso wie weitere Indikatoren; so sind auf der »Fortune Global 500«-Rangliste der
weltgrößten Konzerne mittlerweile mehr chinesische Unternehmen
verzeichnet (124) als US-amerikanische (121), deren Anteil – wie
derjenige deutscher Unternehmen (nur noch 27) – kontinuierlich
schrumpft. »Wachstum und die Wachstumsprognosen sind auf Jahre
hinaus weitaus größer als in den USA«, schreibt die Bertelsmann Stiftung. Zwar stehe »dem großen Potenzial ... ein schwierigeres Markt-
umfeld gegenüber«: »Mangelnde Rechtssicherheit«, Beschränkungen
für auswärtige Unternehmen beim Marktzugang, »erzwungene
Technologietransfers ... und staatliche Förderprogramme für chinesische Unternehmen«. Allerdings habe »die Erfahrung gezeigt«,
dass deutsche Unternehmen »in China ... sehr erfolgreich Geschäfte machen können«. Und wer will schon auf Geschäfte in einem
Land verzichten, dass, wie Ende 2021 eine Studie des Belfer Center
for Science and International Affairs an der renommierten Harvard
Kennedy School zeigte, auf zentralen High-Tech-Feldern bald zur
globalen Nummer eins werden könnte oder es gar schon ist?[3]

»Kalter Frieden«, »Welt mit mehreren Blöcken« oder »Welt in der Dauerkrise«?

Welche Probleme sich aus dem doppelten Expansionsinteresse der
deutschen Industrie ergeben, zeigen die fünf Zukunftsszenarien,
die die Bertelsmann Stiftung entwickelt und anschließend mit Vertretern von Wirtschaft und Politik diskutiert hat. Eines von ihnen
(»Kalter Frieden«) schreibt mehr oder weniger die heutigen weltpolitischen Spannungen fort. Die vier anderen unterscheiden sich
darin, wie sie die Zukunft der EU einschätzen – »starkes Europa«

---

3   Graham Allison / Eric Schmidt: China Will Soon Lead the U.S. in Tech. wsj.
    com, 7.12.2021.

vs. »schwaches Europa« – und ob sie im Verhältnis zwischen den Vereinigten Staaten und China »Entkopplung/Konflikt« oder »Integration/Kooperation« dominieren sehen. Dass Letzteres eintrete, sei unwahrscheinlich, räumt die Stiftung ein: »Ein kooperatives Arrangement« scheine »derzeit nicht der inneren Logik der Systeme zu entsprechen«.[4] Unwahrscheinlich sind demnach die Szenarien »Reformierter Multilateralismus« und »G2«, am wahrscheinlichsten neben dem Szenario »Kalter Frieden« die Szenarien »Welt mit mehreren Blöcken« und »Welt in der Dauerkrise«. Bei ersterem behauptet sich die EU »als eigenes Kraftzentrum« neben den sich heftig bekämpfenden Mächten USA und China; bei letzterem wird die Union »zwischen den Großmächten«, die sich »permanent im Konflikt« befinden, »zerrieben«.

Bereits im Szenario »Kalter Frieden«, in dem der Machtkampf zwischen den Vereinigten Staaten und China auf dem bisherigen Niveau andauert, wird es schwierig für deutsche Unternehmen, ihre Aktivitäten in den USA und in der Volksrepublik zu verbinden. »Schon heute« müsse »oftmals für separate Märkte mehrgleisig zugeliefert, entwickelt und produziert werden«, hält die Bertelsmann Stiftung fest: Wer etwa »in die USA liefern möchte, produziert am besten in Mexiko oder Kanada, um wirtschaftspolitischen Schwierigkeiten aus dem Weg zu gehen«. Der Druck dazu werde noch stärker werden, nicht zuletzt, weil Washington und Beijing unterschiedliche industrielle Standards entwickelten. Das könne so manche Firma aus der EU zwingen, »sich für die eine oder andere Seite [zu] entscheiden«: »Die unterschiedlichen Anforderungen in den beiden großen Blöcken« ließen sich womöglich schon bald »nicht ohne Weiteres oder nur zu hohen Kosten bedienen«. Nähmen die Spannungen zwischen den USA und China weiter zu wie im Szenario »Welt mit mehreren Blöcken«, dann sei insbesondere mit einer drastischen Ausweitung extraterritorialer Sanktionen zu rechnen. Für deutsche

---

4   Globalisierungsszenarien – Herausforderungen und Handlungsoptionen aus Sicht der deutschen Wirtschaft, bertelsmann-stiftung.de, 4.10.2021.

Unternehmen führe dies zur »Notwendigkeit getrennter Niederlassungen in den beiden Blöcken«. Im Extremfall vor die »Wahl zwischen den Blöcken« gestellt, würden sich deutsche Firmen wohl »für die planungssichere Alternative entscheiden«, berichtet die Bertelsmann Stiftung aus ihren Gesprächen mit den Wirtschaftsvertretern: Das könne »in einigen Unternehmen« durchaus »zugunsten des autokratischen, aber berechenbaren China ausgehen«.

Noch schärfer würde sich die Lage zuspitzen, käme es zum Szenario »Welt in der Dauerkrise«, in dem eine Eskalation des transpazifischen Machtkampfes mit einer Schwächung der EU einhergeht. »Die Geschäftsmodelle mancher Branchen«, etwa »der Grundstoff- und Chemieindustrie«, verlangten »Großinvestitionen, die auf eine jahrzehntelange Produktion angelegt sind, um profitabel zu sein«, konstatiert die Bertelsmann Stiftung. Das trifft zum Beispiel auf den über zehn Milliarden US-Dollar teuren High-Tech-Verbundstandort zu, den BASF im Frühjahr 2020 in Zhanjiang in der südchinesischen Provinz Guangdong zu errichten begonnen hat. »In einer Dauerkrise« könne »die Abspaltung solcher Produktionseinheiten von der Muttergesellschaft in Deutschland eine notwendige Folge sein«, heißt es in der Bertelsmann-Studie. Ähnliches könne in der Kfz-Branche, aber auch in der Elektro-, IT- oder Softwareindustrie der Fall sein – bei letzteren, »weil wichtige Wachstumsimpulse dieser Branchen schon lange vom chinesischen Markt ausgehen«. »Es gibt eine Reihe von Firmen, die das Szenario gedanklich durchspielen, ihre Unternehmen aufzuteilen«, wurde BDI-Präsident Siegfried Russwurm im November 2021 im *Handelsblatt* zitiert: »Eine Hälfte würde dann in Fernost und eine andere in der westlichen Hemisphäre agieren.«[5] »Bosch, Siemens und etliche andere Gesellschaften lassen dieses Szenario bereits durchrechnen«, präzisierte das *Handelsblatt*.[6]

---

5   »Würde nur Verlierer produzieren«, in: Handelsblatt, 9.11.2021.

6   Martin Buchenau / Dana Heide / Franz Hubik / Kevin Knitterscheidt / Martin Murphy: Der große Graben, in: Handelsblatt, 9.11.2021.

Und das ist nicht alles. »Sollte es zu einer scharfkantigen Block-
bildung in der Welt kommen«, umschrieb die Bertelsmann Stiftung
das Szenario »Welt in der Dauerkrise«, dann müssten einige Unternehmen nicht nur darüber nachdenken, sich zugunsten ihres Chi-
nageschäfts »vom US-Markt abzuwenden«; sie müssten womöglich
»sogar die Abkehr vom europäischen Heimatmarkt in Erwägung
ziehen«. Das gelte »auch für mittelständische Hightechunterneh-
men mit generationenübergreifender Bindung an den Standort
Deutschland«: Bei wirklich »existenziellen Bedrohungen« dürften
»selbst Tradition und personelle Verbundenheit mit der Heimat …
nur noch eine untergeordnete Rolle spielen«.

Ihre Gespräche mit den Wirtschaftsvertretern resümierend, hielt
die Bertelsmann Stiftung fest: »Sehr genau beobachten jene Unternehmen, denen nur eine Abkopplung [von Unternehmensteilen
oder gar vom Heimatmarkt, J. K.] helfen würde, … die Geschwindigkeit der globalen Entwicklungen, um im Notfall schnell handeln
zu können.« Über den Planungsstand informierte im November
in Ansätzen das *Handelsblatt*. »Formal unabhängige Firmen sollen
dann die jeweiligen Märkte in den USA und in China bespielen«,
berichtete die Zeitung: »Gesellschaftsrechtlich wären sie indes unverändert mit dem Mutterhaus verbunden.« Kann das gutgehen?
Werden sich die Vereinigten Staaten durch gesellschaftsrechtliche
Tricks von Strafmaßnahmen abhalten lassen? Man mag das bezwei-
feln. Um sich gedanklich den Aussichten für die Industrie etwas
weiter anzunähern, wies das *Handelsblatt* auf zwei historische Beispiele hin: Merck und Ford. Beide Beispiele, das sollte man festhalten, stammen aus Weltkriegszeiten.

Die Beispiele Merck und Ford

Das erste Beispiel betraf den Ableger des deutschen Pharmakonzerns
E. Merck in den USA, der 1891 von Georg Friedrich Merck, einem
Mitglied der Unternehmerfamilie, gegründet worden war. Merck &
Co., so der Name des US-Ablegers, geriet ins Visier der US-Behör-
den, als diese 1917, nach dem Eintritt der Vereinigten Staaten in den

Ersten Weltkrieg, begannen, Unternehmen aus Feindstaaten, die auf
US-Territorium ansässig waren, zu beschlagnahmen. Auch Merck
& Co. war davon betroffen. Georg Friedrich Merck, der seit 1902
die US-Staatsbürgerschaft besaß – er nannte sich seither George –,
schaffte es immerhin, sich von dem 20-Prozent-Anteil, den er an
Merck & Co. gehalten hatte, ein Drittel zu bewahren. Ansonsten
ging der US-Ableger komplett in US-Besitz über. Nach Kriegsende
setzte George F. Merck alles daran, die Kontrolle über das Unternehmen zurückzuerhalten; dank der Hilfe von US-Geschäftspart-
nern hatte er schließlich Erfolg. Nur: Die formale Trennung vom
deutschen Mutterkonzern, darauf legten die US-Behörden Wert,
blieb bestehen. George F. Merck kooperierte zwar noch einige Jahre
lang informell mit E. Merck in Darmstadt; mit dem Übergang der
Firmenleitung an seinen Sohn George W. Merck im Jahr 1925 war
damit aber Schluss. Der US-Ableger war für die deutsche Unterneh-
menszentrale verloren. Seitdem konkurriert Merck & Co. mit der
deutschen Merck KgaA.

Beim zweiten Beispiel ging es um den 1925 gegründeten deutschen Ableger des US-Konzerns Ford, der ab 1933 unter Druck geriet, sich deutscher Kontrolle zu unterstellen. Zunächst gelang es
dem Unternehmen, mit der weitgehenden Verlagerung seiner Lieferketten ins Deutsche Reich und mit einer Erhöhung des deutschen
Personalanteils im Firmenvorstand das NS-Regime zufriedenzustel-
len. Der Druck der Behörden nahm allerdings im Lauf der Jahre zu.
So wurde der deutsche Ford-Ableger 1938 zwar noch zu 81 Prozent
direkt oder indirekt von der US-Konzernzentrale kontrolliert; die
Ausschüttung von Dividenden, die daher vor allem den USA zu-
gutegekommen wäre, wurde jedoch unterbunden. Die US-Konzernzentrale musste im Lauf der Jahre ihren Anteil an den Ford-Werken,
wie sie ab 1939 offiziell hießen, weiter reduzieren. Dennoch blieben
bis Kriegsende stolze 52 Prozent der Anteile in US-Besitz. Mit der
Befreiung Deutschlands vom NS-Regime erhielt der US-Mutter-
konzern dann die volle Kontrolle über die Ford-Werke zurück. Man
kann jedoch festhalten: Dazu war ein Sieg im Weltkrieg nötig.

Statussicherung oder Zerfall der EU?

Was tun mit Blick auf den Machtkampf zwischen den USA und China? Bleibt man im Analysemodell der Bertelsmann Stiftung mit seinen fünf Szenarien, dann gilt es aus Sicht der deutschen Industrie, alles zu tun, um das Szenario »Welt in der Dauerkrise« zu vermeiden. Dazu wiederum muss – das ist aus Sicht der Wirtschaft der einzige Weg – die EU gestärkt werden. Nach ihren Erwartungen an die Politik befragt, äußerten die Wirtschaftsvertreter, die an dem Bertelsmann-Projekt teilnahmen, »am häufigsten … den Wunsch nach Geschlossenheit und Handlungsfähigkeit der Europäischen Union«, »nach einem starken Europa, das fähig ist, sich und die Interessen der europäischen Wirtschaft in der Welt zu behaupten«. Wichtig sei ihnen darüber hinaus »eine strategische Ausrichtung der europäischen Politik«, die helfen könne, »schnellere Entscheidungen zu treffen und mehr Schlagkraft nach außen zu entwickeln«. Dann – und nur dann – könne es womöglich gelingen, »politische Spielräume in der Konfrontation zwischen den USA und China … zu bewahren« und, um ein praktisches Beispiel anzuführen, etwa die »eigenen Industriestandards zu erhalten«.

Den Lohn, der lockt, wenn dies gelingt, zeigt das Szenario »Welt mit mehreren Blöcken«. In ihm »profitieren deutsche Unternehmen von einem stabilen europäischen Binnenmarkt« – dem »wichtigsten Trumpf« des Staatenkartells, wie die Bertelsmann Stiftung formuliert. Die EU bleibt dann »für viele global agierende europäische Unternehmen … der starke Heimatstandort, an dem sie zentrale Teile ihrer Wertschöpfung bündeln und einen wichtigen, wenn auch nicht unbedingt den größten Teil, ihres Umsatzes erzielen«. Probleme bleiben freilich auch dann: So »mangelt es Europa an Absatzmärkten und damit an Sicherheit, entwickelte Technologie auch weltweit verkaufen zu können«. Ob die EU sich letzten Endes wirklich gegen die USA und China behaupten könnte – wer weiß.

Und wenn es nicht gelingt, die EU zu stärken? Im Szenario »Welt in der Dauerkrise« droht dem Staatenkartell »der Zerfall«. Es wird schwieriger, Einigkeit zu erzielen, »weil Mitgliedstaaten die Loyalität zu den Großmächten über den europäischen Zusammenhalt stellen«. Es kommt »zu weiteren Austritten aus dem europäischen Staatenbund«. Zunächst »wegen Größe und Kaufkraft« noch »als Absatzmarkt ... interessant«, zersplittert die EU immer stärker – und prompt »entpuppen sich viele einzelne Staaten als zu klein, um überhaupt noch Gewinne generieren zu können«. Das hat Folgen: »Manche Unternehmen ... koppeln ihren Geschäftsbetrieb vom Standort Europa teilweise ab.« Europas Wirtschaftsleistung sinkt, die Kaufkraft nimmt ab, »der europäische Markt schrumpft und verliert an Bedeutung«.

Der Abstieg des alten Kontinents gewinnt dramatisch an Fahrt.

Conrad Schuhler

Die USA des Joe Biden

Aggressiv nach Außen, weiter gespalten im Innern

Die Jahre 2020/21 hatten das Zeug zur Zäsur. Die Pandemie hatte die jahrelange ökonomische Stagnation sogar ins Minus gedreht: 95 % aller Volkswirtschaften schrumpften. Die Weltbank konstatierte einen weltweiten Verlust an Lebenseinkommen von 10 Billionen US-Dollar.[1] Von den großen Nationen wies nur China weiter ein positives Wachstum auf. Die Länder des Neoliberalismus standen blamiert da. Dessen Credo »schlanker Staat, private Initiative regelt alles Notwendige« erwies sich als obsolet, nur staatliche Interventionen würden die Menschen wie die Märkte retten. Eine Abfolge von Krisen – Finanzkrise 2007/08, Ukrainekrise, Verfall der Rohstoffpreise, Brexit, Trump-Sieg und Trump-Desaster in der Weltwirtschaft, die Gelbwesten in Frankreich, das Afghanistan-Debakel von USA und NATO – kulminierte im anhaltenden Versagen der politischen Systeme in der Coronakrise. Was die Befriedigung der grundlegenden menschlichen Bedürfnisse anging, erwies sich das kapitalistische System in der Frage des Bedürfnisses Nr. 1 nach Leben und Gesundheit als ein System, das Ulrich Beck Jahre zuvor als »organisierte Verantwortungslosigkeit« bezeichnete.[2]

Vor allem in den USA schlug sich dieses menschenbedrohende System in verheerendem Maß nieder. Das Land mit dem höchsten

1 Covid 19 Could Lead to Permanent Loss in Learning and Trillions of Dollars in Lost Earnings, World Bank, 18.6.2020.

2 Ulrich Beck, Gegengifte: Organisierte Unverantwortlichkeit, Frankfurt a. M. 1988.

Pro-Kopf-Einkommen der Welt hatte schnell die meisten Corona-Toten zu beklagen. Die USA stellen 4 % der Weltbevölkerung, weisen aber 20 % der Corona-Todesfälle auf.[3] 2020 bestand die Strategie des US-Präsidenten darin, die Bedeutung des Virus zu leugnen. Das Ergebnis an Toten und Infizierten, an Angst und Verzweiflung war nicht zuletzt, dass Trump die Wahl verlor. In diesem Sinn hat Biden von der Pandemie profitiert. Ohne Trumps offenkundiges Versagen in der Pandemiebekämpfung hätte Biden keine Chance gehabt.

Die Pandemie hat Biden schon auf dem Weg zur Kandidatur geholfen. Denn auch wenn die Zeit längst reif für eine grundsätzliche Absage an das System mit der Maxime »Profitwachstum vor Rücksicht auf Mensch und Natur« war, so verkürzte die Pandemie die Suche nach Alternativen bei vielen auf kurzfristige Antworten, wie man überleben könne. Zwar waren längst grundlegende Fragen der sozialen Ordnung und des politischen Systems aufgerufen, auf die die Linke Antworten hatte. Sanders hatte einen Green New Deal vorgestellt, mit dem er in einem 19-Billionen-Dollar-Programm der sozialökologischen Transformation einen Umbau der Wirtschaft und der sozialen Systeme vorschlug. Dabei ging es um öffentliche Investitionen vor allem in die Menschen, die diese Gesellschaft zu verwirklichen hätten. Doch Biden siegte im Vorwahlkampf, der Präsidentschaftskandidat mit einem 7-Billionen-Dollar-Programm, das den »grünen Wandel« vor allem herbeiführen wollte, indem geringe staatliche Investitionen größere Privatinvestitionen induzieren sollten. Die Seuchenstimmung hatte für viele die grundsätzliche, langfristige Alternative der Linken nach hinten gerückt. Eine Zäsur fand nicht statt.

Die USA: ein failed state?

Dabei hatte Sanders mit den Linken auch den Großteil der Publizistik hinter sich. Ezra Klein, der Gründer von Vox, schreibt, dass das Versagen der USA kein Betriebsunfall, sondern das Ergebnis

---

3   Conrad Schuhler, Das Neue Amerika des Joseph R. Biden, Köln 2021, S. 26ff.

einer falschen Gesellschaftsstruktur ist. »Amerikas politisches System ist nicht zusammengebrochen. Die Wahrheit ist beängstigender: Es funktioniert genau so, wie es ›designed‹ ist.«[4] Ohne eine grundlegende Veränderung der Vermögensverhältnisse von Oben nach Unten könne es keine Besserung geben.[5] Timothy Snyder, Yale-Professor, entlarvt das Versagen der US-Regierung als »Die Amerikanische Krankheit«, hervorgerufen durch die Kommodifizierung aller menschlichen Bedürfnisse: alles wird zur Ware, Heilung steht einem zu in dem Maße, wie man zahlen kann. »Die Pandemie ist das jüngste Symptom unserer Krankheit, einer Politik, die Schmerz und Tod statt Sicherheit und Gesundheit bringt, Profit für einige wenige statt Wohlstand für viele.«[6] Für Adam Tooze, Wirtschaftshistoriker an der New Yorker Columbia University, war nach Chinas Aufstieg aller Welt »nicht mehr klar, dass die großen Götter des Wachstums auf der Seite des Westens standen«.[7] George Packer, Autor bei *The Atlantic* und *The New Yorker* und Gewinner des National Book Award, sieht beim Blick in den Spiegel: »Ein instabiles Land und politische Institutionen, deren Weiterleben in Frage steht, ein Volk, das in einander bekriegende Fraktionen zerfällt und zu Gewalt neigt – die Art von Land also, deren Rettung wir stets für unsere Aufgabe hielten. Uns aber wird niemand retten kommen. Unsere letzte und beste Hoffnung sind tatsächlich wir selbst.«[8] Packer, für den die USA heute ein »failed state«, ein fehlgeschlagener Staat sind, bezieht sich mit »letzter bester Hoffnung« auf den Schöpfer des Begriffs, den Urvater aller Demokraten der USA, Abraham Lincoln, der bei seinem Versuch, diese letzte Hoffnung zu realisieren, vor über 150 Jahren erschossen wurde.

---

4   Ezra Klein, Why We're Polarized, London 2020 (Klappentext).

5   Vgl. ebd., S. 249ff.

6   Timothy Snyder, Die Amerikanische Krankheit, München 2020, S. 21.

7   Adam Tooze, Welt im Lockdown, München 2021, S. 11.

8   George Packer, Unsere letzte beste Hoffnung, Hamburg 2021, S. 19.

Statt der großen Zäsur: »Middle Class Joe« Biden
Angesagt war die große Zäsur, doch ins Weiße Haus zog »Middle
Class Joe«, wie sich Biden gerne nennen lässt. Trump war 2016 ins
Amt gekommen, weil das große Kapital das Zusammenkommen
von Millionären mit den Verlierern der Globalisierung betrieb,
deren Arbeitsplätze in Niedriglohnländer exportiert worden waren. Als ihr Feind wurde alles Fremde stilisiert – ob Handelskon-
kurrent oder Immigrant oder Inlands-»Fremder«. 2020 hatte das
große Kapital aber längst eingesehen, dass eine grüne Transformation fällig war, die Umwelt- und Klimaschäden würden auch Pro-
fitbedingungen und Lebensaussichten der Superreichen berühren;
eine Transformation war unumgänglich und es war wichtig, ihre
Bedingungen zu bestimmen. Grüne Transformation, grüne Modernisierung, Green New Deal waren die Schlagworte der Saison.
Hier war Biden für die Konzerne brauchbarer als der irrlichtern-
de, hassgetriebene Trump, und Biden bot die Alternative zu einer
Linken, die die ökologische Herausforderung sofort mit der Frage
der extremen sozialen Ungleichheit verknüpfte und das System radikal reformieren wollte, anstatt bloß herumzuflicken.[9] Folgerich-
tig lässt Biden sein Infrastrukturprogramm von Brian Deese aus-
arbeiten, dem bisherigen Strategen von BlackRock für nachhaltige
Investitionen. Die »Bidenomics«, die Biden-Ökonomie der grünen
Transformation, ist »made by BlackRock«.[10] Als Biden bei der ersten
Kraftprobe im Senat prompt einwilligt, die Erhöhung des Mindest-
lohns auf 15 Dollar zu streichen, wird er endgültig zum Mann der
Konzerne. Bidens Washington und Wall Street marschieren Seit' an
Seit'.
    Doch Biden verlangt den Reichen auch Zugeständnisse ab.
Schon im Wahlkampf hatte er reichen Spendern zum noblen Dinner
auch klargemacht, dass Kompromisse unvermeidlich sein würden:
»Wenn die Einkommensungleichheit so groß ist, wie das heute in

---

9   Tooze, a. a. O., S. 21
10 Vgl. Schuhler, a. a. O., S. 50ff.

den USA der Fall ist, brodeln und gären die politische Zwietracht und die grundstürzende Revolution. Das ermöglicht es Demagogen, auf den Plan zu treten.« Also: Wir müssen den Linken ihr demagogisches Potential aus den Händen nehmen, indem wir den Armen ein bisschen vom gesellschaftlichen Reichtum abgeben. Aber keine Angst, so der damalige Präsidentenaspirant weiter: »Der Lebensstandard von niemandem würde sich ändern. Nichts würde sich grundlegend ändern.«[11]

Biden hat Wort gehalten: Seine Rhetorik ist voller »Blue Collar«-Seife, seine reale Politik schützt die Reichen. Erst ab 400.000 Dollar Jahreseinkommen greift die Einkommensteuererhöhung aus Erwerbsarbeit (plus 2,6 %); das Einkommen aus Wertpapieren wird zum selben Satz nur versteuert, wenn es realisiert wird; wenn es nicht realisiert wird, bleibt es unversteuert. Das führt dazu, dass Reiche ihre Vermögenszuwächse nicht realisieren, für ihren Lebensaufwand Kredite aufnehmen, deren Kosten sie wiederum steuermindernd anbringen können. 2020 wuchs das Nettovermögen der Haushalte durch das Wachstum der Wertpapiere um 15 Billionen Dollar. Die obersten 1 % der US-Bevölkerung besitzen fast 40 % der Wertpapiere, die obersten 10 % nennen 84 % der Wertpapiere ihr Eigen.[12] Der Wertzuwachs landete also fast zur Gänze bei den Reichen.

Milliardärssteuer – Bluff oder Volltreffer?

Um die notwendigen sozialen Ausgaben zu finanzieren, hatten die Biden-Demokraten die Erhöhung der Steuer bei höheren Einkommen und bei Unternehmensgewinnen in Aussicht gestellt. Doch scheiterte das Vorhaben schon am Einspruch aus dem eigenen Lager, zum Beispiel der demokratischen Senatorin aus Arizona, Kyrsten Sinema. Die Parteirechten brachten stattdessen die Idee

---

11 J. Epstein, Biden Tells Elit Donors He Doesn't Want to ›Demonize‹ the Rich. Bloomberg, 18.6.2020.

12 Vgl. ILO, Covid-19 and the World of Work, 5. Aufl., International Labor Organization, 30.6.2020.

einer Milliardärssteuer ins Spiel.[13] Die 745 US-Milliardäre haben ihr Vermögen seit März 2020 um 2,1 Billionen Dollar, um 70 %, erhöht. Auf diesen Zuwachs an Einkommen und Vermögen haben sie so gut wie keine Steuern bezahlt. Der Vorschlag sah vor, dass die Eigentümerinnen und Eigentümer von öffentlich gehandelten Wertpapieren von über einer Milliarde Dollar, die mit diesen in drei aufeinanderfolgenden Jahren mehr als 100 Millionen Dollar verdienen, jedes Jahr eine Steuer zu zahlen haben. Nicht erfasst werden Gewinne aus anderen Vermögensbestandteilen wie Unternehmensanteile, Grundstücke, Juwelen oder Kunst. Experten gingen davon aus, dass die neue Steuer jährlich 200 bis 250 Milliarden Dollar in die öffentlichen Kasten brächte. Bisher hatten die Milliardäre – von 2010 bis 2018 – eine durchschnittliche Einkommensteuerrate von 8,2 % zu zahlen, beim durchschnittlichen Steuerzahler lag sie mit 14 % weit höher. Nicht veräußerte Steuergewinne waren völlig steuerfrei.

Die zwei reichsten Männer der Welt, Elon Musk und Jeff Bezos, zahlten in mehreren Jahren überhaupt keine Einkommensteuer.[14] Jeff Bezos ist nicht nur der Gründer von Amazon, sondern auch der Inhaber der neben der *New York Times* bedeutendsten Zeitung der USA, der *Washington Post*. Und diese meldete auch, dass sogar ein zweites Projekt einer Milliardärssteuer ausgeheckt würde, wonach Bezos in den ersten fünf Jahren 44 Milliarden Dollar Einkommensteuer zahlen müsste und Musk 50 Milliarden. Der von Senator Ron Wyden (Demokrat – Oregon), dem Vorsitzenden des Finanzkomitees des Senats, vorgelegte Plan sieht eine Steuer von 23,8 % auf Wertzuwächse bei Wertpapieren vor, auch wenn diese noch nicht veräußert sind. Demokraten dächten des Weiteren daran, eine »Surtax« von 3 % auf Millionärseinkommen von über 5 Millionen Dollar

---

13 Vgl. Chuck Collins, Sarah Anderson: Let's Make the Most of This »Tax Billionaires« Moment. Inequality.org, 25.10.2021, inequality.org.

14 Vgl. Chuck Collins, The Case for a billionaires Inc tax. The Hill, 25.10.2021, thehill.com.

jährlich zu erheben.[15] Dies zusammen wäre in der Tat eine grundlegende Reform der Einkommensteuer in den USA, weshalb ihre
Ankündigung mit Vorsicht zu genießen ist. Bezos' *Washington Post*
lässt denn auch Elon Musk zu Wort kommen: »Wer am besten die
Kapitalallokation hinkriegt – die Regierung oder die Unternehmer
– diese Frage steht an. Die Tricksters wollen die Allokation des Kapitals mit dem Verbrauch verschmelzen.«[16] Musk macht hier schon
die Systemfrage auf: Wollt Ihr einen Unternehmerstaat oder einen
von Politik dominierten? Dabei wollte Wyden den Superreichen zu
Hilfe kommen gegen die Pläne von Elizabeth Warren, die Senatorin
aus Maine ist seit Jahren auf die Einführung einer Vermögensteuer
aus. Wydens Steuer würde nur die Zuwächse versteuern, nicht das
Gesamtvermögen.[17] Diese Kämpfe und Scheingefechte ins Rampen-
licht zu stellen – alle Pläne einer Milliardärssteuer sind in der Ver-
senkung verschwunden –, sollte eher vergessen machen, dass die
große Masse der »bloß« sehr Reichen ungeschoren bleiben soll. Bis
zu einer Grenze von 400.000 Dollar Jahreseinkommen wird keine
Steuer erhöht. Das mittlere Jahreseinkommen (Median) der reichen
Einkommensgruppe liegt bei 182.000 Dollar (es geht jeweils um das
Einkommen einer Person, des Haushaltsvorstands). Die überwie-
gende Zahl der 19 % der US-BürgerInnen, die zu dieser Klasse der
Reichen gehören, bleiben also von einer Zusatzsteuer unbehelligt.

Build Back Better – diesmal nicht
Wiederum zum Schwur kommt es Ende 2021, als die Gesetze über
Infrastruktur und über die Ausgaben für Soziales und Klimaschutz
anstehen, das »Build Back Better«-Projekt. Dass es zwei Gesetzes-
vorhaben sind, war schon ein Nachgeben der Biden-Leute gegen-

---

15 Vgl. Jeff Stein, Andrew Van Dam, Tony Romm: Democrat's billionaire tax
would Heavily target 10 wealthiest Americans, but alternative plan is emerging. The Washington Post, 26.10.2021.

16 Ebd.

17 Vgl. Brian Faler, Wyden Fills in details for »Billionaires Income Tax«. Politi-
co, 27.10.2021.

über den Republikanern. Die Ausgaben für technische Verbesserungen der Infrastruktur – Verkehrswege, Leitungsnetze, Ladestationen
und ähnliches – wurden abgetrennt von Ausgaben für Gesundheit,
Bildung, Pflege usw., die in ein gesondertes Paket kamen. Die rein
technische Gesetzesvorlage findet die Zustimmung der Republika-
ner. Die Vorlage des Präsidenten für Soziales und für Klimaschutz
veranschlagte eine Summe von 3,5 Billionen Dollar. Die Rechten
unter den demokratischen Senatoren, angeführt von dem Kohle-
unternehmer Joe Manchin (West Virginia) und Kyrsten Sinema
(Arizona), streichen die Summe bereits auf 1,75 Billionen Dollar zusammen. Dem Rotstift fallen Herzstücke des »Building Back Better«-
Versprechens zum Opfer:

- keine Ausdehnung von Medicare und Medicaid, den Gesund-
  heitshilfsprogrammen für Ältere und Geringverdiener;
- kein bezahlter Betreuungs- und Elternurlaub von 12 Wochen;
- kein kostenfreier Zugang zu Colleges;
- keine öffentlichen Subventionen für saubere Energien und die
  Schaffung von »guten Arbeitsplätzen« im Sektor der sauberen
  Energie;
- keine öffentlichen Kredite für Mitglieder privater Krankenver-
  sicherungen und für Miethilfe für Menschen mit niedrigem Einkommen;
- keine Deckelung der Medikamentenpreise;
- keine Milliardärssteuer und auch keine spürbare Anhebung der
  Unternehmen- und der Steuer für höhere Einkommen – die
  Unternehmensteuer wird auf 15 % gesetzt.[18]

Schon jetzt ist klar, dass die Bidenomics nicht zu einer Vereinigung
des gespaltenen Landes führen. Die Steuerpläne fallen noch hinter
die von Obama zurück, und während dessen Amtszeit ist die Schere
zwischen Reich und Arm noch schneller als beim Vorgänger George
W. Bush auseinandergeklafft.

---

18 Vgl. Jennifer Scholtes, Marianne Levine, Alice Ollstein: What's still in the
    Dem megabill? Cheat sheet on 12 big topics. Politico, 25.10.2021; Süddeut-
    sche Zeitung, 29.10.2021.

Eine grüne Transformation – aber made in BlackRock

Mit der Halbierung der Sozialausgaben durch die Rechte innerhalb der Fraktion der Demokraten wird auch Bidens ehrgeiziges Projekt eines grünen Umbaus des Landes schwer beschädigt. Den »American Job Plan« hatte Biden mit diesen geschichtsträchtigen Worten vorgestellt: »In fünfzig Jahren werden die Leute zurückschauen und sagen, dies war der Moment, da Amerika die Zukunft gewann. Ich schlage eine einmalige Zwei-Billionen-Dollar-Kapitalinvestition in Amerikas Zukunft vor, gestreckt über acht Jahre. Sie wird historisches Job-Wachstum generieren, historisches Wirtschaftswachstum, sie wird den Unternehmen helfen, den internationalen Wettbewerb zu bestehen, und wird ebenso größere Gewinne produzieren. Es handelt sich um die wertvollsten Investitionen, die die Nation machen kann – in unsere Infrastruktur zu investieren.«[19] Über zwei Billionen Dollar sollten verwandt werden zur Modernisierung der maroden Infrastruktur und für die Schaffung von achtzehn Millionen neuen, hochmodernen Arbeitsplätzen in einer ökologisch geformten Wirtschaft, investiert über acht Jahre, finanziert vor allem über eine Erhöhung der Steuern für Unternehmen, für Kapitalgewinne und für Einkommen der Superreichen.

Adam Tooze und andere haben schon diesen Vorschlag – Autor der genannte BlackRock-Vertreter Brian Deese – als viel zu gering und konzernfreundlich, als Transformation »nach Art von BlackRock« abgelehnt. Die Anpreisung des Projekts durch den Präsidenten hat ja in der Tat eher den Duktus einer Werbung bei Großkonzernen. Im Einzelnen bemängeln die Kritiker:

- Es fehlt jeder Vorschlag zur CO_2-Bepreisung. Dies ist zwar oft ein Placebo, im Regierungsplan kommt das Thema aber überhaupt nicht vor.
- Es fehlt jeder Vorschlag zum Umbau der vorhandenen Technologien. Diese sind bisher konzentriert auf Fracking-Einrichtungen

---

19 Weißes Haus: Remarks by President Biden on the American Jobs Plan, 31.3.2021, www.whitehouse.gov.

mit entsprechenden Pipelines und Kraftwerken. Der Übergang
von Gas und Kohle auf Wind und Sonne erfordert u. a. ein neues
landesweites Transmissions-System, damit saubere Energie von
den wind- und sonnenreichen Gegenden in die Küstengebiete
mit besonders hohem Energieverbrauch transportiert werden
kann. Dazu fehlen konkrete Konzepte und auch Finanzierungs-
vorstellungen. Der einzige Vorschlag – die Unternehmensteuer
auf die Zeit vor Trump und die Einkommensteuern für Super-
reiche anzuheben – ist zu gering.

- Für die Umstellung des Personenverkehrs auf die Schiene sind
  jährlich 10 Milliarden Dollar vorgesehen. Dies verfehlt die Not-
  wendigkeiten um Dimensionen. Nach Tooze verfügen die USA
  neben verrotteten regionalen Netzen über ein Hochgeschwin-
  digkeitsnetz von 500 Meilen. China habe eines über 19.000 Meilen.

- Für die Umstellung des Fahrzeugsektors sind 174 Milliarden
  Dollar vorgesehen. Die geplanten 500.000 Ladestationen reichen nicht aus. China baut ein Netz von drei Millionen Ladestationen auf. – In den USA sind 287 Millionen Kraftfahrzeuge
  registriert. Es gib keinen einzigen Vorschlag, wie man diese
  Flotte mit ihren verderblichen CO_2-Emissionen von der Straße
  holen will.

- Die 35 Milliarden Dollar, die der Plan jährlich für Forschung
  und Entwicklung sauberer Technologie vorsieht, entsprechen
  der Summe, die US-Bürgerinnen für das Futter ihrer Haustiere
  ausgeben. Hier sind, meint Tooze, offenbar die gesellschaftlichen
  Prioritäten verschoben.[20]

Sehenden Auges marschiert das Biden-Team in die Zertrümmerung
seines Anspruchs, das Land zu einen – und mit diesem geeinten und
gestärkten Amerika China in die Schranken zu weisen.

---

20 Vgl. Adam Tooze: Bidenomics – Klimawende mit angezogener Handbrem-
    se. Blätter für deutsche und internationale Politik, 6/2021, S. 65-74.

Nach dem Afghanistan-Desaster: Mit aller Kraft gegen den systemischen Feind China – droht ein großer Krieg?

Der Abzug der US- und aller NATO-Truppen aus Afghanistan wurde von Trump im März 2020 in Doha mit den Taliban zum 1. Mai 2021 ausgehandelt und von Präsident Biden im September 2021 vollzogen. Diese Daten offenbaren die komplette Unfähigkeit der deutschen Außen- und Militärpolitik, die sich noch anderthalb Jahre nach dem Doha-Abkommen vom Abzug der US-Truppen überrascht zeigte. Während die USA 98 % ihrer lokalen Hilfskräfte ausfliegen konnten, ließen die deutschen Truppen mindestens 80 % ihrer über 30.000 Ortskräfte in den Händen der Taliban zurück. Biden hatte den Abzug mit der vollkommen neuen strategischen Außen- und Militärpolitik begründet: »Man muss eine kritische Sache verstehen: Die Welt ist dabei, sich zu ändern. Wir sind in einem ernsten Wettbewerb mit China. Wir müssen mit Drohungen an verschiedenen Fronten mit Russland umgehen. Wir müssen Amerikas Wettbewerbsfähigkeit steigern, um diese neuen Herausforderungen im Wettbewerb des 21. Jahrhunderts zu bestehen.«[21] Und er setzte hinzu: »Die Entscheidung über Afghanistan ist nicht einfach über Afghanistan. Es geht um das Ende einer Ära größerer Militäroperationen, um andere Länder umzubauen.«

Das bedeutet einmal die strategische Umorientierung der Kräfte des Landes auf den strategischen Hauptfeind: Nr. 1 China, vor Nr. 2 Russland. Schon im Programm der Demokraten im Wahlkampf gegen Trump wie später in den »Prioritäten« der Biden-Harris-Regierung werden die beiden Ziele nebeneinandergestellt: Das in tiefer sozialer Ungleichheit zerrissene Land soll geeint und so mit neuer Kraft in den Kampf gegen den antagonistischen, »autoritären« Gegner China mit seinem ersten Adjutanten Russland geführt werden.[22] »Größere Militäroperationen zum Umbau anderer Län-

---

21 Weißes Haus: Remarks by President Biden on the End of the War in Afghanistan, 31.8.2021, www.whitehouse.gov.

22 Weißes Haus: The Biden-Harris Administration Immediate Priorities, www.whitehouse.gov/priorities, abgerufen am 19.1.2022.

der« übersteigen die wirtschaftlichen Möglichkeiten der wankenden
Supermacht USA. Afghanistan kostete die USA, wie Biden vorrech-
net, 20 Jahre lang jeden Tag 300 Millionen US-Dollar; über 800.000
Mann und Frau an Truppen kämpften dort, die großenteils trau-
matisiert in die Heimat zurückkehrten; rund 21.000 Verwundete
und 2.461 Tote waren zu beklagen.[23] Weder politisch – die Toten,
Verwundeten und Traumatisierten kommen aus der unteren Mittelschicht, als deren Vertreter sich Biden ansieht – noch wirtschaftlich können die USA diese Last eines Weltpolizisten auf die alte Art
leisten. Das Land liegt, gemessen am kaufkraftbereinigten Bruttoinlandsprodukt (BIP), längst hinter China und wird von diesem jedes
Jahr weiter distanziert.

Ungeachtet dessen führen China und die USA das Feld mit weitem Abstand an. Nach Einschätzung der US-Regierung zerfällt die
Welt in zwei Blöcke: in die Demokratien, worunter der Westen zu
verstehen sei, und die Autokratien, wozu vor allem China und Russland zu zählen seien. Biden will »die Sicherheitskräfte stärken, die
demokratischen Allianzen rund um den Globus wieder aufbauen,
die amerikanischen Werte und Menschenrechte an die Spitze führen und die amerikanische Mittelklasse ausstatten, in der Weltwirtschaft zu führen«.[24] Also kein *nation building* mehr rund um den
Globus, um überall den *american way of life* einzuführen, da wären
die Kosten an Geld und Leben für die USA zu hoch. Aber durchaus »Sicherheitskräfte«, die schnell und gründlich zuschlagen können und die auch womöglich keine langfristig vor Ort stationierten
Truppen mehr brauchen, kann doch ein Großteil der militärischen
Drecksarbeit von Drohnen und anderer Art präzise ferngesteuerter
Waffentechnik übernommen werden. Dabei werden die USA, erläu-
terte Biden im September 2021 vor der Vollversammlung der Vereinten Nationen, einen Fokus richten »auf die Regionen, die wie der
Indopazifik heute und morgen zu den wichtigsten gehören«. Man

---

23 Vgl. Weißes Haus: Remarks by President Biden, a. a. O.

24 Weißes Haus: The Biden-Harris Administration Immediate Priorities, a. a. O.

werde »dies mit unseren Alliierten und Partnern tun. Und wie die USA versuchen, die Welt zur Aktion aufzurütteln, so werden wir dies nicht nur mit dem Beispiel unserer Macht tun, sondern auch, so Gott will, mit der Macht unseres Beispiels.«

Biden ruft also den Indopazifik quasi offiziell zur Hauptkampflinie zwischen den im antagonistischen Wettbewerb stehenden Blöcken aus. Dies ist einerseits aus der Perspektive des US-Präsidenten verständlich, sind doch vier der fünf Haupt-Wirtschaftsmächte der Welt rund um den Pazifik angesiedelt: die USA, Japan, Indien und China. Mit Russland und Indonesien folgen hinter Deutschland zwei weitere auf den Plätzen sechs und sieben. Der Indopazifik ist die bestimmende globale Region, so wie es der Transatlantik die Jahrhunderte zuvor war. Dass die USA hier aber mit der Macht ihres Beispiels, also ihrer eigenen gesellschaftlichen Verfassung punkten könnten, diesen ideologischen Überlegenheitsanspruch lassen die eigenen BürgerInnen ihrer Regierung nicht durchgehen.

Das Pew Research Center hat Ende Oktober 2021 eine Untersuchung der politischen Haltungen der Bevölkerungen in 17 hochentwickelten Ländern veröffentlicht. Ihren Befund haben die Forscher so überschrieben: »Die Bürger in hochentwickelten Volkswirtschaften wollen signifikante Wechsel in ihren politischen Systemen.«[25] Im Durchschnitt der 17 Bevölkerungen sprachen sich 56 % für größere Reformen oder für die komplette Umgestaltung ihrer politischen Systeme aus. In den USA waren es 85 %, womit sie nur noch von Italien (89) und Spanien (86) übertroffen wurden. Deutschland erwies sich mit 52 % für grundlegende Reformen als relativ konservativ (auf einer Stufe mit Großbritannien oder Taiwan). In den USA aber sind beinahe fünf von sechs BürgerInnen grundsätzlich unzufrieden. Und drei von fünf zweifeln daran, dass das System diesen notwendigen Wandel herstellt. Diese Untersuchung wurde in der Frühzeit der Präsidentschaft Bidens durchgeführt. Damals, im Feb-

---

25 Pew Research Center: Citizens in Advanced Economies Want Significant Changes to Their Political Systems, 21.10.2021.

ruar 2021, waren 57 % der WählerInnen zufrieden mit Bidens Amts-
führung. Im Oktober 2021 sind es nur noch 42 %.[26]

Während sich die Programme für den gelinden Wandel im Innern der USA im Kongress totlaufen, treibt Biden seine außen- und
sicherheitspolitischen Vorstellungen schnell voran. David Vine bilanziert, in Anspielung auf die »Building Back Better«-Propaganda
der Biden-Truppe: »When It Comes to China, Biden Builds Back
Worse« (Was China anbelangt, ist Bidens Rückbau schlechter).[27]
Schon Trump hatte im »Quad«-Pakt Australien, Indien, Japan und
die USA zu einem politisch-militärischen Block gegen China zu-
sammengeschlossen. Biden ging mit AUKUS, einem militärisch
geprägten Bündnis zwischen Australien, dem United Kingdom
(Großbritannien) und den USA, einen großen Schritt weiter. Zum
Einstand stießen die USA ihren französischen NATO-Partner aus
einem Waffendeal mit Australien, dem nun acht atomgetriebene
U-Boote von den USA geliefert werden. Solche U-Boote sind Of-
fensivwaffen, da sie monatelang vor Chinas Küsten unter Wasser
bleiben und kaum entdeckt werden können. Zudem wird durch
den Vertrag die Weitergabe von Atomtechnologie und hoch ange-
reichertem Uran an Australien möglich, das damit seine U-Boote
mit Treibstoff versorgen kann. Die Vertragsparteien nennen China
als ihr wesentliches Ziel, sie bringen damit die Welt »an den Rand
des Abgrunds«.[28]

Was wäre, schreibt Vine, wenn China und Russland Venezuela
mit atomgetriebenen U-Booten versorgten, die atomar bestückt und
schwer zu orten unter Wasser vor der Küste der USA manövrierten?
Wie würden die USA auf diesen Militärpakt – Vine nennt ihn pro-
behalber VERUCH – reagieren? Wir könnten sicher sein, sie würden wie 1962 in der Kuba-Krise mit der vollen Mobilisierung ihres

---

26 Vgl. Gallup: Presidential Job Approval Rating, news.gallup.com, abgerufen
    am 19.1.2022.
27 David Vine: When It Comes to China, Biden Builds Back Worse. LA Pro-
    gressive, 21.10.2021, www.laprogressive.
28 Ebd.

Atomwaffenpotentials reagieren, damals die unmittelbare Drohung eines Dritten, diesmal alles vernichtenden Weltkriegs.

China dosiert seine Reaktionen sehr zurückhaltend, aber die USA treiben ihre militärische Hochrüstung gegen China immer weiter voran. Zwei Ziele stehen jetzt im Vordergrund. Erstens soll Kanada in die Front gegen China eingereiht werden, der AUKUS soll zum CAUKUS werden.[29] Autoren des Chicago Council on Global Affairs, ein Think Tank der US-Superpower-Strategen, rechnen vor, Kanada habe die längste Küstenlinie der Welt, viermal so groß wie die Australiens, seine Bevölkerung sei fast doppelt so groß wie die Australiens und dennoch sei sein Rüstungsetat geringer. Überhaupt: »Canada is Missing in Action.«[30] Das müsse sich schleunigst ändern, Kanada müsse seine Rolle als pazifische Macht wahrnehmen und sich an der Seite der USA einreihen.

Das zweite Ziel der Pentagonplaner ist Indien, eines der Quad-Mitglieder. Bisher treibe Indien eine Schaukelpolitik zwischen den USA und Russland, was man schon an der Ausrüstung der indischen Armee sähe. Dieses Nebeneinander von russischen und von US-Waffen könne nicht weitergehen, sei auch von der Informationstechnik her nicht mehr möglich. Indien müsse aufrüsten und zweitens ein aktiver Teil der westlichen Bündnisse gegen China und Russland werden.[31]

Drittens will Washington seine transatlantischen Partner auf den Kreuzzug gegen China einschwören. Bei Deutschland fiel ihm dies einerseits nicht schwer. Schon im Dezember 2020 hat die Bundesregierung »Indo-Pazifik-Leitlinien« beschlossen, in denen sie unverhüllt ihr strategisches Interesse an der Region und daraus entspringende militärische Konsequenzen kundtat: »Als offene, global ausgerichtete Volkswirtschaft sind für Deutschland freie Handels-

---

29 So Steve Raaymakers, Why Is Canada Missing From the Indo-Pacific. The Diplomat, 25.10.2021, thediplomat.com.

30 Ebd.

31 Vgl. Chet Lee: India: The Quad's Weakest Link. The Diplomat, 19.10.2021, thediplomat.com.

wege und maritime Sicherheit von vitaler Bedeutung. Über 20 %
des deutschen Handelsaustausches findet im indopazifischen Raum
statt. Das deutsche Handelsvolumen mit der Region hat sich in den
letzten 15 Jahren nahezu verdoppelt.« Zwar weise die Mehrzahl der
Staaten des Indo-Pazifiks »ein hohes Maß an innerer Stabilität auf«,
doch gäbe es auch »ungelöste Territorialfragen sowohl zu Lande als
auch zu See, Konflikte um natürliche Ressourcen und die sich ver-
schärfenden Gegensätze zwischen China und den USA«.[32] Vor wenigen Jahren noch war der damalige Bundespräsident Köhler wegen
einer ähnlichen Äußerung – Deutschland müsse seine Handelswege
im Zweifel auch militärisch sichern – aus dem Amt gejagt worden.
Diesmal sandte die Bundesregierung die Fregatte »Bayern« als »ak-
tiven Beitrag zur Stärkung der internationalen Ordnung« in die um-
kämpfte Region.[33] China hat der Fregatte auf ihrer Ordnungsfahrt
die Einfahrt in den Hafen von Shanghai untersagt.

   Mit den indopazifischen Leitlinien wird die fernöstliche Region zum Aufgabengebiet von Bundeswehr und NATO erklärt. Im
Gegenzug könnten die Chinesen jetzt mit derselben Begründung
ihre Kriegsschiffe in Nordsee und Mittelmeer kreuzen lassen. Der
Weg zum großen Konflikt würde immer weiter geöffnet. Allerdings
zeigt gerade die Begründung der deutschen Regierung, dass ihre Interessen anders liegen als die der US-Regierung. Die Säulen der Industrie des deutschen Exportweltmeisters – Kraftwagen und Maschinenbau – finden einen immer größeren Teil ihrer Umsätze in China. Eine
harte Konfrontation, wie von den USA gewünscht, liefe den deutschen Interessen zuwider. Auch Frankreich läuft seit Jahren Sturm
gegen das Diktat aus Washington, der AUKUS-Coup der USA hatte
Frankreich dazu gebracht, seinen Botschafter aus den USA zeit-
weilig abzuberufen. Im Kampf gegen China werden die USA ihren
Block nicht in Reih und Glied hinter sich versammeln können.

---

32 Auswärtiges Amt: Leitlinien zum Indo-Pazifik, PDF, hier: S. 35.
33 Vgl. ausführlich Reiner Werning, … wenn der US-Adler seine Krallen auf
    ein anderes Land setzt«, www.nachdenkseiten.de.

In Wahrheit geht die Gefahr nicht von China, sondern von der aggressiven Politik der USA aus, die von Trump begonnen wurde und von Biden sogar noch zugespitzt wird. Die USA haben einen fast dreimal höheren Rüstungsetat als China; sie haben sieben Militärstützpunkte allein in Australien und fast 300 weitere in Ostasien, sie bauen jetzt Quad und AUKUS zu Militärpakten aus, die China militärisch einschnüren und reif machen sollen für einen Erstschlag.[34] Biden hat im Oktober 2021 die Drohung wiederholt, bei einem Konflikt mit China sofort Taiwan – das von China als abgefallene Provinz betrachtet wird, die von den USA vom ersten Tage an subventioniert wird – militärisch zu unterstützen. Vor den Vereinten Nationen hat Biden zwar erklärt, das Letzte, was er wolle, sei »ein neuer kalter Krieg oder eine Welt, die in rigide Blöcke eingeteilt« sei. Aber das ist bloße Rhetorik, die Wahrheit steckt in diesen Taten – einer rapiden Hochrüstung, immer schärfer zugespitzt auf ein Ziel: China.

In der Weltöffentlichkeit haben sich zwei Probleme zu Recht in den Vordergrund gedrängt: erstens die Ruinierung des Planeten durch Plünderung der Ressourcen und durch Vergiftung der Umwelt und zweitens die Reservierung des Reichtums für das Top 1 % und die soziale Unsicherheit für den Rest, damit Armut und Not für immer mehr Menschen. Als drittes muss hinzutreten: der Kampf gegen die Kriegstreiberei und Aggressionspolitik der USA und ihrer Alliierten. Nach einem Atomkrieg hätte dieser Planet für die Spezies Mensch keine Zukunft mehr.

---

34 Vgl. David, Vine, a. a. O.

Werner Rügemer

Die Amerikanisierung Europas und ihr notwendiges Ende

Warum die EU und vor allem Deutschland sich von »America First« befreien müssen

Führende EU-PolitikerInnen fordern seit einigen Jahren immer stärker eine »größere Unabhängigkeit Europas«. Doch in Wirklichkeit wächst die Gefolgschaft der EU gegenüber den USA in mehrfacher Hinsicht: militärisch, investiv, außenpolitisch, finanziell, kulturell, geheimdienstlich. Das hat eine hundertjährige Vorgeschichte, die vielen Europäern, auch Linken gerade in Deutschland, immer noch weitgehend unbekannt ist. Es gehört im 21. Jahrhundert zu den Existenzfragen der Menschheit, ob und wie sich Europa und Deutschland auf friedenspolitischer Grundlage von einer imperialen Politik lösen kann, die seit Jahrzehnten US-dominiert ist.[1]

Umkehrung des Verhältnisses durch den Ersten Weltkrieg

Bis Anfang des 20. Jahrhunderts waren US-Unternehmen auf Kredite europäischer Banken, insbesondere aus Frankreich und England, angewiesen. Auch die Nord- wie die Südstaaten wurden für den

---

1   Wenn im Text nicht anders belegt, sei auf folgende Veröffentlichungen hingewiesen: Werner Rügemer: Die Kapitalisten des 21. Jahrhunderts. Gemeinverständlicher Abriss zum Aufstieg der neuen Finanzakteure, 3., ergänzte Aufl., Köln 2021 (auch englisch, französisch, italienisch, chinesisch); derselbe: Imperium EU-ArbeitsUnrecht, Krise, neue Gegenwehr, Köln 2020 (auch englisch).

Bürgerkrieg von europäischen Banken und Börsenplätzen mitfinanziert, vor allem aus London, Paris, Frankfurt und Amsterdam.[2] Ab den 1870er Jahren war etwa die Deutsche Bank an der Elektrifizierung des Landes beteiligt.

Die Wall Street war durch eingewanderte Bankiers aufgebaut worden. Die Gründung der US-Zentralbank Federal Reserve 1913 durch Wall-Street-Banken markiert einen Einschnitt: Die Kreditmöglichkeiten für die Banken selbst wie für den Staat wurden enorm ausgeweitet. So finanzierten nun v. a. US-Banken den Krieg in Europa, insbesondere finanzierten sie Frankreich und England.

Durch den unter Führung von US-Präsident Woodrow Wilson abgeschlossenen Versailler Vertrag wurde das Deutsche Reich der Hauptschuldner und, um auch die Kriegsreparationen zahlen zu können, Hauptempfänger von US-Krediten: Sie gingen an die Deutsche Reichsbank, an deutsche Unternehmen, aber auch an US-Unternehmen: Sie kauften in Westeuropa Unternehmen oder Unternehmensanteile und errichteten Tochterfirmen, so etwa Ford, General Motors, IBM, ITT, General Electric, International Harvester, Coca-Cola und Hollywood-Firmen wie Paramount. Dabei spielten der Dawes-Plan (1924) und der Young-Plan (1929) eine wichtige Rolle. Auch in faschistischen Regimen wie unter Benito Mussolini in Italien oder Francisco Franco in Spanien, von den USA schnell diplomatisch anerkannt, wurde kräftig investiert.[3] Schwerpunkt war allerdings der technologisch führende Standort Deutschland, hier waren Anfang der 1930er Jahre einige hundert der wichtigsten US-Unternehmen präsent.[4]

---

2 Jay Sexton: Debt Diplomacy. Finance and American Foreign Relations in the Civil War Era 1837-1873, Oxford 2005.

3 Frank Costigliola: Awkward Dominion. American Political, Economic, and Cultural Relations with Europe, 1919-1933. Cornell University Press 1984; Gian G. Migone: The United States and Fascist Italy. The Rise of American Finance in Europe, Cambridge University Press 2015.

4 Mira Wilkins: The Maturing of Multinational Enterprises. American Business Abroad from 1914 to 1970, Cambridge/Mass. 1994.

So entstand auch mithilfe der USA in Hitler-Deutschland die modernste Militärmaschine Europas – und keineswegs unterbrochen im Zweiten Weltkrieg. Trotz militärischer Feinderklärung durch die US-Regierung produzierten Ford, General Motors, IBM, Hollywood und Co. auch im Krieg für das NS-System, für die Wehrmacht und auch für die KZ-Verwaltung.[5]

Die von der Wall Street 1930 in Basel/Schweiz gegründete Bank for International Settlements (BIS, Bank für Internationalen Zahlungsausgleich/BIZ, Zentralbank der Zentralbanken auch heute) wusch Raubgold und Raubaktien, die die Wehrmacht aus den besetzten Staaten herausholte, und verschaffte dem Deutschen Reich international notwendige Devisen für die Beschaffung von Rohstoffen und Kriegsmaterial.

In der BIS kooperierten auch während des Krieges die Zentralbanken der militärisch verfeindeten Staaten, also USA und Deutschland, Japan, Frankreich, Belgien, Italien, Schweden usw. Nur die Sowjetunion war nicht vertreten, die Leitung hatte der Wall-Street-Banker Thomas McKittrick.[6]

US-Neuordnung (West)Europas I: Marshall-Plan

Nach dem Zweiten Weltkrieg waren die USA die neue westliche Supermacht. Nicht nur (West-)Deutschland war wesentlich geschwächt, sondern auch die anderen imperialistischen und kolonialistischen Staaten Europas, insbesondere Großbritannien und Frankreich, aber auch die kleineren Staaten Italien, Belgien, Portugal und die Niederlande. Vor allem Großbritannien war bei den USA tief verschuldet.

USA nach dem Krieg: Den Wirtschaftsboom fortsetzen | Die USA hatten sich durch den Zweiten Weltkrieg endlich aus der tiefen Pro-

---

5   Jacques Pauwels: Big Business avec Hitler, Bruxelles 2013.
6   Adam Lebor: Der Turm zu Basel. BIZ – Die Bank der Banken und ihre dunkle Geschichte, Zürich 2014.

duktionskrise, die 1928 begonnen hatte, befreit. Den Kriegsboom, den größten Wirtschaftsboom, den die USA bis dahin erlebt hatten, wollten sie nach dem Krieg fortführen. Nach dem Dawes-Plan folgte der viel umfangreichere Marshall-Plan (1947).

Das treibende Motiv des Plans war nicht die vielbeschworene »Hilfe« für das zerstörte Europa – denn zum einen war nur das kapitalistische Westeuropa gemeint, nicht die am meisten zerstörte Sowjetunion und andere von den Nazis verwüstete osteuropäische Staaten. Zum anderen galt die Hilfe vorrangig den USA, ihren Unternehmen und Banken selbst.

Das Marshall-Programm wurde von denen geleitet, die schon die transatlantischen Beziehungen zwischen US-Unternehmen und europäischen, insbesondere deutschen Konzernen vor und während des Krieges gestaltet hatten. So etwa war McKittrick, von 1940 bis 1945 Chef der u. a. als NS-Finanzier fungierenden BIS, in der Pariser Zentrale des Marshall-Plans zuständig für die Finanzabwicklung. So wurde der Wall-Street-Anwalt, dann stellvertretende Kriegsminister (»Assistant Secretary of War«), dann Präsident der Weltbank, John McCloy, zum Marshall-Plan-Beauftragten für die neu gegründete Bundesrepublik Deutschland und ab 1949 auch zu deren US-Hochkommissar.

Ausschluss sozialistischer Parteien und Staaten | Für den Erhalt von Marshall-Hilfen mussten die Empfänger das Politik-, Parteien- und Gewerkschaftssystem antikommunistisch säubern. Kein Kommunist durfte Regierungsmitglied werden. Sozialisten und Sozialdemokraten durften sich nur dann an einer Regierung beteiligen, wenn sie zugleich antikommunistisch waren. Sogar der konservative Charles de Gaulle, der mit »Freies Frankreich« gegen die Nazis gekämpft hatte, wurde von den USA schon 1946 aus der Regierung verdrängt.

Sozialistische Staaten wollten und konnten sich dem Marshall-Regelsystem nicht anschließen. Das hatten die USA von vornherein geplant und schlossen die Sowjetunion schon 1944 bei der Gründung des Internationalen Währungsfonds IWF und der Weltbank aus.

Öffnung für den Marshall-Plan: Krieg der USA in Griechenland | Wenn es nötig schien, verschärften die USA auch Bürgerkriege. Sie wurden dann anders entschieden als es nach den Kräfteverhältnissen im Land gekommen wäre. 300 CIA-Agenten, 450 US-Militär- und 1.200 US-Wirtschaftsberater wurden 1947 als American Mission for Aid to Greece (AMAG) eingesetzt. Sie unterstützten nationalistische und monarchistische Militärs in Griechenland (die teilweise mit den Nazi-Besatzern kooperiert hatten) durch Geld, Sturzkampfbomber und Napalmbomben. Reiche griechische Unternehmerfamilien, darunter Reeder wie Aristoteles Onassis, wurden subventioniert. Die schwächelnde Kolonialmacht Großbritannien zog sich aus ihrem traditionellen Einflussbereich zurück und überließ der neuen Supermacht das Feld.[7] So wurde die demokratische und antifaschistische Befreiungsbewegung mitten in »Friedenszeiten« vernichtet: Zwischen 1948 und 1952 wurden zehntausende Kommunisten und Linke eingesperrt, über 1.500 wurden hingerichtet. Dann flossen auch die Gelder des Marshall-Plans. Zum »Kalten Krieg« gehörten für die USA immer auch »heiße« Kriege.

Antikommunistische Steuerung der Gewerkschaften | Der mit der CIA verbundene US-Gewerkschafts-Dachverband AFL-CIO infiltrierte, finanzierte, spaltete, erpresste ab 1945 Gewerkschaften und sozialdemokratische Parteien und Funktionäre in allen westeuropäischen Staaten, so in Frankreich, Italien, Großbritannien, Westdeutschland, aber auch etwa in den skandinavischen Staaten.

Antifaschismus und Kapitalismus-Kritik wurden weitgehend ausgetrieben. Gegen den 1945 gegründeten überparteilichen Welt-Gewerkschaftsbund initiierten die USA über den AFL-CIO

---

7   Judith Jeffrey: Ambiguous Commitments and Uncertain Politics. The Truman Doctrine in Greece 1947-1952, New York 2000.

den antikommunistischen Internationalen Bund Freier Gewerkschaften, in den der DGB, der englische TUC usw. aufgenommen wurden.[8]

Noch in den 1970er Jahren war z. B. der hauptamtliche DGB-Funktionär Walter Boehm gleichzeitig Gehaltsempfänger des US-Geheimdienstes.[9]

Seit den 1980er Jahren: Noch mehr transatlantische Investitionen

Der Marshall-Plan löste eine dauerhafte US-Investitionswelle aus, die weit über den Umfang der Plan-Hilfen hinausging: Während die US-Investitionen zwischen 1950 und 1970 in Lateinamerika auf das Dreifache stiegen, in Asien (einschließlich Japan) auf das Fünffache, im traditionellen Nachbarschaftsmarkt Kanada um das Sechsfache, stiegen sie in Westeuropa um das Vierzehnfache. Aber das war nicht das Ende.

US-Berater: Für DDR-Verkauf, Privatisierung, Rüstungsbeschaffung… | Ab den 1980er Jahren wurden Wall-Street-Investmentbanken wie JP Morgan und Goldman Sachs, teilweise vermittelt über die Europäische Kommission, in EU-Staaten für die Privatisierung der großen staatlichen Unternehmen wie Post, Bahn, Medien und deren Börsengänge herangezogen, zuerst in Großbritannien durch die Tory-Regierung von Thatcher, dann auch etwa durch die von Bundeskanzler Kohl geführte Bundesregierung aus CDU/CSU und FDP: Sie holte ab 1990 JP Morgan, McKinsey, Pricewaterhouse-Coopers (PwC) usw. als Berater in die Treuhand-Anstalt, um die Betriebe der Ex-DDR möglichst schnell und billig zu privatisieren.[10]

---

8   Anthony Carew: American Labour's Cold War Abroad. From Deep Freeze to Détente – 1945-1970, Edmonton 2018, S. 70ff.

9   Christoph Franceschini u. a.: Spionage unter Freunden, Berlin 2017, S. 291.

10 Werner Rügemer: Privatisierung in Deutschland – Eine Bilanz. Von der Treuhand zu Public Private Partnership, 4. erweiterte und aktualisierten Aufl., Münster 2008, S. 38ff.

McKinsey, PwC, Ernst&Young, Freshfields, Fleishman Hillard und Accenture – die »zivile Privatarmee des transatlantischen Kapitals« – sind zu Dauer-Beratern nicht nur der großen privaten Unternehmen in der EU geworden, etwa bei Bilanzen, Übernahmen, Fusionen und Börsengängen, sondern auch der EU-Regierungen wie der deutschen und auch der Europäischen Kommission, so bei Flüchtlingspolitik, Rüstungsbeschaffung oder Jobcenter-Umgestaltung.

Und die drei großen US-Ratingagenturen Standard&Poor's, Moody's und Fitch beherrschen auch in der EU die Bonitätsbewertung nicht nur der Unternehmen, sondern auch der EU-Staaten und legen deren Kreditkonditionen fest, für den griechischen genauso wie für den deutschen Staat.[11]

Weitere US-Investionen: De-Industrialiserung der EU | Trotz der verstärkten Investitionen westeuropäischer Banken und Unternehmen seit den 1980er Jahren in den USA blieb die US-Dominanz nicht nur erhalten, sondern wurde seit Beginn des 21. Jahrhunderts weiter ausgebaut.

Dabei haben die US-Akteure die EU-Staaten Irland, Luxemburg, die Niederlande und auch die City of London zu besonders willigen Finanzoasen ausgebaut – mit Hilfe und aktiver Duldung der EU. Die strukturelle Verarmung der staatlichen Haushalte in der EU sind die Folge, Verfall oder teure Privatisierung der Infrastruktur inbegriffen.

Mit Beginn des 21. Jahrhunderts förderte die deutsche Regierung aus SPD/Grünen unter Kanzler Gerhard Schröder mit dem Programm »Entflechtung der Deutschland AG« durch Deregulierungen und Steuerbegünstigungen den Kauf deutscher Mittelstandsunternehmen und öffentlicher Wohnungsbestände durch Private-Equity-Investoren (»Heuschrecken«) wie Blackstone und KKR – Vorbild für die ganze EU.

---

11 Werner Rügemer: Ratingagenturen. Einblicke in die Kapitalmacht der Gegenwart, 2. Aufl., Bielefeld 2013.

Verwertung der Substanz, De-Industrialisierung | Das Prinzip: Die vorhandene wirtschaftliche Substanz verwerten, Arbeitseinkommen senken, Gewinne rausziehen, keine Zukunftsinvestitionen. Ergebnis: Investive Entmächtigung der EU, De-Industrialisierung, Absturz gegenüber den USA und v. a. der Volksrepublik China.

Mit der Finanz- und Wirtschaftskrise 2007 drangen dann die größeren Kapital-Organisatoren der Ersten Liga ein, wieder v. a. aus den USA: BlackRock, State Street, Vanguard und Co., neben vereinzelten Staatsinvestoren wie Norges (Norwegen), Temasek (Singapur) oder solchen aus den Golfstaaten. Sie sind nun die führenden und gleichzeitigen Eigentümer der wichtigsten Banken und Konzerne in Deutschland, Frankreich, Belgien, Niederlande, Großbritannien usw., auch in der Schweiz.

Und der gegenwärtig größte Kapital-Organisator, BlackRock, ist nicht nur gleichzeitig Aktionär in allen DAX- und weiteren hunderten deutschen Unternehmen – auch in den fünf größten Wohnungskonzernen – und in den bedeutendsten Unternehmen der wichtigsten EU-Staaten, sondern ist auch mit drei Managern in der US-Regierung von Joe Biden vertreten. Er ist gleichzeitig Berater der Federal Reserve, der Europäischen Kommission und der EZB, auch für die Umsetzung des Corona-Wiederaufbau-Programms der EU.[12]

Arbeitsverhältnisse und die Umdeutung der Menschenrechte | Die International Labour Organization (ILO) konkretisiert die Universellen Menschenrechte der UNO im Bereich der Arbeitsbeziehungen: Recht auf Arbeit, Recht auf freie Gewerkschaften und Streik, Recht auf Kranken-, Arbeitslosigkeits- und Rentenversicherung, gerechtes Arbeitsentgelt, Kündigungsschutz, Arbeits- und Ruhezeiten, bezahlter Urlaub, Verbot der Zwangs- und Sklavenarbeit, Schutz der Wanderarbeit usw. Die westlichen EU-Staaten haben in den ersten Jahrzehnten nach dem Krieg eine Vielzahl der knapp 200 ILO-Konventionen ratifiziert.

---

12 Werner Rügemer: BlackRock & Co enteignen!, Frankfurt a. M. 2021, S. 25ff.

Aber: Von 1948 bis ins Jahr 1970 war David Abner Morse Generalsekretär der ILO, länger als jemals ein anderer Generalsekretär vor oder nach ihm. Er war zuvor Vize-Arbeitsminister der US-Regierung und Arbeits-Berater der US-Militärregierung in Westdeutschland.

Die USA haben bis heute nur ein Dutzend der Konventionen ratifiziert, und schon gar nicht die wichtigsten – und stehen damit weltweit an vorletzter Stelle, weniger sind es noch bei Katar. Ein Hinweis darauf, warum die USA stets danach trachtete, dass einer der ihren, ob nun US-Bürger oder nicht, die ILO führt und neutralisiert. Unter der Regie von Morse wurden die ILO-Arbeitsrechte völkerrechtswidrig verdrängt, praktisch außer Kraft gesetzt, gezielt auch bei den Vorläufern der EU. Dies wirkt bis heute fort, etwa auch bei internationalen Freihandelsverträgen.

Dies steht im Kontext der US-geführten Umdeutung der Menschenrechte: Arbeits- und Sozialrechte raus, Individualrechte bleiben übrig, heute zugespitzt auf Diversität.

Working poor, working sick, migrantische Arbeit von legal bis illegal | US-Konzerne wie McDonald's und UPS waren in Westeuropa ab den 1970er Jahren die Vorreiter für gewerkschaftsfeindliche prekäre Arbeitsverhältnisse. *Working poor*, zudem verbunden mit *working sick*, breitete sich von den USA kommend auch in der EU aus. Sie fördert den Ersatz des regulierten Voll- und Dauerarbeitsplatzes durch den hochflexiblen *job* nach US-Vorbild. Die Situation der abhängig Beschäftigten in der EU gleicht sich den US-Verhältnissen immer mehr an, auch mit der Nutzung legaler wie illegaler migrantischer Arbeit.

Seit Beginn der 2000er Jahre wurde die in den USA entwickelte Dienstleistung des Union Busting auch in der EU installiert: Professionelle Bekämpfung von unabhängigen Belegschaftsvertretungen. Wie in den USA besteht die Klasse der abhängig Beschäftigten heute aus vielfältigsten Gruppen, die nach Nationalität und Ethnie, rechtlichem Status, Arbeitsumfang und Legalität/Illegalität hochgradig

und kaum organisierbar zersplittert sind und wo schon erste Ansätze einer Organisierung bekämpft werden.

Ost-Erweiterung und Digitalisierung | Mit der Osterweiterung der
EU wurden und werden die neuen Mitglieds- und Anwärterstaaten
zweifach genutzt: 1. für selektive Investitionen einzelner v. a. westlicher Unternehmen, ohne die Volkswirtschaft und die Infrastruktur
zu fördern, 2. als Reservoir für millionenfache, befristete migranti-
sche Arbeit in den Sektoren Bau, Logistik, Gesundheit, Landwirtschaft (Saisonarbeit), häusliche und Alten-Pflege, Gastronomie und
auch Prostitution.

US-Konzerne wie Uber, Amazon, Facebook/Meta sind mit ihren
EU-weiten Subunternehmerketten die Vorreiter der digitalisierten
und durch Künstliche Intelligenz beschleunigten Prekarität (*gig*
und *crowd working*, oft vertraglos, oft einseitiges anonymes Anwei-
sungsverhältnis), zusätzlich befördert durch die Pandemie(-Politik).

US-Neuordnung (West-)Europas II: NATO

Im Vorfeld der NATO-Gründung wussten die Verantwortlichen
in den USA: Die Sowjetunion bedeutet keine militärische Gefahr.
Einen Angriff auf Westeuropa konnte die geschwächte Macht, selbst
wenn sie wollte, nicht durchhalten: Die Wirtschaft der Sowjetunion
war zu schwach; ihr Transportsystem zu unausgereift; ihre Ölindus-
trie ist viel zu leicht anzugreifen. Die Männer im Kreml sind klu-
ge Tyrannen, urteilte der Chefplaner im State Department, George
Kennan, die ihre innere Macht nicht durch militärische Abenteuer
im Ausland aufs Spiel setzen. Dies hielt Kennan ab 1948 für Außenminister Marshall, Präsident Truman und die US-Botschafter in di-
versen Memoranden wiederholt fest.

Die Gründungslüge | Die tieferen Gründe für die militärische Be-
setzung Europas waren andere. Im März 1943 machte es der neoliberale Geostratege Walter Lippmann offiziell: Nach der Eroberung
Nordamerikas, Mittelamerikas, der Karibik, der Philippinen und

Inseln im Pazifik (Wake Islands, Guam, Hawaii...) seien die USA bisher gezwungen gewesen, »zwei Drittel der Erdoberfläche von unserer kontinentalen Basis in Nordamerika aus zu verteidigen.«

Jetzt aber eröffne sich mit der absehbaren Niederlage der Achsenmächte Deutschland, Japan, Italien eine neue Möglichkeit: Die USA können jetzt ihre »Verteidigungs«linie entscheidend erweitern, »indem wir unsere Außenpolitik auf zuverlässige Bündnisse in der alten Welt gründen.«[13]

1947: Vom Department of War zum Department of Defense | Von 1776 an, seit ihrer Gründung, hatten die USA faktengemäß ein Kriegsministerium (Department of War). Aber gerade jetzt, 1947, auf der erweiterten Stufe ihrer globalen Expansion, wurde das Kriegsministerium als Verteidigungsministerium (Department of Defense) deklariert. Dies war durchaus ein internationaler Trend, der es dem Kriegsbündnis NATO leichter machte, unter »Verteidigungs«Bündnis zu firmieren.

Die 1949 gegründete NATO war Zwillingsgeschöpf des Marshall-Plans. Das verkörperte George Marshall selbst: Während des Zweiten Weltkriegs koordinierte er als Chief of Staff das US-Militär auf allen Kriegsschauplätzen zwischen Nordafrika und Japan. Nach dem Krieg organisierte er als Außenminister von 1947 bis 1949 den nach ihm benannten Plan. Und 1950 organisierte er als US-»Verteidigungs«minister die im Jahr zuvor aus der Taufe gehobene NATO mit.

Die Fortsetzungslüge: EU-Osterweiterung mit NATO | Nach dem Zusammenbruch der Sowjetunion war die ins Feld geführte Legitimation für die NATO weggefallen. Aber für die USA als »einzige Weltmacht« war und ist die Beherrschung ganz Eurasiens »von Lissabon bis Wladiwostok« das Ziel, so 1996 der führende Berater

---

13 Walter Lippmann: U.S. Foreign Policy. Shield of the Republic, Boston 1943; Die Außenpolitik der Vereinigten Staaten, Zürich 1944, S. 120ff.

mehrerer US-Präsidenten, Brzezinski. Der unter dem Deckmantel der Menschenrechte und des Selbstbestimmungsrechts der Völker – bis hin zur Behauptung, »ein neues Auschwitz« müsse verhindert werden –, geführte Krieg gegen Jugoslawien war ein Einschnitt. Heute ist man weiter: Russland muss erobert werden, auch um die großen Ressourcen nicht China zu überlassen; dafür ist die Ukraine der wichtigste Zwischenschritt, so das geostrategische Konzept.[14]

Alle osteuropäischen Staaten, ob Ungarn, Polen, Tschechien, Kroatien, Litauen usw. wurden und werden zuerst Mitglieder der NATO, bevor sie nach einigen Jahren auch EU-Mitglied werden dürfen. Der Kosovo wurde völkerrechtswidrig von Serbien abgetrennt und zum Staat erklärt (bis Ende 2021 von gut 100 Ländern, darunter 22 der 27 EU-Staaten, anerkannt), um dort, umgeben von Armut und Korruption, den neuen US-Militärstützpunkt Bond Steel zu betreiben.

So sind zwar die britischen, französischen, belgischen und niederländischen Besatzungstruppen aus der Bundesrepublik abgezogen, aber nicht die US Army und nicht die US-Atombomben – im Gegenteil: Die etwa drei Dutzend US-Militärstützpunkte und Operationsbasen werden umgebaut, erweitert, modernisiert, für Kriege in Asien, »Operationen« in Afrika und den Aufmarsch gegen Russland. Kein größerer Staat der Welt ist so dicht mit ausländischem, also US-Militär, besetzt wie der »mächtigste« EU-Staat, und dies verschärft in den 16 Regierungsjahren der »mächtigsten Frau der Welt«.

Befreiung von »America First«!

Die deutsche Bundeskanzlerin ließ sich und ihre Regierungsmitglieder von US-Geheimdiensten ausspionieren. Aber selbst als dieses Mal zufällig und kurzzeitig bekannt wurde – Frau Merkel unternahm nichts dagegen. Das gehört seit Bundeskanzler Adenauer zum

---

14 Zbigniew Brzezinski: Die einzige Weltmacht. Amerikas Strategie der Vorherrschaft. Vorwort: Hans-Dietrich Genscher, Weinheim/Berlin 1997.

Standard dieser besonders tiefen transatlantischen »Freundschaft«. Ergebnis: Die Macht Deutschlands und der EU erodiert, auf allen technologischen und geostrategischen Gebieten, so der außenpolitische Thinktank *European Council on Foreign Relations*.[15]

»Machtlos gegen Big Tech« | Die EU hat seit einem Jahrzehnt auf strategisch wichtigen Feldern immer wieder versucht, die US-Vorherrschaft zumindest etwas zu begrenzen:

- Bei der organisierten Steuerflucht von US-Unternehmen,
- bei der Einschränkung des Wettbewerbs durch die großen fünf US-Digitalkonzerne Google, Apple, Microsoft, Facebook und Amazon (GAMFA),
- bei der Abschöpfung von Bürger- und Unternehmensdaten und deren Transfer in die USA,
- bei der Abhängigkeit der EU im Bereich der Software, der Chip-Produktion und der Clouds.

Es wurden schon mal ein paar Milliarden Bußgelder eingetrieben – aber die Strukturabhängigkeit von den Digitalkonzernen wächst, noch beschleunigt mit der Pandemie-Politik. Dabei werden die dreistelligen Millionenbeträge nicht einmal thematisiert, mit denen die GAMFA mitunter Lehrstühle finanzieren und über häufige und große Anzeigen auch Abhängigkeiten der sogenannten Leitmedien in der EU schaffen, in Deutschland von *taz* bis *FAZ*.

Da bilanziert die *FAZ*: »Verzweifelte Aufholjagd einer Schlüsselindustrie. Brüssel will die Chip-Branche in der EU vor dem Niedergang retten. Der aber ist längst im Gange.«[16] Und das *Handelsblatt* bilanziert: »Machtlos gegen Big Tech«. Deshalb schlägt die US-lastige Unternehmer-Postille als »Lösung« offen vor: »Mit Apple und Google verbünden«![17]

---

15 The Power Atlas, ecfr.eu, Dezember 2021.

16 Verzweifelte Aufholjagd, in: FAZ, 21.9.2021.

17 Machtlos gegen Big Tech. Die EU muss sich mit Apple und Google verbünden, in: Handelsblatt 26.10.2021.

Noch mehr Unterwerfung trotz wachsender Zweifel an der Super-macht | Zwei Jahrzehnte haben die wichtigsten und auch kleine EU-Staaten und ebenso ihre Neutralität zelebrierende Staaten wie die Schweiz den US- und NATO-Krieg in Afghanistan mitgetragen: militärisch, finanziell, propagandistisch, geheimdienstlich und übrigens auch mit christlich-kirchlicher Beweihräucherung vor Ort. Ergebnis: Millionen Menschen auf der Flucht, hunderttausende Tote, ein destabilisiertes und verarmtes Land, mit vielgestaltig korrumpierten Marionettenregierungen, Oligarchen, war lords, einheimischen »Menschenrechtlern« und »Ortskräften« sowie eine wieder zur Macht gekommene Taliban-Regierung. Das nur als ein Beispiel, ein aktuelles, für die menschenrechtlich, moralisch, politisch, finanziell und sogar noch militärisch desasträse US- und NATO-Gefolgschaft.

Selbst ein transatlantisches Flaggschiff wie die »Zeitung für Deutschland« konstatiert die technisch-finanzielle Dominanz der USA, und auch die sich vertiefenden Zweifel an der »einzigen Weltmacht«: Durch »strukturellen Rassismus, Waffengewalt auf den Straßen, zehntausende Drogentote, rechten Populismus – die Krisensymptome sind nicht mehr zu leugnen und reichen weit in das liberale Bürgertum«, so die *FAZ* in ihrer immer noch beschönigenden Krisenanalyse, in der z. B. der Afghanistan-Krieg fehlt. Aber solange Russland und China uns bedrohen, so das von Facebook und Google mittels Inseraten reichlich bedachte Leitmedium, »muss Europa sein Misstrauen Washington gegenüber überwinden und auf Amerika setzen.«[18]

Militärische Budgets weiter erhöhen | Derlei herrschende Meinungsmache erreicht, in Übereinstimmung mit der Bundesregierung und der Europäischen Kommission, in der gegenwärtigen Feindbild-Konstruktion, in der Hass- und Hetzeproduktion gegen Russland und die Volksrepublik China »Weltniveau«.

---

18 Demokratische Selbstvergewisserung, in: FAZ, 7.12.2021.

Die EU erweitert die »eigenen« militärischen Instrumente, aber die NATO-Führung bleibt, und die EU-Staaten erfüllen schrittweise die dem US-Präsidenten Barack Obama verbindlich zugesagte Forderung der Supermacht, die Rüstungsetats mindestens auf zwei Prozent des Bruttoinlandsprodukts zu erhöhen. Die USA schrumpfen sich und die besten Alliierten volkswirtschaftlich, ihre wichtigsten internationalen Instrumente sind Boykotte und Sanktionen – und haben als wichtigstes Alleinstellungsmerkmal nur noch den weltweit größten Destruktionsapparat zu bieten: Militär zu Land, zur See, in der Luft, im Weltraum; die mit riesigem Abstand meisten Militärstützpunkte rund um den Planeten; die größten Rüstungskonzerne und den größten Rüstungsexport, die meisten Kriege, offene und verdeckte.

Die notwendige Befreiung von »America First« | Nach dem bisher größten Weltkrieg wurden die Konsequenzen gezogen: UN-Völkerrecht und Universelle Menschenrechte. Um den nächsten, noch größeren Weltkrieg zu verhindern – und auch seine teils geifernd begrüßten Vorstufen zu entschärfen –, muss die Menschheit zu diesem Völkerrecht und diesen Menschenrechten zurück: Globalisierung ohne militärische Begleitung. Befreiung der UNO und ihrer Unterorganisationen aus dem Zugriff der USA. Austritt aus der NATO, stattdessen gemeinsame Sicherheitsarchitektur für das ganze Europa – jenseits von »America First«.

Matin Baraki

Am Hindukusch zerschellt

Zur Niederlage der imperialen US-Strategie in Afghanistan

Die 2001 von den USA und der NATO vertriebenen Taliban haben am Hindukusch wieder die Macht übernommen. Das ist die größte epochale Niederlage der US-Imperialmacht nach ihrem historischen Desaster im Jahre 1975 in Vietnam. Die letzten US-Soldaten verließen in der Dunkelheit des 30. August 2021 exakt um 23.59 Uhr Ortszeit Kabul. Das ist auch eine Niederlage der aus NATO-Ländern bestehenden und selbsternannten »Internationalen Gemeinschaft«. Und letztlich auch eine Niederlage für die politische und militärische Elite der Bundesrepublik, die »Deutschland am Hindukusch verteidigen« wollte. Als Ergebnis ihres Einsatzes und als Abschiedsgeschenk nach ihrer Nacht- und Nebelflucht, die erst mit dem Abkommen von Doha (2020) zu verstehen ist, haben die westlichen Mächte das afghanische Volk dem Taliban-Regime übergeben. Nun müssen die Afghanen damit leben.

I. Die strategischen Hintergründe des US-Taliban-Abkommens
Nach über einer Dekade geheimer und offizieller Verhandlungen einigten sich am 29. Februar 2020 die Vereinigten Staaten und die Taliban in Doha auf ein »Agreement for Bringing Peace to Afghanistan«. In diesem Zusammenhang gaben die US- und die afghanische Regierung am selben Tag eine gemeinsame Erklärung ab. Es handele sich noch nicht um ein umfassendes Friedensabkommen, sondern lediglich um eine Art »Türöffner« zum Einstieg in innerafghanische Verhandlungen. Damit ist ein erster Schritt hin zu einem möglichen

Frieden in Afghanistan getan. Aber der Weg dahin wird lang und steinig sein. Als Barack Obama 2008 zum US-Präsidenten gewählt wurde, signalisierten die Taliban ihre Bereitschaft, den Konflikt am Hindukusch politisch lösen zu wollen. Doch seine anfängliche Ankündigung, das CIA-Lager Guantanamo auf Kuba zu schließen, ging damit einher, dass die moderaten und verhandlungsbereiten Taliban-Funktionäre nun per Drohneneinsatz physisch eliminiert wurden. Allein 2013 töteten US-Streitkräfte mehr als 8.000 von ihnen.[1]

Will man das Abkommen zwischen der US-Administration und den Taliban vom 29. Februar 2020 in Doha, der Hauptstadt des Golf-Emirats Katar, einordnen, fällt einem eine Redewendung nach dem römischen Dichter Horaz ein: »Der Berg kreißte und gebar eine Maus«. Der US-Administration ging es nur darum, gesichtswahrend Afghanistan zu verlassen. Das Dokument wurde von Mullah Abdul Ghani Baradar, dem Leiter der Taliban-Delegation, sowie dem US-Sonderbeauftragten Zalmay Khalilzad, einem gebürtigen Afghanen, unterzeichnet. US-Präsident Donald Trump, der die Taliban als »große Kämpfer«[2] bezeichnete, schickte seinen Außenminister Mike Pompeo zur Unterzeichnungszeremonie. Der Taliban-Verhandlungsführer Abbas Stanikzai hob stolz hervor: »Es gibt keinen Zweifel daran, dass wir den Krieg gewonnen haben.«[3] Die islamistischen Taliban-Kämpfer sehen sich als die einzige dschihadistische Bewegung, die der Supermacht die Stirn geboten und sie zum Abzug gezwungen hat.

Pakistan gilt als Hauptunterstützer der Taliban. Daher ist auch ein Erfolg des Abkommens davon abhängig, wie sich die Verhältnisse zwischen den pakistanischen und afghanischen Administ-

---

1   Vgl. Ettmayer, Wendelin: Weltweite Übermacht der USA?, in: International (Wien), I/2020, S. 7.

2   Meier, Christian / Sattar, Majid: Die Taliban sind große Kämpfer, in: Frankfurter Allgemeine Zeitung (FAZ), 2.3.2020.

3   Meier, Christian / Sattar, Majid: Streit über Afghanistan-Vereinbarung, in: FAZ, 2.3.2020.

rationen gestalten. Pompeo hat im Vorfeld der letzten Runde der Verhandlungen »viel Aufwand betrieben, um die pakistanische Führung für das Abkommen zu gewinnen. Ihre Unterstützung ist jedoch weiterhin fraglich.«[4]

Nach 19 Jahren Krieg, 1.968 toten US-Soldaten[5] und zwei Billionen US-Dollar, die Washington im Krieg gegen Afghanistan verpulvert hat,[6] haben die USA »sich nach Jahren voller Misserfolge dazu verpflichtet, ihre Truppen aus dem Staat [Afghanistan] abzuziehen. Angesichts ihrer vollmundigen Ankündigungen im Jahre 2001 kommt dies einer Flucht gleich. Die USA erlebten in Afghanistan ein Mini-Vietnam.«[7]

Die Monate nach Vertragsschließung waren geprägt von einem Tauziehen um die Anzahl freizulassender Gefangener, von weiteren Luftangriffen der US-Armee und Anschlägen der Taliban. Und von einem denkwürdigen Schauspiel: Am 9. März 2020 erklärten sich auf dem Gelände des Präsidentenpalastes in Kabul die politischen Rivalen Ashraf Ghani und Abdullah Abdullah in getrennten Zeremonien jeweils zum Präsidenten Afghanistans. Der US-Sondergesandte Khalilzad hatte nur an der Vereidigung Ghanis teilgenommen, damit wurde signalisiert, dass die US-Administration ihn im

---

4   Glatz, Rainer L. / Kaim, Markus: Mandat verlängern – Abzug vorbereiten, in: SWP-Aktuell, Berlin, NR. 18 März 2020, S. 2.

5   Vgl. Statista: Gefallene oder verunglückte Soldaten der westlichen Koalition in Afghanistan. Im Rahmen der »Operation Enduring Freedom (2001 bis 2020) sind 2.400 US-Soldaten gefallen, vgl. Statista: Anzahl der in Kriegen und bewaffneten Konflikten gefallenen U.S. Soldaten seit dem Ersten Weltkrieg. Von 2001 bis zum 22.1.2020 kamen insgesamt 3.587 Soldaten der westlichen Allianz in Afghanistan ums Leben, vgl. Statista: Gefallene oder verunglückte Soldaten …, a. a. O. (de.statista.com).

6   Die Bundesrepublik Deutschland hat insgesamt 59 Tote und mehr als 100 Verletzte zu beklagen. Etwa 90.000 Soldaten der Bundeswehr waren seit Januar 2002 am Hindukusch eingesetzt. 2014 waren es fast 5.000 Soldaten, bis heute blieben 1.234 dort. Der Einsatz hat den deutschen Steuerzahlern bis jetzt über sechs Milliarden Euro gekostet. Vgl. Carstens, Peter: Verteidigung am Hindukusch, in: FAZ, 12.3.2020.

7   Moskowskij Komsomolets, Moskau, 2.3.2020.

Machtkampf gegen Abdullah stützen würde. Bald darauf drängten
die USA auf eine Zusammenarbeit der Kontrahenten, andernfalls
wollten sie eine Milliarde US-Dollar an Finanzhilfen kürzen. Ghani
und Abdullah, sollten sich, so der im März an den Hindukusch ge-
eilte US-Außenminister, »am Riemen reißen«.[8] Und siehe da: Am
17. Mai rauften sich die beiden zusammen, um eine gemeinsame
Regierung zu bilden.

Mit Blick auf das Doha-Abkommen und den anstehenden Abzug
fragte man sich im Westen, ob denn nun alles für die Katz gewesen
sei.[9] Der US-Vertreter und die Taliban hatten zwölf Jahre geheime
und zwei Jahre offizielle Gespräche in Katar geführt, um Bedingungen für eine politische Lösung des längsten Krieges der US-Ge-
schichte auszuhandeln. Nun wollte Trump zwei Fliegen mit einer
Klappe schlagen: zum einen sein Wahlversprechen, die US-Einhei-
ten aus Afghanistan abzuziehen, zu realisieren und die bevorstehenden Wahlen am 3. November 2020 zu gewinnen. Zum anderen die
Taliban in die kolonial-ähnlichen Strukturen am Hindukusch zu integrieren und durch Vergabe von ein paar Posten zu neutralisieren.
Er bemängelte, dass in dem seit Ende 2001 währenden Krieg hohe
Kosten für die US-Truppen, für den Steuerzahler und für das afghanische Volk verursacht worden seien. Dieser Krieg hat nach offiziellen Angaben in den Hochphasen (2002 bis 2014) jede Woche 1,5
Milliarden US-Dollar gekostet. Im Wahlkampf versprach er damit
zu beginnen, »unsere Truppen nach Hause zu bringen und zu versuchen, diesen Krieg zu beenden«.[10] Konnte man dem launischen
US-Präsidenten glauben? Würden es die US-Strategen zulassen, die
Truppen aus Afghanistan abzuziehen, zumal NATO-Generalsekre-
tär Jens Stoltenberg auf einer Tagung der Verteidigungsminister am
14. Februar 2020 die VR China als Gegner – im Kommuniqué diplo-

---

8   Ebd.
9   Vgl. Matern, Tobias: Friedensabkommen zwischen USA und Taliban wa-
    ckelt, in: Süddeutsche Zeitung (SZ), 2.3.2020
10 Trump: USA und Taliban unterzeichnen Abkommen, dpa, 27.2.2020

matisch als »Herausforderung für den Westen« verbrämt – eingestuft
hatte? Immerhin hat Afghanistan ganz im Norden eine gemeinsame
Grenze mit China. Genau dort befindet sich ein NATO-Stützpunkt.
Das Land am Hindukusch galt als unsinkbarer Flugzeugträger der
USA und der NATO. Auch Barack Obama hatte den Abzug der US-
Armee versprochen. Doch er reduzierte lediglich die Kampftruppen
und afghanisierte somit den Krieg. Fortan kämpften überwiegend
Afghanen, unter welchen Namen auch immer, gegen Afghanen.

Im Sommer 2021 überschlugen sich dann die Ereignisse. Es gingen Bilder um die Welt, deren Botschaft unzweideutig war: Der Abzug verkam zur Flucht, die Beendigung des Krieges zur Niederlage
des US-geführten Bündnisses.

II. Epochale Niederlage der USA in Afghanistan

Die Taliban sitzen seit dem 15. August 2021 wieder im Präsidenten-
palast der afghanischen Hauptstadt Kabul. »Der Krieg ist zu Ende«,
verkündete Taliban-Sprecher Sabihulla Mujahed unmittelbar nach
dem Machtwechsel. Der mit einem US-Pass ausgestattete Marionet-
ten-Präsident Mohammad Aschraf Ghani floh mit seiner gesamten
Entourage. Das durch und durch korrupte Marionetten-Regime, be-
ruhend auf einer Koalition aus Ameriko- und Euro-Afghanen sowie
willfährigen Warlords, kapitulierte faktisch

Die kampflose Niederlage der Afghanischen Nationalarmee | Seit dem
6. August, als die Taliban immer weiter vorgerückt waren, haben
sich sowohl die Afghanische Nationalarmee (ANA) als auch die neu
gebildeten Volksmilizen zur Bekämpfung der Taliban zum größten
Teil widerstandslos ergeben. Die Soldaten der ANA, die angeblich
von den NATO-Ländern gut ausgebildet und ausgerüstet worden
waren, sahen nicht mehr ein, sich für ein Regime zu opfern, das vom
Ausland eingesetzt und gesteuert wurde. Sie und auch die Offiziere
der unteren und mittleren Ränge haben zum Teil bis zu sechs Mo-
naten keinen Sold bekommen. Die ab 2014 jährlich 4,1 Milliarden
US-Dollar, die für die Versorgung und Finanzierung der ANA aus

dem Ausland nach Kabul geflossen waren, landeten in den Taschen
der oberen Administratoren und Offiziere.

Neo-Taliban? | Die Taliban von heute sind nicht die Taliban von
1996 oder 2001. Damals wurden sie von den sogenannten Dorfmul-
lahs (Geistliche) geführt. Ihre derzeitigen Führer sind Absolventen
pakistanischer theologischer Hochschulen. Ihre Kinder, darunter
auch ihre Töchter, haben dort studiert. Die Taliban beherrschen
inzwischen nicht nur den militärischen Kampf, sondern auch Diplomatie und Politik. Sie haben im Februar 2020 in der katarischen
Hauptstadt Doha bei Verhandlungen die USA buchstäblich über
den Tisch gezogen und diese vertraglich dazu verpflichtet, ihre Armee aus Afghanistan abzuziehen. Das war die besiegelte faktische
Kapitulation einer imperialen Supermacht. Nun ist es an den Taliban, das Land zu regieren. Sie wissen, dass das heutige Afghanistan
nicht das Afghanistan von 1996 ist. Etwa 65 % der Bevölkerung sind
jünger als zwanzig Jahre[11] und von den Entwicklungen der letzten
Jahre geprägt. Es ist eine neue Generation herangewachsen, gut in-
formiert und zum Teil gebildet, die anders leben will. Dies werden
die Taliban nolens volens berücksichtigen müssen, wenn sie mittel-
bzw. gar langfristig am Hindukusch herrschen wollen. Die Signale diesbezüglich deuten darauf hin. Als sie am 8. August Kunduz
eingenommen hatten, haben mir Frauen von dort mitgeteilt, dass
man ihnen nichts angetan habe. In Kabul, nach der Einnahme der
Stadt am 15. August, kontrollierten sie die Autos, gaben den Fah-
rern einen Passierschein, wenn sie keine Waffen gefunden hatten,
und ließen sie dann weiterfahren. Die Geschäfte waren kurz danach
teilweise wieder geöffnet worden. Die fliegenden Händler waren auf
dem Basar zu sehen. Die Menschen, auch Frauen, ob verschleiert
oder teilweise unverschleiert, gingen einkaufen, ohne dass ihnen etwas passiert wäre, wie ich am 16. August direkt aus Kabul erfahren
habe.

---

11 Vgl. Hanefeld, Michael: Abwarten und hoffen, in: FAZ, 18.8.2021.

Hysterie am Kabuler Flughafen | Seit der Kapitulation der Kabuler Administration verließen Regierungs- und hohe Verwaltungsmitglieder sowie die Ameriko- und Euro-Afghanen das Land. Ebenso diejenigen, die Dollars besitzen. Am Kabuler Flughafen warteten tausende Menschen auf eine Möglichkeit, in einem US-Militärtransporter oder mit anderen Militärmaschinen das Land verlassen zu können. Dadurch wurde, unterstützt von den westlichen Medien, eine nie dagewesene Hysterie provoziert. Alte Frauen sind aus entfernten Provinzen, zum Beispiel aus dem Westen Afghanistans an der Grenze zu Iran, nach Kabul gekommen. Alle westlichen Länder waren an der Aktion beteiligt. Allein die USA holten zu Beginn rund 125.000 Menschen mit Transportflugzeugen aus dem Land und beabsichtigten, noch Tausende weitere zu erreichen. Von den Briten wurden zunächst 15.000 und von den Deutschen bis Dezember rund – 7.000 von zugesagten 25.000[12] – Menschen ausgeflogen. Schon bei der ersten Aktion nach Einnahme von Kabul wurden 140 »Ortskräfte«, die als »Augen und Ohren«[13] der Deutschen bezeichnet wurden, samt ihren Familien aus Kabul ausgeflogen.[14] »Die Ortskräfte haben uns geholfen, die deutschen nationalen Interessen durchzusetzen. Das sind Menschen, die für uns gearbeitet haben«,[15] hob Alexander Graf Lambsdorff (FDP) hervor. Insgesamt 143.300 aus dem Lande geholte Bürger seien angeblich Ortskräfte, die mit

---

12 Die Zahlen schwanken. Im Artikel »Tausende warten weiter auf Ausreise« hieß es am 8.12.2021 auf tagesschau.de: »Trotz fast 25.000 Aufnahmezusagen sind bis jetzt nur etwa 7000 Personen gekommen.« Dagegen meldete stern.de unter der Überschrift »›Im Stich gelassen‹: So verzweifelt ist die Lage der in Afghanistan ausharrenden Ortskräfte« bereits am 20.11.2021: »8500 Ortskräfte und ihre Familien hat die Bundesregierung bisher aus Afghanistan rausgeholt.«

13 Thelen, Raphael: Noori half den Deutschen – doch wer hilft ihm?, in: Spiegel Online, 2.11.2019.

14 Vgl. Meier, Christian u. a: »Dieser Angriff war nicht der letzte«, in: FAZ, 30.8.2021; Durch den Abwasserkanal zum Kabuler Flughafen. Frau L. im Gespräch mit Thielko Grieß, in: Deutschlandfunk, 27.8.2021, www.deutschlandfunk.de.

15 Alexander Graf Lambsdorff im Deutschlandfunk, 25.8.2021.

den USA und anderen NATO-Besatzern zusammengearbeitet hätten. Es darf bezweifelt werden, dass die Besatzungsmächte so viele »Ortskräfte« gehabt haben. In der Kolonialzeit nannte man sie Kollaborateure. Es ist völlig in Vergessenheit geraten, dass die Bombardierung der von den Taliban gekaperten Tanklastzüge am 4. September 2009 auf Befehl des deutschen Obersten Georg Klein, bei der 174 Zivilisten buchstäblich zerfetzt wurden, auf Informationen von »Ortskräften« basierte.[16] Er hätte, wie seine Berater vorgeschlagen hatten, seine eigenen Kräfte oder eine Drohne hinschicken müssen, um sich ein tatsächliches Bild der Lage zu machen. Dieses Versäumnis entlastet Oberst Klein jedoch keineswegs.

Die Taliban stoppten die Busse, mit denen die »Ortskräfte« zum Flughafen gebracht wurden: »Ich weiß, dass Sie für ein anderes Land gearbeitet haben, sagte ein Talib. Er bat uns darum, im Lande zu bleiben. Sie trugen Waffen und sie waren nett«, berichtete ein Afghane dem Südasien-Korrespondenten der ARD, Peter Hornung, am 28. August. »Aber ich wollte doch nicht bleiben. Dann stieg der Talib aus dem Bus aus und ließ uns weiterfahren.«

Die Taliban veröffentlichten eine Erklärung, dass sie diese Fachleute brauchen, sie sollen im Lande bleiben und beim Wiederaufbau helfen. Wer mit den ausländischen Feinden und Ungläubigen gearbeitet habe, solle dies nur bereuen. Das aber interessierte die westlichen Länder nicht. Sie rauben dem Land junge und gut ausgebildete Fachkräfte sowie Angehörige der gebildeten Mittelschicht, also die tragenden Säulen einer Gesellschaft. Das ist ihre Rache an Afghanistan für ihre historische Niederlage. Und wer weiß, ob sie für alle Eventualitäten diese Kräfte als fünfte Kolonne in der Zukunft noch einmal brauchen können. Die Ameriko- und Euro-Afghanen, die seit 2001 in Afghanistan herrschten, waren auch ehemalige Flüchtlinge aus den Jahren des Bürgerkriegs zwischen 1979

---

16 Vgl. Wann dürfen Deutsche töten? Die Bundeswehr: Afghanistan und der Krieg im 21. Jahrhundert, Der Spiegel, Nr. 49, 30.11.2009, S. 22-35; Als Deutschland in den Krieg zog; Afghanistan: Die Geschichte eines Irrtums, in: Der Spiegel, Nr. 36, 5.9.2011, S. 75-87.

bis 1992. Der republikanische US-Senator Lindsey Graham schloss in einem BBC-Interview einen erneuten Krieg der USA gegen Afghanistan nicht aus.[17] Dann könnte man die »Ortskräfte« wieder reaktivieren.

Frauenpolitik der Taliban | Die Taliban wollen zeigen, dass sie auch human handeln können. Am 28. August haben sie am Kabuler Flughafen an die Menschen, die seit Tagen auf einen Abflug warteten, Lebensmittel und Pampers verteilt. Sie wissen, dass es in Afghanistan immer noch ausgebildete Frauen gibt, die nicht Kollaborateurinnen waren, die das Land nicht verlassen haben oder von den NATO-Ländern nicht ausgeflogen werden konnten. Am 28. August gaben die Taliban eine Meldung heraus, in der sie alle Frauen, die im Gesundheitswesen tätig sind, aufforderten, zu ihrer Arbeit zu erscheinen, berichtete der Deutschlandfunk. Sie würden Mädchen und jungen Frauen erlauben, Schulen und Universitäten zu besuchen sowie arbeiten zu dürfen, jedoch unter Achtung der islamischen Regeln. Eine Koedukation lehnte der Minister für Hochschulwesen, Abdul Baqi Haqqani, als unislamisch ab. Am 11. September erfuhr ich aus Kabul, dass die Grundschulen auch für Mädchen geöffnet worden sind.

Taliban wollen Zusammenarbeit | Schon vor der Einnahme Kabuls am 15. August führten Delegationen der Taliban in Moskau, Teheran und Peking Gespräche. Sie ließen verlautbaren, dass von afghanischem Boden keine Gefahr für die Nachbarn ausgehen werde. Sie strebten nach internationaler Anerkennung und allseitiger Zusammenarbeit, auch mit den USA, vor allem auf wirtschaftlicher Ebene, um das Land wiederaufzubauen. Auch zu Deutschland suchten sie diplomatische Beziehungen. Taliban-Sprecher Sabihullah Mujahed äußerte Anfang September gegenüber der *Welt am Sonntag*,

---

17 »US Senator Lindsey Graham: ›We will be going back into Afghanistan‹«, BBC, 6.9.2021, bbc.com.

Deutschland sei willkommen. Dabei bezog er sich auf eine Tradition von über hundert Jahren gegenseitiger Beziehungen. Die Taliban wünschten sich von der Bundesregierung und anderen Ländern
finanzielle Unterstützung, humanitäre Hilfe und eine Zusammenarbeit auf den Gebieten Gesundheit, Bildung und Landwirtschaft.[18]

Die VR China will die Südroute ihrer »Neuen Seidenstraße«
durch Afghanistan ziehen. Pakistan, Iran und die Russische Föderation haben ebenfalls Projekte in Wirtschaft und Infrastruktur im
Fokus. Sowohl die Taliban als auch die afghanischen Nachbarn haben großes Interesse an einem stabilen Afghanistan.

»Fundis« und »Realos« | Die Taliban sind keine homogene Organi-
sation. Es gibt nicht *die* Taliban. Die Bewegung besteht zumindest
in der Führungsebene aus »Fundis« und »Realos«. Deren geistlicher
Führer Mawlawi (Großmullah) Heibatullah Achundsada ist ein
»Fundi«, während der Leiter des politischen Büros der Taliban in
Katar und Verhandlungsführer bei den Abzugsgesprächen mit dem
US-Vertreter Zalmai Khalilzad, Mullah Abdul Ghani Baradar, ein
»Realo« ist. Letzterer beabsichtigte schon Ende der Nullerjahre mit
der Kabuler Administration über eine politische Lösung des Kon-
fliktes zu verhandeln. Daraufhin wurde er in Pakistan, wo er seit
Jahren gelebt hatte, verhaftet. Die Regierung Pakistans erlaubte es
den Talibanführern nicht, ohne ihre Mitsprache mit der Adminis-
tration in Kabul zu sprechen. Erst auf Druck des US-Präsidenten
Donald Trump wurde er aus der Haft entlassen.

Da die Gespräche über eine breite Koalitionsregierung mit anderen Kräften, wie dem damaligen Präsidenten Hamid Karsei oder
dem Präsidentschaftskandidaten Abdullah Abdullah, zu keinem
Ergebnis führten, stellten die Taliban am 7. September 2021 ein
»Übergangskabinett« vor, »um die notwendigen Regierungsarbeiten

---

18 Vgl. Afghanistan: Taliban wollen offizielle diplomatische Beziehung mit
    Deutschland, in: Welt am Sonntag, 5.9.2021; Afghanistan: Taliban wol-
    len offizielle diplomatische Beziehung mit Deutschland, in: Zeit Online,
    5.9.2021.

durchführen zu können«,[19] so der Taliban-Sprecher Mujahed. Mullah Mohammad Hassan (von westlichen Medien fälschlicherweise »Achund« bzw. »Akhund« genannt), oft »als Mann Pakistans«[20] bezeichnet, wurde zum Interims-Regierungschef, zu seinem Stellvertreter Mullah Abdul Ghani Baradar ernannt. Dieser hatte sich als Verhandlungsführer mit Khalilzad in Doha einen Namen gemacht und galt als aussichtsreicher Kandidat als künftiger Regierungschef. Als ungebetener Gast reiste am Vorabend der Regierungsbildung Faiz Hameed, der Chef des pakistanischen Geheimdienstes ISI (Inter-Services Intelligence), nach Kabul und verhinderte die Wahl Baradars.[21] Der Ultra-Fundamentalist Sarajuddin Haqqani übernahm das Innenressort. Das Haqqani-Netzwerk wird von den USA als Terror-Gruppe eingestuft und steht auf der Most-Wanted-Liste des FBI. Die USA suchten Haqqani mit einem Kopfgeld von über fünf Millionen US-Dollar. Obwohl der Vater von Haqqani, Jalalluddin Haqqani und Gründer des Haqqani-Netzwerks, ein Lieblingsfreiheitskämpfer des damaligen US-Präsidenten Ronald Reagan war und im Weißen Haus empfangen wurde, wurden der Sohn und seine Gruppe zu Terroristen erklärt. Der als versöhnlerisch bekannte Amir Chan Motaki wurde zum Außenminister, er leitete zuvor die Aussöhnungskommission der Taliban[22] mit anderen politischen Gruppierungen. Darüber hinaus wurden ein Usbeke und zwei Tadschiken ins Kabinett aufgenommen worden. Auch der Inspekteur der Armee ist ein Tadschike. Auf Staatssekretärsebene sind ebenfalls zahlreiche Ethnien und politische Strömungen vertreten.[23] Allerdings sind im Kabinett keine Frauen vertreten. Wenn die Afghanen »Glück« haben, werden sie ein islamisches Regime, wie in Iran, be-

---

19 Taliban stellen neue Regierung vor: Vier saßen bereits in Guantánamo! Diese Männer regieren jetzt Afghanistan, dpa, 8.9.2021.

20 Haneke, Alexander: Ein Mann Pakistans?, in: FAZ, 9.9.2021.

21 Vgl. ebd.

22 Vgl. Taliban stellen neue Regierung vor: Vier …, dpa, 8.9.2021.

23 Vgl. Liste der Mitglieder des Kabinetts der Taliban, ariananews.com, Kabul 7.9.2021 (in afghanischer Sprache Dari).

kommen. Haben sie jedoch »Pech«, könnte ein Regime nach saudi-
arabischem Muster entstehen.

Da nun die Besatzer vertrieben sind, die korrupte Administration kapituliert hat, der selbsternannte »nationale Widerstand«
unter dem »Grünschnabel« Ahmad Masud und dem gestürzten
Vizepräsidenten Amrullah Saleh in der Provinz Pandjscher besiegt
ist und damit der Krieg als beendet gilt, besteht die Hoffnung auf
friedliche Verhältnisse am Hindukusch. Das ist das Erste und das
Wichtigste, was sich die absolute Mehrheit der Afghanen wünscht.
Nach vierzig Jahren Bürgerkrieg und zwanzig Jahren NATO-Krieg
sehnen sich die afghanischen Völker nur noch nach Frieden! Um
diesen Wunsch Realität werden zu lassen, müssen die fünf Prinzipi-
en des Völkerrechts auch und gerade jetzt am Hindukusch respek-
tiert werden. Eines dieser Prinzipien lautet: »Keine Einmischung in
innere Angelegenheiten des anderen.«[24] Afghanistan muss endlich
zur Ruhe kommen, und die Völker dieses geschundenen Landes
müssen über ihr Schicksal selbst bestimmen: in freien und streng
kontrollierten, von unten nach oben durchgeführte Wahlen für eine
Verfassungsgebende Versammlung (Loya Jirga). Es wird kein demokratisches und fortschrittliches Afghanistan sein, aber das ist die
Angelegenheit der Menschen am Hindukusch.

---

24 Handbuch der Verträge 1871-1964, Berlin 1968, S. 558.

Jutta von Freyberg

Regelbasierter Westen, maßloser Orient?

Ein Zwischenruf zur Aushöhlung des Völkerrechts

»Heute wird das individuelle Bewusstsein von gewaltigen Mengen organisierter und konfektionierter Information bombardiert und vielleicht erstickt. Hauptziel dabei ist die Erzeugung duldsamer, widerspruchsloser kollektiver Passivität. Wir werden praktisch ununterbrochen von Bildern bombardiert, die uns auffordern, uns ihnen zu unterwerfen und sie zu kaufen, ganz gleich, ob es sich um Nachrichten, Warenwerbung oder Reiseangebote handelt.«[1]

Der Orient ist auch nicht mehr das, was er früher mal war. Denn wir haben jetzt den Nahen Osten. Über den wissen wir, was uns die Mainstream-Medien, vor allem die öffentlich-rechtlichen, zu berichten pflegen. Wenn sie denn berichten.

Wenn, nach Meinung unserer Medien, dort gerade Ruhe herrscht und keine hysterisierenden, kriegerischen Bilder zur Verfügung stehen, gewinnen in unserer Wahrnehmung Orientphantasien die Oberhand, wie sie uns beispielsweise durch die Tourismuswerbung oder in als Dokumentationen oder Sportberichterstattung getarnten Werbe- und Propagandafilmen aufgedrängt werden. Zum Beispiel der unerhörte Reichtum auf der arabischen Halbinsel, die künstlich erschaffenen Inseln vor Dubai, Falkenjagden der Potentaten, Kamelrennen, die supermodernen, futuristisch anmutenden

---

1   Edward W. Said: Kultur und Widerstand, Zürich 2006, S. 92.

Wolkenkratzer, palastgroße Yachten, geheimnisvolle, verführerische Blicke werfende, verschleierte Frauen, taffe Soldatinnen, modernste Kriegstechnologie. Bilder wie aus »tausendundeiner Nacht« – nur moderner. »Orient« ist das allemal. Denn Orient ist keine geografische Kategorie, und die Grenzen zwischen den alten und neuen Orient-Bildern haben sich verwischt.

Wenn uns Medienkonsumenten immer wieder auch andere Bilder vermittelt werden, dann haben wir es mit dem Nahen Osten zu tun – oder ist das nur die andere Seite des Orients? Dann sehen wir: Raketen auf Israel, Hunger, Elend, Terrorismus, Islamismus, gesteinigte Frauen, abgehackte Hände, Vetternwirtschaft, Korruption, Krieg, Waffenstillstandsverhandlungen, wieder Krieg, Waffenlieferungen, erneuter Krieg, brennende Raffinerien… Und wir müssen uns darüber Sorgen machen, ob wir im Winter unsere Heizungen befeuern können – und genügend Futter für unsere Autos haben.

Orientalen, gleich ob Araber, Türken, Perser, Afghanen, Afrikaner, wir wollen nicht kleinlich sein, sind allesamt mehr oder weniger ungebildet – und zugleich supermodern digitalisiert, undiszipliniert bei der Arbeit und unfähig, ohne unsere Anleitung, also: aus eigener Initiative, Wirtschaft, Wissenschaft, Kultur und Zivilisation zu entwickeln. Wo sie modern sind, haben sie es von uns – geklaut, gekauft, abgeguckt. Auf jeden Fall sind sie nicht in der Lage, ohne westliche Hilfe, insbesondere ohne unsere Waffen, ihre Herrschaft zu sichern. Noch heute herrschen da Blutrache, unendlicher Reichtum und unendliche Armut, Frauenunterdrückung. Ganz anders als bei uns, den gebildeten Erben der westlichen, meinethalben auch christlichen Zivilisation, die hierzulande seit neuerer Zeit gern in »christlich-jüdischer Tradition« gesehen wird. Doch soll es niemandem einfallen, zu dieser kuriosen Begriffsbildung etwa Juden-Verfolgung, Holocaust und Kreuzzüge zu assoziieren! Immerhin verdanken wir gewissermaßen diesem doppeldeutigen »christlich-jüdischen Erbe«, das die Geschichte Deutschlands wie auch Europas mitgeprägt hat, dass im »Orient« das Licht der Aufklärung, der

Vernunft, der Menschenrechte und der Demokratie leuchtet, wenn auch nur an einem kleinen Ort: in Israel – dem Vorposten Europas in der undurchschaubaren, unzivilisierten, kulturlosen Welt, in der die Menschen in Palästen oder Erdlöchern leben.

Für Stabilität, Wohlstand und eine regelbasierte Ordnung?

Ohne Israel als leuchtenden Gegenpol funktionierte unsere selektive Wahrnehmung, unser mediales Bild vom Nahost-Konflikt, weniger gut. Hinzu kommt die als moralisch ausgegebene politische Verpflichtung, deutsche Staatsräson genannt, dieses Bild nicht zu beschädigen bzw. beschädigen zu lassen. Weswegen von deutscher Seite die zahlreichen Menschenrechtsverletzungen der israelischen Regierungen gegenüber den Palästinensern, die regelmäßigen Missachtungen von UNO-Resolutionen, die Ermordung iranischer Atomphysiker, Vertreibung palästinensischer Einwohner aus Jerusalem, Bombardierungen ziviler Wohnstätten und Einrichtungen im Westjordanland und Gaza nicht konsequent verurteilt werden. Zwar werden sie offiziell nicht bejubelt, gelegentlich sogar verbal, aber doch eher verständnisvoll kritisiert. Demzufolge hat auch der ehemalige Außenminister Heiko Maas (SPD) stets und ständig, selbst bei schweren Aggressionsakten des israelischen Militärs, geradezu gebetsmühlenartig die Solidarität mit Israel betont und Sanktionen abgelehnt. Hingegen wird Kritik an einer derartigen Aggressionspolitik, von wem auch immer sie geäußert wird, schnell als antisemitisch angeprangert. Seit die US-Regierung unter Trump von der Zwei-Staaten-Lösung abgerückt ist, seit die völkerrechtswidrige Besetzung des Westjordanlandes und der israelische Siedlungsbau selbst in Jerusalem von der westlichen Welt de facto akzeptiert werden, sind die Bezüge aufs Völkerrecht von immer geringerem Belang und das Beharren auf der Zwei-Staaten-Lösung beginnt zu bröckeln.

So hatte der Grünen-Politiker und Vorsitzende der deutsch-israelischen Parlamentariergruppe des Deutschen Bundestages (2014-17), Volker Beck, zu erneuten Annexionsplänen der Netanjahu-Regierung vor allem »Deutschlands Sorge um Israel und seine Sicherheit« geltend gemacht.[2] Deutschland habe sich bedauerlicherweise nicht auf Israels Seite geschlagen, wenn es in der UNO »an den Pranger gestellt« wurde. »Hätte Deutschland sich da etwas differenzierter verhalten in der Vergangenheit, würde man vielleicht auch über unsere Sorgen ernsthafter nachdenken.« Völkerrechtliche Regelungen und UNO-Beschlüsse hält er eher für unerheblich: »Na ja, mit dem Völkerrecht ist es bei Gebieten, die man kontrolliert nach verlorenen Angriffskriegen der anderen Seite, nicht ganz so klar, wie das in Deutschland in der Presse immer zu lesen ist.«

Zwischen 2001 und 2018 Rüstungsexporte im Wert von rund 2,35 Milliarden Euro, insbesondere Kriegsschiffe, Fahrzeuge, Panzer, Sprengkörper, Fluggeräte, elektrischen Geräte und Feuerleiteinrichtungen, nebst Munition, Produktionsgeräten, chemischen Stoffen und leichten Waffen. So die Campaign Against Arms Trade (CAAT).[3] Die Bundesregierung nimmt die eigenen und EU-Kriterien für Waffenexporte nicht ernst; genauer gesagt: fünf der Kriterien hat sie in Frage gestellt, wozu gehören: Achtung der Menschenrechte, der inneren Lage im Land und der Erhaltung von Frieden, Sicherheit und Stabilität in der Region sowie das Verhalten in der internationalen Gemeinschaft.[4] Da wird Völkerrecht zwangsläufig zu Makulatur.

Dies hat auch die Grünen-Politikerin Kerstin Müller, ehemaligen Staatsministerin im Auswärtigen Amt, nüchtern festgestellt: »Seit Jahren steckt der israelisch-palästinensische Konflikt in einer Sackgasse. Die wichtigsten politischen Bedingungen für die Durchsetzung einer Zwei-Staaten-Regelung sind nicht mehr gegeben: Der Siedlungsbau schreitet massiv voran; den beiden Konfliktparteien fehlt der politische Wille für eine Lösung; für die meisten arabischen Staaten ist die ›palästinensische Solidarität‹ zu einer Last gewor-

---

2 Deutschlandfunk, 10.6.2020.

3 www.aufschrei-waffenhandel.de/daten-fakten/empfaengerlaender/israel.

4 Ebd.

den.«[5] Mit Staatsräson und einer »regelbasierten« Nahostpolitik, die dieses Vorgehen duldet, mit der Vermeidung von Sanktionen und mit Waffenlieferungen belohnt, könnte den Verstößen gegen das Völkerrecht ohnehin kein Einhalt geboten werden. Abgesehen davon müsste die Frage gestellt werden, wer denn zulässt, unterstützt oder gar daran interessiert ist, dass der israelisch-palästinensische Konflikt in die Sackgasse geraten ist – und dort auch bleibt.

Von einer klaren, völkerrechtsbasierten Politik in der gesamten Nahost-Region, über Israel hinaus, kann keine Rede sein. Das spiegelt sich auch in der Berichterstattung der Öffentlich-Rechtlichen. Ein willkürliches Beispiel: Am 28. September 2021 findet in der ARD der Nahe Osten nur in Gestalt des ewigen »Orients« Erwähnung: geklonte Kamele. Am selben Tag berichtet das kritische Nachrichtenportal *German Foreign Policy* über die »Handlungsempfehlungen an die nächste Bundesregierung«, die die Deutsche Gesellschaft für Auswärtige Politik (DGAP), eine einschlägige Denkfabrik für Außenpolitik, erarbeitet hat. Hierin wird der kommenden Bundesregierung vorgeschlagen, die immer noch kriegsunwillige deutsche Gesellschaft auf künftige (der Pandemie folgende) Krisen und Kriege nunmehr auch praktisch vorzubereiten. Um sie krisen- und kriegsfest zu machen, sollen »regelmäßige Übungen und Planspiele auf allen Ebenen (Bund, Länder, Kommunen) und mit allen Akteuren (zivil, militärisch, staatlich, privat) abgehalten« werden. Das hat nur scheinbar mit dem Nahen Osten nichts zu tun, betrifft aber bei genauerer Analyse ausdrücklich auch Krisen, Konflikte und Kriege im östlichen Mittelmeer. Und so, wie sich kaum ein Politiker findet, der sich über Deutschlands wirkliche Interessen in der Region äußert, findet sich kaum ein Redakteur in unseren Leitmedien, der es wagen würde, uns über derartige Vorschläge zu kriegerischen Planspielen aufzuklären. Die wirklichen Interessen der Mehrheit werden ohnehin weder artikuliert noch berücksichtigt; aber auch die

---

5   Kerstin Müller: Das Ende der Zwei-Staaten-Lösung, DGAP, in: Internationale Politik (IP), Mai 2020 (die Zeitschrift IP wird herausgegeben von der Deutschen Gesellschaft für Auswärtige Politik).

Interessen der Mächtigen werden – um Gottes willen – nicht offen ausgesprochen. Entsprechend twitterte die damalige Verteidigungsministerin Kramp-Karrenbauer am 2. August 2021: »Es ist gut, über unsere Werte zu reden, noch besser ist es, konkret etwas dafür zu tun. Heute läuft die Fregatte ›Bayern‹ in Richtung Indopazifik aus – ein Zeichen für Stabilität, Wohlstand und eine regelbasierte, multilaterale Ordnung.«

Man muss keiner Verschwörungstheorie anhängen, um bei der DGAP auf vielerlei Netzwerke und Verbindungen zu den Mächtigen in unserem Land und dem des »großen Bruders« zu stoßen. Seit jeher sind in der DGAP die Machteliten unseres Landes vertreten, angefangen bei dem Vorstandsmitglied der Deutschen Bank, dem Arisierungsexperten Josef Hermann Abs, über höchste Repräsentanten aus Wirtschaft, Wissenschaft, Politik und Medien. Mäzene, Sponsoren, Stiftungen, andere Thinktanks und verschiedene Abteilungen des Regierungsapparates gehören zu den Finanziers.

Mit neuen Sprachregelungen gegen das Völkerrecht?
Rückgratlos, kriecherisch, korrupt – so werden gelegentlich und in ziemlich ohnmächtiger Wut oder Verachtung die journalistischen Mitspieler der herrschenden Politik genannt. Hofberichterstattung, Gefälligkeitsjournalismus, vonseiten der AfD: Lügenpresse… Wie – meistens ohne zu lügen, manchmal auch mit dreisten Lügen – die Wahrheit verschwiegen wird, haben uns etwa Müller, Klinkhammer und Bräutigam[6] mit zahlreichen Beispielen vorgeführt.

Mediale Leitwölfe, in der Verantwortung, die Interessen der Eliten zu vertreten, geben die aktuell gültigen Parolen aus. In dem viel beachteten Werk »Meinungsmacht« untersuchte Uwe Krüger, ausgezeichnet mit dem Günter-Wallraff-Preis für Journalismuskri-

---

6   Maren Müller / Friedhelm Klinkhammer / Volker Bräutigam: Zwischen
      Feindbild und Wetterbericht. Tagesschau & Co. – Auftrag und Realität, Köln
      2019.

tik, entsprechenden Netzwerke.[7] Zudem lässt sich im Sinne des palästinensisch-amerikanischen Literaturwissenschaftlers Edward W. Said sagen: Medien und ihre Produkte sind Waren und unterliegen den kapitalistischen Gesetzmäßigkeiten von Angebot und Nachfrage. Was dabei zwischen allerhand Infotainment und Talkshowformaten an einem angeblich kriegsfreien Tag im Nahen Osten herauskommt: der alte, neue »Orient« in Gestalt des mutmaßlichen Kamel-Klon-Skandals.

Währenddessen kämpfen – kaum beachtet etwa in den USA, in Großbritannien und in Israel meist jüdisch-palästinensische Solidaritätsorganisationen für eine friedliche Lösung des Nahost-Konfliktes. Sie setzen sich für die Rechte der Palästinenser ein, informieren u. a. über die Völkerrechtswidrigkeit der Besetzung des Westjordanlandes und des Exports dort hergestellter Waren unter israelischem Label, versuchen mit langem Atem, die Akteure, die in den Bereichen Wirtschaft, Wissenschaft, Sport und Kunst in Beziehung zu Israel treten wollen oder getreten sind, über die Lage der Palästinenser aufzuklären. Öffentlichkeitswirksam, mitunter auch bedingt durch harsche Reaktionen, sind dabei die Aktivitäten von BDS – Boycott, Divestment and Sanctions. Verständlich, dass die israelische Regierung diese Form des palästinensisch-israelischen Widerstands verurteilt und dabei ihre schärfste und wirksamste propagandistische Waffe einsetzt: das Verdikt des Antisemitismus. Die Regierungen der USA und der Bundesrepublik haben diese Stigmatisierung jeglicher Kritik an israelischer Regierungspolitik übernommen. In Deutschland mit großem Erfolg. Dass der Labour-Parteitag von 2021, zufällig auch am Tag des Kamel-Klon-Skandal-Berichtes, es gewagt hat, Israel als Apartheid-Staat zu kritisieren, ist der aufklärerischen Tätigkeit solcher transnationalen Solidaritätsbewegungen zu verdanken, von denen unsere Leitmedien

---

7   Uwe Krüger: Meinungsmacht. Der Einfluss von Eliten auf Leitmedien und Alpha-Journalisten – eine kritische Netzwerkanalyse, Köln 2013; vgl. auch ders.: Mainstream. Warum wir den Medien nicht mehr trauen, München 2016.

nichts wissen wollen, es sei denn, um sie als antisemitisch zu ver-
unglimpfen.

Die schamlose Abkehr von Völkerrechtsprinzipien findet nun
auch schon seit Jahren in Israels Nachbarland Syrien statt – und
wird von unseren Medien mitgetragen. Über die sträflich mangel-
hafte Berichterstattung deutscher Leitmedien hat die Nahost-Exper-
tin Karin Leukefeld[8] ausführlich berichtet. Als Beispiel nennt sie
das langanhaltende Schweigen über systematische Waffentransporte
der Türkei durch türkisches Territorium an die syrische Grenze. Nie
wurde »die Frage nach der völkerrechtlichen Legitimität der Waffenlieferungen an Kampfgruppen in Syrien gestellt«. Wie viele Tote,
wie viel Zerstörung, wie viele Verhaftungen hätten vermieden werden können, fragt sie, wenn die Medien rechtzeitig die Öffentlichkeit aufgeklärt hätten?

Stattdessen wurden die Medienkonsumenten geradezu bombardiert mit Schreckensberichten über Assads vermeintliche Giftgas-
Morde. Die wurden von der BBC in die Welt gesetzt und sind zwischenzeitlich offiziell widerlegt worden. Wie der Journalist Harald
Neuber[9] berichtete, arbeiteten an der Entlarvung dieser Falsch-
meldung der ehemalige deutsche UN-Diplomat Hans-Christof
von Sponeck, ein Mitbegründer der »Berlin Group 21«. Es handelt
sich hierbei um einen Zusammenschluss von Experten, die sich für
die Aufklärung des mutmaßlich gefälschten Berichtes der OPCW
(Organisation für das Verbot chemischen Waffen) einsetzen – und
zwar aus »Besorgnis über die langwierige Kontroverse und die politischen Auswirkungen rund um den OPCW-Bericht und die Untersuchung des angeblichen Chemiewaffenangriffes im syrischen Dou-
ma am 7. April 2018«. Die Berlin Group 21 teilt im Internet mit,
dass OPCW-Inspektoren, »die an der Untersuchung beteiligt waren,

---

8   Vgl. bspw. Karin Leukefeld: Verlust der Glaubwürdigkeit – Deutsche Me-
     dien zum Konflikt in Syrien, in: Fritz Edlinger (Hg.): Der Nahe Osten
     brennt, Wien 2016.

9   Harald Neuber: Experten fordern Konsequenzen nach Fake News der BBC
     über Giftgas in Syrien, Telepolis / heise.de, 10.9.2021.

erhebliche verfahrenstechnische und wissenschaftliche Fehler … festgestellt haben, die dem UN-Sicherheitsrat vorgelegt wurden«. Die Inspektoren »beschuldigen die OPCW-Leitung, unbegründete oder möglicherweise manipulierte Ergebnisse mit schwerwiegendsten geopolitischen und sicherheitspolitischen Auswirkungen akzeptiert zu haben«. Die OPCW habe, so von Sponeck, »unter Druck westlicher Länder ein gefährliches Falschspiel gespielt«. Man wird vergeblich darauf warten, dass unsere Leitmedien hier eine Korrektur vornehmen. Assad, der Terrorist, Diktator, selbsternannte Kalif, Giftgas-Mörder, dessen Frau, einst Prinzessin, nunmehr Hexe von Syrien ist – dieser Assad soll es nicht gewesen sein? Ein so schrecklich reicher Potentat, wie ihn nur der Orient hervorzubringen vermag, der muss es doch gewesen sein. Und das wird, weil es in unser Bild passt, so lange auch von uns unbedarften Konsumenten geglaubt, wie es von einer wahrheitsgemäßen Berichterstattung nicht korrigiert wird.

Allerlei ausgefuchste Sprachregelungen werden kaum noch hinterfragt. Mit »wording«, einer »tendenziösen Attribuierung«,[10] der »konfektionierten Information« (Said), werden Feindbilder geschaffen, die Gegner dämonisieren; unsere Wertegemeinschaft hingegen wird harmonisiert, geschönt, weißgewaschen. Kein Putin ohne den Zusatz KGB-Mann, Machthaber, Diktator. Saddam war der neue Hitler, Assad ist der Schlächter. Die Kriege der Wertegemeinschaft sind in »humanitäre Interventionen« umgedeutet, unsere Demokratie ist marktkonform – und seit wir uns schamlos übers Völkerrecht hinwegsetzen, bescheiden wir uns mit einer regelbasierten Außenpolitik.

Wir halten uns an Regeln. Die anderen nicht. Was also ist daran falsch? Die ehemalige Verteidigungsministerin Kramp-Karrenbauer etwa, sekundiert von deutschen Politikern und Militärs, die einen Platz an der Sonne suchen, jonglierte gern mit dieser neuen Begrifflichkeit, wenn sie mal wieder in Verantwortung für Menschen-

---

10 Vgl. Müller / Bräutigam / Klinkhammer, a. a. O.

rechte und im Interesse der Freiheit unseres Handels und unserer Handelswege regelbasiert in die Ferne schweifte. Nur die Regeln des Völkerrechts sind dabei nicht gemeint. Was hierzulande so gut wie nicht und schon gar nicht von den Öffentlich-Rechtlichen hinterfragt wird.

Aber ausgerechnet »der Russe«, Außenminister Lawrow, hat es gemerkt und auch gesagt – auf der UNO-Vollversammlung (25.9.21): »In letzter Zeit gab es immer wieder Versuche, die Rolle der UNO bei der Bewältigung zentraler Fragen unserer Zeit zu verringern, sie in den Hintergrund zu drängen oder sie in ein gehorsames Instrument zur Förderung der Interessen von irgendwem zu verwandeln. Diese Versuche zeigen sich deutlich an dem Konzept der so genannten ›regelbasierten Weltordnung‹, das der Westen beharrlich als Gegengewicht zum Völkerrecht in die politischen Prozesse einführt.

Natürlich hat niemand etwas gegen Regeln. Schließlich ist gerade die UN-Charta ja ein Regelwerk. Aber es müssen Regeln sein, die von allen Ländern der Welt beschlossen werden. Ebenso müssen alle neuen Normen, die die zwischenstaatliche Kommunikation regeln, in universellen Plattformen vereinbart werden, allem voran hier in der UNO. Wenn sie von kleinen Gruppen und unter Umgehung der Weltorganisation gemacht werden, können sie keine umfassende Legitimität haben.«

Einstimmige Reaktionen der deutschen Medien im Internet: Lawrow macht Vorwürfe, wirft den USA einen »Geist des Kalten Krieges« vor. Was er zweifellos auch gemacht hat. Im Mittelpunkt seiner Rede indessen stand seine Kritik an der vom gesamten »Westen« verfolgten halsbrecherischen, »regelbasierten« Außenpolitik, dem Abrücken vom Völkerrecht. Das wollen wir aber nicht gehört haben.

Werner Ruf

Die Rückkehr Tunesiens zum Autoritarismus

Oder: Wie rettet man eine marktkonforme Demokratie?

Vorbemerkung

Dustur (frz. Schreibweise Destour), Verfassung, ist den Tunesierinnen und Tunesiern ein alter und prestigereicher Begriff: Ein Vierteljahrhundert vor der Kolonisation, 1857, erließ der damalige Bey Mohamed den »Fundamentalpakt des Königreichs Tunesien«, durch den die Sklaverei abgeschafft, die Juden rechtlich gleichgestellt wurden. Sein Nachfolger, Bey Mohamed es-Sadok, erließ 1861 eine liberale Verfassung: Exekutive und Jurisdiktion wurden getrennt, ein oberster Rat sollte die Übereinstimmung der Gesetze mit der Verfassung überprüfen und die Unabsetzbarkeit der Richter sichern.

Nach der militärischen Besetzung wurde Tunesien durch die Verträge von Le Bardo (1881) und La Marsa (1883) französisches Protektorat. Unter Berufung auf die vorkoloniale Verfassung forderten die tunesischen Eliten in ihrer Zeitung *Le Tunisien,* die seit 1908 erschien, Gleichberechtigung mit den Franzosen in ihrem Land und verwiesen hierbei auf die alte Verfassung. Im gleichen Jahr wurde die nationalistische *dustur*-Partei gegründet. 1934 spalteten sich vor allem junge Intellektuelle – unter ihnen Habib Burgiba – von der alten *dustur*-Partei ab und nannten sich hinfort »Neue *dustur*-Partei« oder kurz *Neo-Destour.* Der Begriff »Verfassung« war schließlich Teil des Namens der Einheitspartei, die von der Unabhängigkeit (1956) bis zum Sturz Ben Alis im Januar 2011 das Land regierte und heute in der Nachfolgepartei »*Freie Destour-Partei*« wieder auflebt.

Der demokratische Neuanfang

Nachdem der tunesische Diktator Zine ed-Din Ben Ali am 14. Januar 2011 wie ein Dieb in der Nacht nach Saudi-Arabien geflohen war, jubelte die Nation. Am 23. Oktober 2011 wurde in den ersten freien Wahlen seit 1956 eine Verfassunggebende Versammlung gewählt. Die den Muslimbrüdern nahestehende islamistische Partei *en-nahda* (die Wiedergeburt), die unter Burgiba und Ben Ali brutal verfolgt worden war, hatte beim Volksaufstand gegen die Ben-Ali-Diktatur 2010/11 zwar keine Rolle gespielt, wurde aber nun mit Abstand stärkste Partei und gewann 89 der 217 Sitze des Parlaments, dessen Hauptaufgabe die Erarbeitung einer neuen Verfassung sein sollte. *En-nahda* bildete mit zwei kleineren säkularen Parteien die Regierung (Troika).

Konsequent begann die Partei, das bis dahin streng säkulare Tunesien im Sinne einer islamischen Ordnung umzugestalten und den Staatsapparat unter ihre Kontrolle zu bringen: Islamkritische Filme wurden verboten, Form und Inhalte des Universitätssystems sollten nach islamistischen Kriterien umgebaut werden, Künstler wurden belästigt und zusammengeschlagen, islamkritische Blogger erhielten lange Gefängnisstrafen, Museen wurden gestürmt und zerstört. *En-nahda* baute eine eigene Miliz auf, die »Ligen zur Verteidigung der Revolution«, die als Schlägertruppe allenthalben in Erscheinung traten, Gewerkschafter und Gewerkschaftshäuser angriffen. In der tunesischen Presse tauchten immer wieder Meldungen auf, denen zufolge in Moscheen Kämpfer für den IS in Syrien angeworben wurden, darunter viele junge Frauen. 2013 wurden die prominenten linken Politiker Chokri Belaid und Mohamed Brahmi beim Verlassen ihrer Häuser erschossen. Im Falle Brahmi hatte das Innenministerium zwei Wochen vor dem Anschlag die Warnung eines ausländischen Geheimdiensts über den geplanten Anschlag erhalten – nichts geschah, um das Attentat zu verhindern.[1]

---

1   Die im folgenden Text genannten Fakten basieren weitgehend auf dem täglich von der deutschen Botschaft in Tunis herausgegebenen Pressespiegel sowie auf den Nachrichten und Analysen der tunesischen Internet-Portale www.kapitalis.com und www.businessnews.com.tn.

Ähnlich wie in Ägypten setzte der Westen offensichtlich auf die Muslimbrüder als neue, demokratische Kraft: Rachid Ghannouchi, Führungsikone der tunesischen Muslimbrüder, erhielt 2012 die Auszeichnung eines der führenden westlichen Thinktanks, den Chatham House Prize, und wurde von der ebenfalls einflussreichen Zeitschrift *Foreign Policy zu einem der* »Top 100 Global Thinkers« des Jahres gewählt.[2]

In der in Tunesien zunehmend chaotischen Situation bildete sich 2013 das sogenannte »Quartett des Nationalen Dialogs«, in dem sich der mächtige Gewerkschaftsbund UGTT, die Arbeitgebervereinigung UTICA, die tunesische Menschenrechtsliga und die Nationale Anwaltsvereinigung zusammenschlossen. Es forderte den Rücktritt der Regierung, die Einrichtung einer Übergangsregierung aus Technokraten, Neuwahlen, die Festlegung eines Termins für die Verabschiedung der neuen Verfassung. Zur Durchsetzung ihrer Forderungen drohte das »Quartett« mit einem Generalstreik – tatsächlich trat die Regierung zurück, ein drohender Bürgerkrieg wurde vermieden. Das »Quartett« erhielt 2015 den Friedensnobelpreis.

Am 26. Januar 2014 verabschiedete das Parlament die neue Verfassung. Sie war ein Kompromiss zwischen den Islamisten und den Säkularen: Die Religion des Landes sollte zwar der Islam sein, die Staatsangehörigkeit aber wird durch Geburt auf tunesischem Territorium erworben. Festgeschrieben wurden die Glaubens- und Religionsfreiheit. Die freie Religionsausübung ist garantiert – eine Sicherung für die wenigen jüdischen und christlichen Tunesier. Gelungen war es *en-nahda* auch nicht, den Islam als Quelle des Rechts im Verfassungstext zu verankern. Vor allem aber sichert die Verfassung eine starke Stellung des Parlaments, die Gewaltenteilung und die Unabhängigkeit der Justiz.[3] Eine besonders starke Stellung soll-

---

2 www.movedemocracy.org/person/rachid-ghannouchi [Abruf: 22.10.2021].

3 Ruf, Werner: Die tunesische Verfassung vom Januar 2014, in: Inamo 77/2014, S. 4-7.

te der Verfassungsgerichtshof erhalten, der allerdings bis heute nicht eingerichtet wurde.

Am 26. Oktober 2014 wurde ein neues Parlament gewählt: Stärkste Partei wurde mit 37,6 % der Stimmen die neu gegründete Nida Tunis, geführt von einem der Granden der Burgiba-Ära, Beji Caid Essebsi. Sie stellte sich vor allem als Bollwerk gegen die Islamisten dar. Diese erhielten – als zweitstärkste Kraft – nur noch 27,8 % und verloren gegenüber den Wahlen 2011 zwanzig Mandate des insgesamt 217 Sitze zählenden Parlaments. Noch schlimmer abgestraft wurden vom Wähler die beiden säkularen Parteien, die der *en-nahda* zur Regierungsfähigkeit verholfen hatten: Die CPR (Kongress für die Republik), die Partei des regierenden Präsidenten Moncef Marzouki, stürzte von 29 auf vier Mandate ab, Ettakatol behielt einen einzigen ihrer vormals 20 Sitze.

Das Hauptproblem Tunesiens wurde die Schuldenlast: Gegenüber dem Jahr 2010 war sie unter der von *en-nahda* geführten Regierung um 73 % gestiegen. Der daraus resultierende Schuldendienst verhindert seither jeden sozialpolitischen Gestaltungsspielraum. Die von *en-nahda* dominierte Regierung hatte auch Verhandlungen über ein »umfassendes und vertieftes Freihandelsabkommen« mit der EU zugestimmt, was die vollständige Unterwerfung unter ein neoliberales Wirtschaftsprogramm zum Ziele hatte.[4] Dank des Widerstands vor allem zivilgesellschaftlicher Organisationen sind diese Verhandlungen bis heute nicht abgeschlossen.

Die Besetzung politischer Positionen, die Ausübung von Abgeordnetenmandaten etc. verkamen schnell zu Schaltstellen von Korruption und Nepotismus. Zeitgleich stiegen Arbeits- und Perspektivlosigkeit: die Hälfte der Hochschulabsolventen ist arbeitslos, etwa die Hälfte der Bevölkerung ist im informellen Sektor tätig, im Süden und Westen des Landes ist Schmuggel zur wichtigsten Einkommensquelle geworden, Streiks und lokale Unruhen nahmen zu.

---

4 Eine erste Bilanz der zu erwartenden Folgen findet sich in: Baumgratz / Chaabane / Ruf / Telkämper (Hg.): Development by Free Trade? / Développement à travers le libre-échange?, Brüssel 2017.

In den Bergen an der tunesisch-algerischen Grenze haben sich Terroristen festgesetzt, die seit Jahren die Bevölkerung drangsalieren und sich immer wieder Gefechte mit der Armee liefern. In den beiden vergangenen Jahren stieg die Zahl der Geflüchteten rasant an, unter ihnen ganze Familien und zunehmend unbegleitete Kinder und Jugendliche.

2021: Ende oder Rettung der Demokratie?

Neuwahlen zum Parlament fanden turnusgemäß am 6. Oktober 2019, die zweite Runde von Präsidentschaftswahlen eine Woche später statt. Kais Saied kandidierte ohne Unterstützung einer Partei und gewann die Stichwahl mit 72,7 %. Er hatte an der Universität Tunis Verfassungsrecht gelehrt, vertrat sehr konservative Positionen etwa zur Todesstrafe und zur Homosexualität, geißelte die Korruption. Er verzichtete auf die ihm zustehende staatliche Wahlkampfhilfe und lehnte Spenden ab. Sein Gegner war Nabil Karoui, korrupter Besitzer des größten privaten TV-Senders und Vorsitzender der populistischen Partei *Qalb Tunis* (Herz Tunesiens), die eng mit *en-nahda* kooperierte.

Bei den Parlamentswahlen am 6. Oktober 2019 hatten sich nur 41 % der Wähler (gegenüber 69 % 2014) registrieren lassen. Die vom verstorbenen Staatspräsidenten Essebsi gegründete Regierungspartei *Nidaa Tunis* (Ruf Tunesiens) stürzte von 86 Sitzen (2014) auf drei ab. Stärkste Fraktion wurde so trotz erheblicher Verluste *en-nahda* mit 52 Sitzen. Dies zeigt: Das Wahlvolk war der Parteien überdrüssig. Der Parlamentarismus mit seinen Winkelzügen, der Korruption vieler Abgeordneter, den nicht erfolglosen Versuchen der *en-nahda*, unter Wahrung demokratischer Formalismen einen von ihr gelenkten Staat im Staate aufzubauen (s. u.) haben zum Verlust des Vertrauens in demokratische Strukturen und Prozeduren geführt.

Hier nur zwei Beispiele (viele könnten genannt werden), die illustrieren, wie der von *en-nahda* durchsetzte Staatsapparat (nicht mehr) funktionierte:

- Der islamistische Fernsehsender *Zitouna-TV* und der Rund-
  funksender *Radio Quran* wurden 2012 eingerichtet. 2014 – und
  immer wieder in den Folgejahren – ordnete die Behörde für
  die Überwachung der audiovisuellen Medien ihre Schließung
  an, weil die Sender nicht bereit waren, ihre Finanzquellen of-
  fenzulegen, wozu sie gesetzlich verpflichtet sind. Der Verdacht
  bestand, dass die Sender vom Ausland finanziert wurden, was
  verboten ist. Die seit über sieben Jahren fällige Schließung und
  die Beschlagnahme der Ausrüstung erfolgte nun im Rahmen
  der von Saied nach dem 25. August 2021 angeordneten Maßnahmen.[5]
- Ein Prozess zur Aufklärung der Morde an Chokri Belaid und
  Mohamed Brahmi wurde acht Jahre nach den Anschlägen noch
  immer nicht eröffnet. Das Anwaltskollektiv, das die Interessen
  der beiden Politiker vertritt, warf dem »Global Thinker« Ghannouchi Verwicklung in die Morde und Gefährdung der nationalen Sicherheit vor.[6] Unmittelbar nach den Maßnahmen Saieds
  vom 15. Juli 2021 wurde der Oberstaatsanwalt des Gerichts von
  Tunis, Akremi, unter Hausarrest gestellt.[7] Ihm wird vorgeworfen, die Akten manipuliert, eine Anklage systematisch verschleppt und die Struktur einer Geheimzelle von *en-nahda* im
  Innenministerium kaschiert zu haben.

Hinzu kommen tiefgehende Krisenerscheinungen: Spürbar werden
nun die in den ersten Jahren nach der Erhebung von 2011 von der
en-nahda beherrschten Regierung geförderte Eingliederung Tunesiens in die neoliberale Weltwirtschaft, die Versorgung vieler ihrer
Anhänger mit Posten im öffentlichen Dienst, die dramatisch ge-

---

5   Vgl. ausführlich: Tunisie: Zitouna TV, La vraie histoire d'une chaîne hors-la-
    loi, 7.10.2021, kapitalis.com.

6   Affaire Akremi: Le Comité de défense des martyrs Belaïd et Brahmi publie
    une nouvelle partie du rapport d'inspection, businessnews.com.tn, 24.7.2021.

7   Béchir Akremi en résidence surveillée: un pas décisif dans l'éclatement de
    la vérité sur les assassinats politiques et l'organisation secrète, leaders.com,
    31.7.2021.

wachsenen Auslandsschulden, die wachsende Zahl von Menschen, die nur noch in der Flucht eine Perspektive sehen, und nicht zuletzt die Corona-Pandemie, die bis Mitte Oktober 2021 über 710.000 Infektionen erreichte und mehr als 25.000 Todesopfer forderte.[8] Folge dieser kumulativen Krise ist die Vernichtung der Mittelschicht – jener Schicht, auf der die tunesische Spezifizität einer bildungsbürgerlichen Gesellschaft aufsattelte.

Ihren vorläufigen politischen Hintergrund fand die Krise, als Präsident Saied sich weigerte, mehrere Minister einer neu zu bildenden Regierung zu ernennen, weil sie unter Korruptionsverdacht standen, 64 der 217 Parlamentsabgeordneten hatten Probleme mit der Justiz. Gegen mehrere von ihnen wurde bereits ein Ausreiseverbot erlassen. Im Lande selbst kam es immer öfter zu teilweise gewaltförmigen Protesten gegen die Regierung. Sie thematisierten vor allem die (verbotene) Finanzierung der *en-nahda* durch das Ausland und das offenbar beträchtliche Vermögen der charismatischen Ikone der Partei, Rached Ghannouchi, der mit den Stimmen seiner Partei und zweier weiterer islamistischer Parteien zum Parlamentspräsidenten gewählt worden war.

In dieser immer chaotischer werdenden Situation berief sich Präsident Saied am Abend des 25. Juli auf Art. 80 der Verfassung und beanspruchte für sich eine umfassende exekutive Kompetenz. Art. 80 der Verfassung lautet (in Auszügen):

»Im Falle einer unmittelbaren Gefahr für die Existenz des Vaterlandes und die Sicherheit oder die Unabhängigkeit des Staates, die die normale Arbeitsweise der staatlichen Institutionen unmöglich macht, kann der Präsident der Republik nach Konsultation des Regierungschefs und des Präsidenten der Abgeordnetenkammer sowie Unterrichtung des Präsidenten des Verfassungsgerichts alle Maßnahmen ergreifen, die die außergewöhnlichen Umstände erfordern. … Ziel dieser Maßnahmen soll es sein, so rasch wie möglich die Rückkehr zur normalen Arbeitsweise der staatlichen Institutionen

---

8   Pressespiegel der dt. Botschaft, 11.10.2021.

und Dienstleistungen zu gewährleisten. Während dieses Zeitraums wird davon ausgegangen, dass sich die Abgeordnetenkammer in ständiger Sitzung befindet. In diesem Falle kann der Präsident der Republik die Abgeordnetenkammer nicht auflösen ...«[9]

Saied hat im klaren Widerspruch zu Art. 80, auf den er sich berief, das Parlament suspendiert, den Abgeordneten und dem Parlamentspräsidenten den Zugang zum Parlamentsgebäude, das vom Militär blockiert ist, untersagt, die Regierung aufgelöst und den Regierungschef unter Hausarrest gestellt.

En-nahda-Chef und Parlamentspräsident Ghannouchi bezeichnete die Maßnahmen des Präsidenten umgehend als Putsch. Im Land bejubelte die Bevölkerung die Entscheidung Saieds, Parteibüros von *en-nahda* wurden gestürmt, teilweise angezündet, Blitzumfragen ergaben weit über 80 % Zustimmung für Saieds Entscheidung.[10] Somit ist die Frage, ob Saieds Maßnahmen nicht den längst erfolgten Aufbau einer parallelen Staatlichkeit beendete, die die Islamisten in den vergangenen Jahren systematisch durchgeführt hatten, einer Staatlichkeit, die unter dem Deckmantel der Verfassung sich auf ein Netzwerk aus Nepotismus, Klientelismus, Korruption und ausländischer Finanzierung stützte. Dabei hatten die Islamisten vor allem das Innenministerium und die Justiz weitgehend unter ihre Kontrolle und bei Regierungsbildungen von ihnen abhängige und kontrollierbare Personen in entscheidende Positionen gebracht. *En-nahda* scheute sich auch nicht, einer US-amerikanischen PR-Firma vier Tage nach den Maßnahmen Saieds einen PR-Auftrag für Werbung für die Partei zu geben. Da diese Auftragsvergabe gegen einschlägige tunesische Gesetze verstieß, wurden am 25. Oktober 2021 die Büros der Partei durchsucht.[11]

---

9 Dt. Übersetzung: PDF auf der Website der Konrad-Adenauer-Stiftung, kas. de [Abruf: 23.10.2021]

10 Die Ergebnisse verschiedener weitestgehend gleichlautender Umfragen s. im Pressespiegel der dt. Botschaft in den Folgetagen.

11 Der Vertrag wurde am 3. August 2021 auf der Website der US-amerikanischen Justizministeriums publik gemacht.

Der Aufbau solcher parallelen Strukturen könnte durchaus auch als schleichender Putsch bezeichnet werden. Wo also liegt die Legitimität? Der Politologe Mohamed Kerrou[12] argumentiert deshalb unter Berufung auf die Klassiker der Philosophie seit Aristoteles mit der »präsidentiellen Tugend« Saieds, die die Volkssouveränität gegenüber der »islamistischen Mittelmäßigkeit« wieder hergestellt habe. Er wendet sich gegen eine rein technische Interpretation der Verfassung, die die Frage der Legitimität nicht mehr stellt. Das Dilemma: Die buchstabengetreue Befolgung einer Verfassung, die längst von politischen Interessen ausgehöhlt und deformiert worden ist, steht der Artikulation der Volkssouveränität gegenüber, die offensichtlich hinter dem Präsidenten steht. Kerrou unterstreicht: »Die Partei, die nun plötzlich von der legislativen und Regierungsmacht entfernt wurde, also *en-nahda*, schreit nun »Staatsstreich«, während sie die Macht zugunsten ihrer engen Kreise an sich gerissen hatte, die Gesetze mit Füßen trat und sich direkt im Staatshaushalt bediente.« Unter Verweis auf Rousseau und die *volonté générale* sieht Kerrou in Saied deren Vollstrecker, der gewissermaßen als demokratisch legitimierter Volkstribun auftritt. Somit spitzt sich die Debatte auf die komplizierte Frage zu: Ist die Rettung der Demokratie vor totalitärer Machtübernahme in scheinbar konstitutionellem Rahmen mit Hilfe autoritärer, formal durch die Verfassung nicht gedeckter Mittel legitim?

Wie weiter?

Längst hängt die Souveränität Tunesiens an der Garderobe der internationalen Finanzinstitutionen. Fast täglich zählt die Presse die Tage, für die noch ausreichend Devisen für lebenswichtige Importe vorhanden sind.

Die Priorität der *en-nahda* lag während ihrer Regierungszeit auf der Islamisierung der Gesellschaft und der Sicherung ihrer

---

12 Mohamed Kerrou: Kais Saied ou la revanche légitime de l'État et de la société, leaders.com.tn, 28.7.2021.

Pfründen, ihre grundsätzlich neoliberale Wirtschaftspolitik kam
den westlichen Interessen entgegen und öffnete die Tür für die Verhandlungen über die beabsichtigte Freihandelszone. Waren dies die
Gründe für die von *Foreign Policy* und Chatham House verliehenen
Preise? Auch näherte sich Tunesien der NATO an: In der Presse gibt
es immer wieder Spekulationen über den Aufbau eines US-Stütz-
punktes im Süden des Landes, im Mai 2021 führte die NATO unter
dem US-amerikanischen *African Command* ein Manöver im Mittelmeer durch.[13] Es ist sicher auch kein Zufall, dass eilends nach Tunis
gereiste Abgeordnete des US-Kongresses gleich nach dem 25. Juli
2021 die schnelle Rückkehr Tunesiens zur verfassungsmäßigen Legalität forderten.[14] Das Europaparlament verabschiedete mit großer
Mehrheit eine entsprechende Resolution,[15] und die Rating-Agentu-
ren Standard & Poor, Moodys und Fitch stuften die Kreditwürdig-
keit Tunesiens von B3 auf Caa1 herunter, d. h. »erhöhtes Risiko für
die Rückzahlung von Schulden«. Die Aufnahme neuer Kredite auf
dem internationalen Kapitalmarkt dürfte mit diesen Einstufungen
unmöglich geworden sein. Dieses internationale Konzert entspringt
also wohl weniger der Sorge des Westens um den Erhalt einer Demokratie ohne Legitimität als vielmehr der Zementierung der neoliberalen (Ausbeutungs-)Ordnung auch in dem kleinen Land Tunesien. Der Ruf nach Rückkehr zur verfassungskonformen Legalität
entpuppt sich als Aktion zur Unterstützung eines für auswärtige
ökonomische Interessen attraktiven Partners. Oder, um es mit den
Worten der einstigen Kanzlerin Merkel zu formulieren: Es geht wohl
um die Rettung einer »marktkonformen Demokratie«.

---

13 U.S. Naval Forces Europe-Africa Public Affairs: Exercise Phoenix Express
    2021 holds opening ceremony in Tunisia, www.africom.mil (Website United
    States Africa Command), 19.5.2021.

14 Le congrès américain hausse le ton et critique la politique de Kaïs Saïed,
    businessnews.com.tn, 14.10.2021.

15 Das EP forderte mit großer Mehrheit die Rückkehr zur verfassungsmäßigen
    Ordnung und gab auch seiner Sorge über ausländische Einmischung Aus-
    druck – als ob diese Resolution nicht gerade eine ausländische Einmischung
    wäre, vgl. www.tunesienexplorer.de, 21.10.2021.

Dieter Boris

Politische Pendelbewegungen in Lateinamerika

Reflexionen zu möglichen Hintergründen

1.

Kaum hatte man sich auf das Ende des sog. »progressiven Zyklus« (von ca. 2000 bis 2015) in der Politik Lateinamerikas und auf die darauf offenbar folgende Rechtswende in einigen Ländern des Subkontinents (Argentinien, Brasilien, Ekuador etc.) eingestellt, da erschütterten im letzten Drittel des Jahres 2019 heftige Massenbewegungen, durch die auf rechte Regimes linke folgten, diesen Eindruck. Mit der Rückkehr der linken MAS (»Bewegung zum Sozialismus«) an die Regierung in Bolivien durch einen deutlichen Wahlsieg 2020, einer – wenn auch knappen – Wahl eines linken Präsidenten in Peru (2021), einem klaren Sieg der progressiven Kräfte in der Verfassungsgebenden Versammlung in Chile (2020/21) sowie einer gestärkten fortschrittlichen Oppositionsbewegung in Kolumbien, Brasilien und anderswo wird schon von einer »zweiten Linkswende« (Zeitschrift: *Nueva Sociedad*) gegen Ende des Jahres 2021 gesprochen.

Die Anlässe, Formen und historischen, länderspezifischen Kontexte dieser abermaligen Pendelausschläge weisen eine erhebliche Varianz auf. Sicherlich gibt es für diese Bewegungen auf der politischen Bühne auch ähnliche tiefer liegende Hintergründe. Die Verselbständigung und Abgehobenheit der herrschenden politischen, teilweise wirtschaftlichen »Eliten« in Verbindung mit Dauerkorruption seitens dieser, die wachsende soziale Ungleichheit und Armutsverschärfung – im Kontext einer seit einigen Jahren wieder eingetretenen ökonomischen Schwächeperiode in vielen Ländern – sind als solche anzusehen.[1] Damit sind aber weder die relative Gleichzeitigkeit dieser Prozesse (bei einzelnen Ausnahmen), noch die Pendelausschläge in entgegen gesetzter Richtung zu erklären.

2.

Wie kann man diese – zum Teil gegenläufigen – Vorgänge ansatzweise erklären, einordnen, eventuell ähnliche Hintergründe und Muster ausmachen? Oder anders formuliert: Lässt sich unter Umständen eine hintergründige »Logik« dieser beständigen, sich möglicherweise zeitlich verkürzenden Pendelausschläge ausmachen? Dies scheint zunächst aufgrund der Vielzahl der Länder, der Spezifik der jeweiligen Ereignisse sowie der jeweils historisch singulären Ausgangsbedingungen kaum möglich zu sein. Es liegt auf der Hand, dass bloße Ablaufschilderungen von Konflikten sowie der Rekurs auf angeblich anthropologische oder sozialpsychologische Konstanten nicht weiterhelfen. Auch übliche Erklärungsansätze, wie ökonomischer Rückfall/Stagnation oder besonders intensive externe Beeinflussung/Intervention etc. sind entweder nicht zutreffend oder für sich genommen noch nicht als überzeugende Ursache anzusehen. Aber auch hohes Wachstum, eine gewisse Armutsreduktion (im statistischen Sinne) und eine deutliche Pro-Kopf-Einkommenserhöhung sowie eine daraus folgende gewisse Konsumsteigerung scheinen kein genereller Grund für gesellschaftliche Zufriedenheit und politische Stabilität zu sein.

In Bolivien z. B. ist der Aufschwung einer rechten Protestbewegung, der 2019 zum Rechtsputsch führte, kaum auf gravierende ökonomische Schwächen oder einen nicht vorhandenen »sozialen Ausgleich« während der über 13 Jahre währenden Regierungszeit von Evo Morales zurückzuführen.

---

1   Für einen Überblick zu den gegenwärtigen Konfliktkonstellationen zwischen Protestbewegungen und dem jeweiligen politischen System vgl. Murillo, Maria Victoria: Protestas, descontento y democracia en América Latina, in: Nueva Sociedad, No. 294 (julio-agosto), 2021.

Auch die notorischen Hinweise auf die Eingriffsmacht äußerer Kräfte und Interessenten (vor allem der USA, aber auch anderer Länder) in die inneren Konfliktlagen jeweiliger Länder Lateinamerikas sowie auf die einheimischen herrschenden Klassen, die natürlich stets – nach gewissem Einflussverlust durch das Aufkommen der Linksregierungen – bereit sind, verloren gegangenes Terrain auf allen möglichen Wegen wieder zurückzugewinnen, können als entscheidende oder gar ausschließliche Erklärungsfaktoren für Umstürze, grundlegende Veränderungen oder gar die beständigen Pendelausschläge zwischen »rechts« und »links« während der letzten 60 Jahre in Lateinamerika nicht voll überzeugen. Denn diese beiden Faktoren waren gewiss auch in der Aufstiegsphase und Regierungszeit der Linksregierungen präsent, ohne eine ausschlaggebende Rolle spielen zu können. Ohne deutliche Veränderung der internen Kräfteverhältnisse ist m. E. eine durchschlagende Wirksamkeit imperialistischer Einflussnahme kaum zureichend plausibel – es sei denn, es handelt sich um eine militärische Intervention und Besetzung.

3.

Es müssen also andere, wesentlich interne Dimensionen und Veränderungen zumindest mit herangezogen werden, um solche Umschwünge, die auf verschobene Kräfteverhältnisse verweisen, besser erklären zu können. Dabei sind unterschiedliche Zeitschichten – je nach ihrer Dauer – mit ihren je spezifischen, inhaltlichen Feldern zunächst einzeln und dann in ihrem Zusammenhang zu betrachten. Erst durch Beachtung des Zusammenfließens dieser langfristigen, mittelfristigen und kurzfristigen Tendenzen / Ereignisse in bestimmten Konstellationen kann man sich besseren Erklärungen nähern.

Als langfristiges Element, das seit vielen Jahrzehnten (und länger) »gewachsen« ist, kann die »politische Kultur« eines Landes genannt werden. Diese diffuse, klassen- und generationenübergreifende Dimension, die politisches wie alltägliches Handeln (formelle und informelle Regeln) umfasst, enthält landesübliche Traditionen, Erinnerungen, Gewohnheiten, Sprichworte, Redensarten, Lieder, Diskurse, »Erzählungen« und Weltdeutungen. Elemente der politischen Kultur können einerseits als Bindemittel, Erleichterung oder Ausprägung des Lebensstils fungieren, andererseits, wenn sie in einem deutlich schädlichen Ausmaß und von bestimmten Gruppen der Gesellschaft »praktiziert« oder »ausgelebt« werden, können sie auch als Bedrohung und zu bekämpfendes Übel empfunden werden. In dieser ständigen Ambivalenz muss die große Spannbreite der Elemente der politischen Kultur gesehen werden. In welchem Sinne das eine oder andere eintritt, hängt von vielen Faktoren bestimmter Situationen ab sowie auch davon, wer sich dieser oder jener Elemente der politischen Kultur bedient.[2]

Eine eher mittelfristige Entwicklungstendenz ist – *erstens* – die zu einer größeren sozio-ökonomischen Ungleichheit, die allerdings sich gleichermaßen in anderen Lebens- und Gesellschaftsdimensionen, wie Gesundheits- oder Bildungswesen, Wohnbedingungen etc. fast analog reproduziert und damit auch in vielfacher Hinsicht auf Dauer stellt. Zusätzlich werden die Ungleichheiten je nach ethnischen und genderspezifischen Zugehörigkeiten auf den jeweiligen Stufen potenziert. Diese zweifellos sehr weit zurückreichende

---

2   Vgl. hierzu Näheres bei: Dieter Boris: Politische Kultur in Lateinamerika. Hintergründe, Wirkungen und Perspektiven, Supplement zu Heft 7-8/ 2019 der Zeitschrift »Sozialismus«, Hamburg 2019; zu dieser unterschiedlichen Bewertung und Sanktionierung gleicher Handlungen von Rechts- und Linksregierungen: J.C. Monedero: »They (d.h. Linksregierungen, D. B.) need to avoid the temptation to use the same channels that conservative governments might establish – for example, networks of corruption, or the criminal-coercive forces of the deep state – not only because this would morally discredit their project, but because the other necessary institutions that might tacitly support conservative corruption and coercion, such as courts, the legislature and the media, will not be in place.«(Juan Carlos Monedero: State Theory and the Latin America's Left Cycle, in: New Left Review, No. 120 (Nov.-Dec.2019).

Tendenz[3] ist durch die Einführung neoliberaler Wirtschaftsprin-
zipien seit den 1970 und 80er Jahren und den Abbau der (ohnehin
geringen) sozialstaatlichen Elemente voll zum Tragen gekommen.
In fast allen Ländern Lateinamerikas hat sich der die Ungleichheit
messende Gini-Koeffizient bis zu Beginn der Mitte-Links-Regie-
rungen erhöht, auch wenn in manchen Fällen aufgrund zeitweiser
hoher Wachstumsraten die Armutsquote sich verringerte.[4]

    Seit Beginn der 2000er Jahre, mit dem Aufkommen unter-
schiedlicher Linksregierungen, kam es zu leichten Verbesserungen der Lage der Unterschichten und von Teilen der Mittelschichten; sogar die extreme Ungleichheit konnte etwas zurückgefahren
werden. Eine spezifische Sozialpolitik, gesetzliche Maßnahmen in
Bezug auf gewerkschaftliche Rechte sowie die Erhöhung der Mini-
mallöhne waren dafür ebenso wichtige Grundlagen wie die günstige Weltmarktkonjunktur für fast alle Rohstoffe. Seit 2014/15 wurde der Umschwung in der Weltmarktkonjunktur immer deutlicher
und auch die Binnenmarktentwicklung zeigte sich rückläufig. Das
begünstigte zweifellos die allmähliche Rückkehr neoliberal-kon-
servativer Regierungen (z. B. in Argentinien, Brasilien), wenn-
gleich es sehr verkürzt wäre, diese Wende nach rechts ausschließlich hierauf zurückzuführen. Die Verbesserungen der Lebenslage
für die untere Hälfte (und mehr) der Bevölkerungen während der
vorangegangen Jahre verflüchtigten sich relativ schnell.

---

3   Die hohe sozio-ökonomische Ungleichheit als solche ist freilich ein seit
    der Kolonialzeit dominantes Charakteristikum lateinamerikanischer Ge-
    sellschaften; es soll hier als »mittelfristig« deshalb bezeichnet werden,
    weil die historische Möglichkeit differierender Wirtschafts- und Sozial-
    politik nicht ausgeschlossen werden soll. Zudem ist hier der Aspekt der
    deutlichen Vergrößerung von sozialer Ungleichheit besonders zu akzen-
    tuieren.

4   Vgl. hierzu den Überblicksartikel von Ingrid Wehr: Zur problematischen
    Koexistenz von Demokratie und eklatanter Ungleichheit in Lateiname-
    rika, in: Dies./ H. J. Burchardt: Soziale Ungleichheiten in Lateinamerika.
    Neue Perspektiven auf Wirtschaft, Politik und Umwelt, Baden-Baden
    2011; auch weitere Artikel in diesem Band.

Damit parallel lief *zweitens* – ebenfalls mittelfristig – ein Prozess
der relativen Verselbständigung der herrschenden Parteien und des
politischen Systems durch Bürokratisierung, Korruption, Klientelismus etc. Dies führte in vielen Fällen zu einem erheblichen An-
sehensverlust beider. Während die Demokratie im Allgemeinen ein
großes Ansehen im Massenbewusstsein genoss, wurde ihre konkrete Form im eigenen Land geringgeschätzt. Auf der Prestigeskala
unterschiedlicher Institutionen (z. B. auch Kirche, Militär, Medien
etc.) rutschten die Parteien auf einen unteren Rang ab. Eine Ursache
dafür ist darin zu suchen, dass sie in vielen Ländern Lateinamerikas
mehr der Bildung von Netzwerken zwecks Erzielung ökonomischer
Vorteile für Führungspersonen dienten als der Durchsetzung in-
haltlicher Programme. Deshalb ist ihre Verankerung in bestimmten
sozialen Milieus oder Schichten weniger dauerhaft als beispielsweise
in Europa, obwohl auch dort sich diese früher engere Beziehung in
den letzten Jahren gelockert hat.

Damit wiederum hängt eine *dritte* mittelfristige Tendenz zusammen,
die gewissermaßen in diesem Vakuum, das das politische System
hinterlassen hat, zunehmend als rettende Instanz und Hoffnungsträ-
ger wahrgenommen wurde: die Rückkehr des Militärs in die Politik,
obwohl dieses vor dreißig oder vierzig Jahren einen völlig konträren
Eindruck als brutal-repressive, willkürlich und politisch unfähige
handelnde Instanz hervorgerufen hatte. Dass dies sich offenbar ändern konnte, ist sicher zum einen auf den inzwischen vollzogenen
Generationswechsel und die damit verbundenen Erinnerungsrück-
gänge, zum anderen auf die Starrheit und Ineffizienz des politischen
Systems zurückzuführen. Letzteres kann in den meisten Ländern Lateinamerikas darin gesehen werden, dass die durchaus unterschiedlichen Regierungen der wachsenden Kriminalität, der alltäglichen
Gewalt, dem organisierten Verbrechen (Drogen-, Waffen-, Organ-
handel etc.), der um sich greifenden Straflosigkeit und wachsenden
Korruption nicht Herr werden können. Da die Fälle sich häuften,
die zeigten, dass Teile des politischen Systems bzw. verschiedene

Gruppen von Politikern (Abgeordnete, wie Regierungsmitglieder) in diese entsprechenden Netzwerke verstrickt waren (also keineswegs bloße Inkompetenz eine Rolle spielte), hat das Vertrauen der Bevölkerung in diese Instanzen besonders abgenommen.[5] Infolgedessen nimmt in nicht wenigen Ländern das Militär – gelegentlich oder dauerhaft – teil an der Sicherung der öffentlichen Ordnung. Weil die Polizei im Allgemeinen ein ebenso negatives Image besitzt wie die Parteien, gewinnt die Armee an Zustimmung von großen Teilen der Bevölkerungen sogar in jenen Ländern, in denen in den siebziger/achtziger Jahren des vergangenen Jahrhunderts noch Militärdiktaturen herrschten (!). Damit ist häufig der Weg zur Rückkehr der Streitkräfte – als »Kooperationspartner« der Politiker – auch auf andere Felder der politischen Bühne geebnet.

Eine weitere politikwirksame, mittelfristige Tendenz kann – *viertens* – im raschen Wachstum evangelikaler Gruppierungen in vielen Ländern Lateinamerikas seit Mitte der 80er Jahre gesehen werden. Besonders die immer bedeutender werdende Strömung der »Pfingstkirche« mit ihrer Proklamation einer »Theologie der Prosperität«, welche durch eine sittsame und sparsame Lebensführung für alle erreichbar sei, hat sich in popularen Milieus und Schichten der Unterklassen stark verbreiten können; eine relativ hohe Autonomie der verstreuten und dezentralen »Glaubensgemeinschaften«, die Abwesenheit einer kirchlichen Hierarchie und von »professionellen« »Priestern« (zu welchen im Prinzip jeder Gläubige aufsteigen kann) haben sicherlich diesen Aufstieg begünstigt. Auch der von Rom forcierte Rückzug der basisnahen »Theologie der Befreiung« hat Räume eröffnet, in die die evangelikalen Gruppierungen hineinstoßen konnten. Zumal diese sich keineswegs auf religiöse Unterweisung und Akte beschränkten, sondern z. B. bei Erziehungshilfen, Bildung lokaler Sportgruppen, gegenseitigen Hilfszusammenhängen im Alltag und kulturellen Ak-

---

5 Vgl. Kurtenbach, Sabine / Scharpf, Adam: Das Militär kehrt zurück, Giga-Focus, Nr. 7, Dez. 2018 sowie Diamint, Rut: ¿Quién custodia a los custodios?, in: Nueva Sociedad, No. 278, nov.-dic. 2018.

tivitäten (z. B. Musik) die Initiative ergriffen. Dies hat natürlich wesentlich zur Popularität der evangelikalen Botschaft bei nicht wenigen Segmenten der Unterschichten und in den sog. Elendsvierteln beigetragen. Die Tatsache, dass evangelikale Gruppen sich auch in gewissem Umfang differenzieren und einige bereit sind, sich in der Politik pragmatisch bis opportunistisch zu verhalten, kann über ihre grundsätzlich konservative und mit der neoliberalen Ideologie kompatible Orientierung keineswegs hinwegtäuschen.[6]

Nicht zuletzt sind auch – *fünftens* – einige sozialstrukturelle Veränderungen während der letzten beiden Jahrzehnte als mittelfristige Tendenz in Augenschein zu nehmen. Während die obersten 10 Prozent (am meisten das erste Prozent an der Spitze!) ihre exklusive Position noch ausbauen konnten (was sich u. a. auch sichtbar in der Zunahme ihrer präferierten Wohnanlagen, z. B. der »gated communities« ausdrückte), die ärmsten 30 bis 40 % ihre Einkommensposition leicht verbessern konnten, waren erhebliche Teile der traditionellen und auch der »neuen Mittelschichten« in der Lage – gegenüber der mehrjährigen Rezessionsperiode um die Jahrhundertwende – sich wieder zu restabilisieren. Das war nicht zuletzt durch die günstige Binnenmarktentwicklung (durch Erhöhung der Massenkaufkraft) sowie durch vermehrte Staatseinnahmen auf der Basis stark gestiegener Exporterlöse (infolge der Weltmarktkonjunktur und der gestiegenen Rohstoffpreise) möglich geworden. Das änderte sich mit der lange anhaltenden Schwächeperiode der Wirtschaft in fast allen Ländern seit 2014/15 bis heute.

Allerdings haben verschiedene, auch andere Faktoren dazu beigetragen, dass bei den veränderten Kräfteverhältnissen und entsprechend günstigen Wahlausgängen für konservative und neoliberale

---

6   Vgl. hierzu Semán, Pablo: ¿Quiénes son? ¿Por qué crecen? ¿En qué creen? Pentecostalismo y política en América Latina, in: Nueva Sociedad, No. 280, marzo-abril 2019 sowie Zaitchik, Alexander / Lord, Christopher: Mit der Bibel für Bolsonaro. Die Macht der brasilianischen Pfingstkirchen, in: Blätter für deutsche und internationale Politik, Heft 5/2019.

Parteien (seit ca. 15 Jahren!) Teile der Mittelschichten ihre notorische Schwankungs- und Wechselbereitschaft »demonstrierten« (sogar im wörtlichen Sinne). Während die »traditionellen Mittelschichten« (v. a. kleine Selbständige im Handel, Transport, Produktion etc. sowie selbständige »Professionale«) ihre überwiegend konservative Grundhaltung wieder offen und artikulationsstark im Klima veränderter Kräfteverhältnisse zeigen konnten und wollten (z. B. keine Wahlenthaltung mehr, sondern Wahl konservativer und / oder rechter Alternativen), trugen auch kleine Teile der neuen, teilweise gerade aufgestiegenen abhängig arbeitenden Mittelschichten (wenn auch in geringerem Maße) zu diesen Wahlergebnissen bei. Eine Grundmotivation scheint gewesen zu sein, dass der soziale Aufstieg noch prekär war (und abgesichert werden müsse) oder dass der Mittelstand vor Umverteilungsabsichten linker Regierungen am ehesten von konservativen Regierungen geschützt werden könne. Sie vermuteten zu Recht, dass bei knapper werdenden Ressourcen konservative Regierungen u. a. bei den Armen und nicht bei ihnen sparen würden. In Brasilien zum Beispiel meinte der vorgebliche Kampf »gegen Korruption« 2013/14 und in den folgenden Jahren in Wirklichkeit vor allem die als überflüssig empfundenen Sozialprogramme der PT (»Partei der Arbeiter«) für die Unterschichten. Die Vehemenz des Einsatzes insbesondere der traditionellen Mittelschichten im Kampf gegen die (selbst gemäßigten) Linksregierungen resultierte auch daher, dass diese infolge der Einkommensverbesserungen und Erhöhung der Konsummöglichkeiten für die unter Hälfte der Bevölkerung ihre Exklusivposition (in Bezug auf Urlaubsorte, Reisemöglichkeiten, Restaurants etc.) bedroht sahen. »Vormals Ausgeschlossene waren auf einmal in Einkaufszentren oder auch in Billigflügen anzutreffen. Traditionelle Mittelschichten kritisierten Mode und Habitus der Aufsteigerinnen, die den Orten ihre Exklusivität rauben würden. Außerdem verteuerte die Erhöhung des Mindestlohns viele Dienstleistungen – z. B. Hausangestellte, Kellnerinnen oder auch das Sicherheitspersonal … Aufgrund des verbesserten Zugangs zu Universitäten erhöhte sich aber die Konkurrenz um die relativ raren Jobs der Mittelschichten. Einerseits schürte das Abstiegsängste und Ressentiments bei den traditionellen Mittelschichten: Das meritokratische Versprechen, durch Leistung und Ausbildung sozialen Status zu erreichen, scheint durch Quotenregelungen gefährdet ... Aber auch die sozialen Aufsteigerinnen spüren eine ›gläserne Decke‹, da es oftmals nicht gelingt, durch verbesserte Ausbildung auch tatsächlich beruflich in die Sphären der traditionellen Mittelschichten aufzusteigen.«[7]

Als eher kurzfristige Ereignisse einzustufen sind bestimmte Regierungsmaßnahmen, wie z. B. Preiserhöhungen, Skandalaufdeckungen, Wahlausgänge, Justizentscheidungen[8] etc., die in bestimmten Fällen zu einer geballten Empörung oder Wutäußerung führen, die sich vor dem Hintergrund kumulativer Tendenzen mittelfristiger Natur zu dauerhaften Massenprotesten – mit unbekanntem Ausgang – steigern können. Dies war die Konstellation in vielen Ländern Lateinamerikas in den letzten Jahren, in denen es zu einer Pendelbewegung zwischen rechts und links (und umgekehrt) gekommen ist. Dabei erlangen in den jeweiligen betroffenen Ländern differierende Schwerpunkte bezüglich der mittel- und langfristigen Faktoren ein unterschiedliches Gewicht. Dies kann an den Beispielen von Bolivien, Chile, teilweise auch Brasilien, Ekuador in der letzten Zeit exemplifiziert werden;[9] auch Kolumbien und Peru

7   Leubolt, Bernhard: »Busbahnhof, Flughafen und Fußball-WM: Neue Proteste in Brasilien, in: Zukunft. Die Diskussionszeitschrift für Politik, Gesellschaft und Kultur 7&8, 2016.

8   Als »lawfare« wird seit einiger Zeit auch in Lateinamerika die vom herrschenden System praktizierte Instrumentalisierung von Recht und Rechtsauslegung bezeichnet, welche ausschließlich gegen linke Regierungen gerichtet war und bis zu »institutionellen Amtsenthebungen« geführt hat, wie in Honduras (2009), in Paraguay (2012) sowie in Brasilien (2016). Hier ist eine strenge Unterscheidung zwischen »mittelfristig« und »kurzfristig« schwer vorzunehmen. Vgl. hierzu auch: König, Otto / Detje, Richard: »Lawfare« – nicht konventionelle Kriegsführung in Lateinamerika, in: Kommentare und Analysen der Zeitschrift »Sozialismus« vom 24.12.2019.

9   Dies ist anderswo geschehen, vgl. Boris, Dieter: Rechts- und Linkstendenzen in Lateinamerika, in: Eser, Patrick / Witthaus, Jan-Henrik (Hg.): Rechts-

könnten aufgrund der politischen Tendenzen während der letzten beiden Jahre als Beispiele sich anbahnender, tief greifender Pendelbewegungen herangezogen werde.[10]

4.

Zusammenfassend lässt sich sagen:

Manche Beispielfälle für Rechts- und Linkstendenzen in Lateinamerikas Geschichte der letzten Jahrzehnte könnte man als »normales« demokratisches Wechselspiel zwischen Regierung und Opposition ansehen. Dies mag gelegentlich auch der Fall sein; doch sind manche – tiefer liegende – Umschwünge im gesamtpolitischen Klima und in Bezug auf Fortschritt, Rückschritt und Stagnation auf diese Weise nicht befriedigend zu erklären. Es kann z. B. kein bloßer Zufall oder Folge einer externen Einwirkung sein, wenn es ökonomisch, gesellschaftlich, institutionell und bewusstseinsmäßig nur geringe Fortentwicklungen gibt, gleichgültig welcher Schattierung eine gewählte Regierung sein mag. Es sind daher neben den kurzfristigen und teilweise oberflächlichen Ereignisketten mittel- und längerfristig wirksame Tendenzen und Strukturen für befriedigende Erklärungen von politischen Pendelbewegungen heranzuziehen.

Ein Grundmuster zugespitzter Konflikte, die zu Veränderungen führen können, ist relativ leicht durchschaubar. Fast immer geht es darum, dass eine kleine ökonomische und politische Herrschaftsgruppe ihre immer krassere und abgehobenere Dominanzposition verteidigen möchte, während eine breite subordinierte, in sich heterogene Masse, die aber in unterschiedlichem Ausmaß der herrschenden Ausbeutung, Fremdbestimmung und sozialen Polarisierung ausgesetzt ist, in bestimmten Situationen zu weit gehenden, gemeinsamen Gegenaktionen in der Lage ist; so wie es seit 2019 –

wende in Lateinamerika. Politische Pendelbewegungen, sozio-ökonomische Umbrüche und kulturelle Imaginarien in Geschichte und Gegenwart, Wien 2020.

10 Zu Kolumbien vgl. die Schwerpunktnummer der ila. Das Lateinamerika-Magazin, Nr. 448 (Sept. 2021).

nach langen Jahren relativ oberflächlicher Wechsel – in Chile der Fall zu sein scheint.[11] Möglicherweise bahnt sich parallel dazu eine ähnliche Konstellation in Kolumbien und Peru an.

Ein anderes Grundmuster besteht darin, dass eine ebenso ökonomisch wie teilweise politisch mächtige Herrschaftsgruppe zeitweise durch eine demokratisch gewählte Linksregierung von den obersten (politischen) Schalthebeln verdrängt worden ist, dabei teils realiter, teils eingebildete Privilegienverluste hinnehmen musste und nun – eine Schwächephase der Linksregierung ausnutzend – zur unumschränkten Machtstellung auch auf die politische Bühne zurückkehren möchte: so in den Fällen Boliviens (durch Rechtsputsch 2019/20), in Brasilien und Ekuador über den Weg von Wahlen.

Dieser an und für sich nicht völlig überraschende Befund gestaltet sich allerdings komplizierter, wenn die Zustandsänderung, der Prozess zwischen Stabilität der vormaligen Situation und der akuten Konfliktsituation mit wichtigen Veränderungen oder gar Machtwechseln erklärt werden soll. Allein ökonomische Lagen / Tendenzen, politische Zufälle oder externe Eingriffe mögen eine Teilrolle spielen, können aber die internen Verschiebungen der gesellschaftlichen Kräfteverhältnisse und Stimmungen, die Bündelung oder den Zerfall von handelnden Akteursgruppen etc. nicht ausreichend erklären.

Relevante sozialstrukturelle Veränderungen über einen längeren Zeitraum hinweg, ein Stimmungswandel, der durch eine Kumulation von Ereignissen bestimmter Art und mittelfristigen Tendenzen – wie oben aufgezeigt – hervorgerufen wurde, sind in ihrer Bedeutung nicht zu unterschätzen. Aber vor allem sind es auch – langfristig wirkende – Elemente der »politischen Kultur« eines jeden Landes, die als Hintergrund eine erhebliche Rolle spielen können; wobei interessanterweise sowohl rechte wie linke Strömungen (Lager) wich-

---

11 Vgl. hierzu beispielsweise: Graf, Jakob: Der Verfassungsprozess in Chile. Wie sich soziale und ökologische Konflikte gegenseitig verschärfen, in: Luxemburg 2/2021, sowie Ruderer, Stephan: Chile despertó. Die Proteste in Chile Ende 2019 als Konsequenzen einer rechten Politik im linken Gewand, in: Eser / Witthaus (Hg.): Rechtswende in Lateinamerika, a. a. O.

tigen Elementen der politischen Kultur unterliegen können und diese – je nach Intensität und Ausmaß ihrer Praktizierung – zum Stimmungswandel (der zur gesteigerten Aktivität der oppositionellen Basis der Rechten führt, oder umgekehrt: zu einer wachsenden Lethargie der sozialen Basis von Linksregierungen) erheblich beitragen können. Autoritarismus, Personalismus, Klientelismus, Korruption, Neigung zur Gewaltanwendung bei der »Lösung« von Konflikten angesichts drohenden Privilegienverlusts, mangelnde Transparenz, Fehlen von selbstkritischer Analyse eigener Schwächen und Fehler etc., um nur einige Elemente der politischen Kultur zu nennen, scheinen auch in den angedeuteten Beispielfällen eine große Rolle gespielt zu haben.[12] Dabei kommt es bei der Bewertung oder Sanktionierung der praktizierten oder ausgeübten Elemente der politischen Kultur durchaus darauf an, wer (von »rechts« oder von »links«) in den Bannkreis negativer Elemente der politischen Kultur (z.B. Korruption oder Klientelismus etc.) gerät. Hierbei ist die Reaktion und Wirkung der Medien, der institutionellen Umwelt (etwa: des Rechtssystems) und die Bedeutung bestimmter Personengruppen ganz entscheidend. Wenn Vertreter beider Lager das Gleiche tun, wird es infolge dieser vielfältigen gesellschaftlichen Mechanismen noch längst nicht gleich bewertet oder sanktioniert.

Auf solche Analysen der in unterschiedlichen Bereichen stattfindenden vielschichtigen Prozesse sollte in Zukunft großer Wert gelegt werden. Denn ohne Erfassung der ambivalenten Rolle verschiedener Elemente der politischen Kultur, die zum Teil unbewusst wie ein Magnet langfristig und klassenübergreifend »anziehen« und vor allem in zugespitzten Konstellationen wirksam sind, werden wirkliche Erkenntnis- und Lernprozesse für die Zukunft deutlich erschwert werden.

---

12 Vgl. dazu Näheres im Supplement-Heft der Zeitschrift »Sozialismus«, Nr. 7/8, Juli-August 2019.

Gert Meyer

Soziale Entwicklungen in Russland

Ein Rückblick auf die Zeit nach 1992

Der Zusammenbruch des Sozialismus in der DDR, in Osteuropa und der UdSSR 1989/91, die Zerschlagung des staatlichen Eigentums, die weiträumigen Landnahmen, die Aneignung der natürlichen und gesellschaftlichen Ressourcen durch eine neue Bourgeoisie, verbunden mit einer massiven Umverteilung des Reichtums und einer gesellschaftlichen Polarisierung, hatten weitreichende Folgen für Russland: Mit dieser Entwicklung wurde ein neuer Kapitalismus ins Werk gesetzt.

In Russland waren nach dem Jahr 2000 wachsende zentralstaatliche Kontrollen und Eingriffe zu beobachten, welche die in den 1990er Jahren geschaffenen kapitalistischen Grundstrukturen aber nicht wesentlich verändert haben.

Wie sehen die Konturen der neuen Gesellschaft in Russland aus? Das wäre im Detail zu erforschen. An dieser Stelle werden nur einige statistische Daten aus dem offiziellen Band: »Russland in Zahlen 2015 – Kurzer statistischer Sammelband, herausgegeben vom Föderalen Dienst der Staatlichen Statistik Rosstat«, Moskau 2015, 543 Seiten – Rossija v cifrach 2015, zusammengetragen, die mir beim Blättern in diesem Werk aufgefallen sind. Die mitgeteilten Daten aus späteren Jahren sind verschiedenen Onlineportalen, u. a. Statista, entnommen (die Quellen sind stets angegeben). Sie wären in vielen Richtungen zu ergänzen und vor allem mit lebendigen Analysen und Beschreibungen der gesellschaftlichen Wirklichkeit anzureichern.

Die Bevölkerungszahl der Russischen Föderation ist von 1993 (148,6 Mio.) bis 2009 (142,7 Mio.) gesunken, danach ist sie wieder angestiegen (2015: 146,3 Mio.) (S. 79), für 2021 wird sie mit 146,2 Mio. angegeben (Statista). Die mittlere Lebenserwartung ging in den 1990er Jahren deutlich zurück (dies galt besonders für jene der Männer), konnte nach dem Jahr 2000 aber wieder steigen. Groß blieb die Differenz in der Lebenserwartung von Männern und Frauen (S. 84).

Tabelle: Mittlere Lebenserwartung von Männern und Frauen (1992-2019, in Jahren; Quelle ab 2016: Statista)

Jahr	Männer	Frauen	insgesamt
1992	61,9	73,7	67,8
2000	59,0	72,3	65,3
2010	63,1	74,9	68,9
2013	65,1	76,3	70,8
2016	66,5	77,1	71,7
2019	68,2	78,2	73,1

In diesem Zeitraum änderte sich auch die »natürliche Bevölkerungsentwicklung«. Das Verhältnis von Sterbefällen zu Geburten betrug im Jahr 2000 2,2 Mio. zu 1,3 Mio. und im Jahr 2011 1,9 Mio. zu 1,8 Mio. Der Umschwung erfolgte 2013, als in Russland erstmals wieder mehr Geburten als Todesfälle verzeichnet wurden (S. 82). Für 2021 gibt das Portal countrymeters.info jedoch wieder 1,86 Mio. Geburten gegenüber 2,02 Mio. Sterbefällen an. Zwischen 2000 und 2014 verringerte sich auch die Kindersterblichkeit (Todesfälle von Kindern unter einem Jahr je 1000 Geburten) von 15,3 auf 7,4 (S. 83). Für 2020 wird ein Wert von 5,4 genannt (Statista). Auch diese Ziffer zeigte eine Verbesserung der Lebensverhältnisse.

Die durchschnittliche Ausstattung mit Wohnraum hat sich verbessert; sie bezifferte sich 1992 auf 16,8 und 2014 auf 23,4 qm pro Kopf. Auch diese Durchschnittszahl wäre für die einzelnen Einkommensgruppen aufzuschlüsseln (S. 134).

Die Stadt-Land-Verteilung der Bevölkerung hat sich seit den 1990er Jahren kaum verändert: Knapp drei Viertel (mit steigender Tendenz) der Bevölkerung lebt in Städten und etwas mehr als ein Viertel in Dörfern (S. 79). Viele kleine und kleinste Siedlungen besonders in den nördlichen Regionen sind aufgegeben worden.

Einige Angaben zur Einkommensdifferenzierung: Die Zahl der Personen mit Geldeinkommen unterhalb des (nach einem bestimmten Warenkorb definierten) Existenzminimums fiel von 49,3 Mio. (1992) und 42,3 Mio. (2000) auf 16,1 Mio. (2014); dies waren jeweils 33,5 bzw. 29,0 und 11,2 Prozent der Bevölkerung (S. 119). Seit einigen Jahren steigt der Anteil jedoch wieder in geringem Maße auf 12,9 % (2017) bzw. 13,5 % im ersten Halbjahr 2019 (Rosstat).

Der mittlere monatliche Nominallohn betrug in den genannten Jahren jeweils 281 (1992) bzw. 168 (2000) und 376 (2014) Prozent des Existenzminimums, setzte sich also nach dem Jahr 2000 von diesem deutlich ab (S. 119). Die durchschnittlichen Renten betrugen in diesen drei Jahren 119 bzw. 76 und 163 Prozent des Existenzminimums; sie lagen also am Ende der Jelzin-Jahre deutlich unter dem Existenzminimum, später merklich darüber (S. 119).

Das Lohnniveau zeigte zwischen den verschiedenen Branchen große Unterschiede. Im Jahr 2014 wurde in der Öl- und Gasförderung mehr als doppelt so viel verdient wie im Durchschnitt aller Branchen; hingegen betrugen die Verdienste in den Gesundheitsbereichen 83 Prozent, im Bildungssektor 79 Prozent, in der Land- und Forstwirtschaft 54 Prozent und in der (meist weiblichen) Textil- und Konfektionsindustrie nur 44 Prozent des Gesamtdurchschnitts. 30,6 Prozent über diesem lagen hingegen die Löhne im Bereich Staatsverwaltung/Militär/Sozialversicherung; die hier Beschäftigten verdienten fast 65 Prozent mehr als die im Bildungsbereich Tätigen (S. 125-127).

Stark ausgeprägt waren 2014 die regionalen Unterschiede bei den mittleren monatlichen Geldeinkommen (S. 40-47). Diese waren in der Stadt Moskau (54.921 Rubel) mehr als drei Mal so hoch wie in den entfernten Republiken Mordowien, Tschuwaschien, Altaj, Tywa, Inguschetien, Kabardino-Balkarien oder Tscherkessien. In der Republik Kalmykien betrug das mittlere Geldeinkommen nur 12.309 Rubel.

Groß blieben die Unterschiede in der Verteilung der Geldeinkommen zwischen den verschiedenen Einkommensgruppen (S. 29).

Tabelle: Verteilung der Geldeinkommen der russischen Bevölkerung (1992-2014, Prozentanteile der jeweiligen Fünftel)

	1992	2000	2005	2010	2014
Geldeinkommen insgesamt	100	100	100	100	100
darunter:					
Erstes (unterstes) Fünftel	6,0	5,9	5,4	5,2	5,2
Zweites	11,6	10,4	10,1	9,8	9,9
Drittes	17,6	15,1	15,1	14,8	14,9
Viertes	26,5	21,9	22,7	22,5	22,6
Fünftes (oberstes) Fünftel	38,3	46,7	46,7	47,7	47,4

Nach dem Jahr 2000 lag der Anteil des Geldeinkommens nur des obersten Fünftels über dem Stand von 1992; die Anteile aller anderen Gruppen zeigten eher eine Tendenz nach unten. Das oberste Fünftel der Bevölkerung verfügte seit dem Jahr 2000 über fast die Hälfte der Geldeinkommen – wobei die im Ausland erzielten Einkommen der reichsten Bevölkerungsgruppe noch gar nicht berücksichtigt worden sind. Die amtliche Statistik unterschied auch nicht zwischen Gewinn- und Arbeitseinkommen. Rosstat hat bislang noch keine Versuche unternommen, die Einkommensdifferenzen in eine Sozial- und Klassenstrukturanalyse einzubetten.

Der von der Statistikbehörde mitgeteilte »Koeffizient der Einkommensdifferenzierung« (S. 120) fragte nach dem Verhältnis zwischen den mittleren Geldeinkommen des obersten Zehntels der Bevölkerung zu jenem des untersten Zehntels. Im Jahr 1992 erhielt das oberste Zehntel acht Mal so viel wie das unterste; im Jahr 2000 war es das 13,9fache und 2010 das 16,6fache; 2014 lag dieser Koeffizient bei 16,0.

Der Gini-Koeffizient der Einkommen (vollkommene Gleichheit = 0, größtmögliche Ungleichheit = 1) lag nach dem Jahr 2000 deutlich höher als in den 1990er Jahren. Für das Jahr 1992 wurde er mit 0.289 angegeben, für 2000 mit 0.395, für 2005 mit 0.409, für 2010 mit 0.421 und für 2014 mit 0.416 (S. 129). Dies sind im internationalen Vergleich recht hohe Werte.

Wikipedia (abgerufen am 14.1.2022) hat auf Basis von Weltbank-Daten zahlreiche Länder nach ihrem Gini-Koeffizienten der Einkommen aufgelistet, die allerdings aus verschiedenen Jahren stammen und insofern nicht unmittelbar vergleichbar sind:

Land	Datenjahr	Gini-Koeffizient
Südafrika	2014	0.639
Brasilien	2015	0.513
VR China	2012	0.422
USA	2016	0.415
Russland	2015	0.377
Georgien	2016	0.365
Estland	2014	0.346
Großbritannien	2015	0.332
Frankreich	2015	0.327
Deutschland	2018	0.311
Polen	2017	0.291
Schweden	2017	0.280
Slowenien	2018	0.234

In Russland werden, wie in den meisten anderen Staaten, kaum Angaben zum Gini-Koeffizienten der Vermögen veröffentlicht, der noch deutlich höher ist als jener der Einkommen. Die in den 1990er Jahren schnell reich und superreich gewordenen russischen Oberschichten haben ihre Mittel häufig in den international beliebten Steueroasen und Finanzparadiesen versteckt. Es wäre eine lohnende Aufgabe für die russische Statistik, genauer zu erforschen, um welche Summen es sich handelt und welche Anteile am Volksvermögen sich beispielsweise die reichsten 100 Familien angeeignet haben. Hier wären auch internationale Vergleiche aufschlussreich.

Rosstat veröffentlichte auch Angaben über die Zahl der Beschäftigten in einzelnen Wirtschaftssektoren (S. 361). Der Bereich Forschung und Entwicklung zeigte einen deutlich verringerten Personalbestand – er umfasste 1992 1,5 Mio. Personen, im Jahr 2000 0,888 Mio., 2013 mit nur noch 0,727 Mio. weniger als halb so viel wie zwanzig Jahre zuvor. Nicht wenige russische Wissenschaftler und Forscher sind ins Ausland gegangen.

Wo steht die Wirtschaftsleistung Russlands im internationalen Vergleich? Hier werden gerne Daten zum Bruttoinlandsprodukt, dessen Größe freilich als Maßstab des gesellschaftlichen Reichtums nicht sehr geeignet ist, angeführt. Für das Jahr 2000 wird für Russland ein Prokopfwert von 1.902 US-Dollar angegeben, für 2010 mit 11.431 und für 2020 mit 10.115 US-Dollar. Der 2020er-Wert gleicht etwa dem Wert Bulgariens oder Malaysias, liegt aber unter den Werten etwa Rumäniens oder Kroatiens; er entspricht etwa einem Viertel des Niveaus von Frankreich und rd. 16 Prozent des Wertes der USA (Statista/Wikipedia). Die genannten Daten beziehen sich, wie erwähnt, auf den BIP-Prokopfwert – nicht auf das gesamte Bruttoinlandsprodukt des jeweiligen Landes.

Womöglich ist der vom Entwicklungsprogramm der Vereinten Nationen erarbeitete, kombinierte Index der menschlichen Entwicklung (HDI) aussagekräftiger, weil er die drei Faktoren Bruttoinlandsprodukt pro Kopf, Lebenserwartung und Bildungsstand abzubilden sucht. Im Jahr 2019 nahm Russland den 52. HDI-Rang ein (Wikipedia: Human Development Index, abgerufen am 14.1.2022).

Index der menschlichen Entwicklung (HDI) 2019

Norwegen	0,957	Russland	0,824
Deutschland	0,947	Armenien	0,776
Großbritannien	0,932	Brasilien	0,765
USA	0,926	VR China	0,761
Polen	0,880	Usbekistan	0,720

Der HDI Russlands hat sich von 1990 bis 2017 um 0.082 Punkte erhöht. Die entsprechenden Ziffern für die USA lauteten 0.064, für Südafrika 0.081, für Deutschland 0.135, für Großbritannien 0.147, für Brasilien 0.148, für Polen 0.153, für die VR China 0.250.

Das Thema Rüstung und Militär wird im vorliegenden Statistischen Jahrbuch nicht behandelt. Hier vermitteln die Angaben des Stockholmer Friedensforschungsinstituts SIPRI einige aktuelle Aufschlüsse (aufbereitet u. a. vom Institut für sozial-ökologische Wirtschaftsforschung, München, Factsheet, Juni 2021, Autor: Fred Schmid). Russland gab demnach 2020 61,7 Mrd. US-Dollar für Rüstung aus, dies waren 3,1 Prozent der weltweiten Militärausgaben. Russland und China kamen zusammen auf 16 Prozent, die USA auf 39 Prozent, die NATO-Staaten auf 56 Prozent, die mit der NATO kooperierenden Länder auf 14 Prozent. Weltweit wurden 2020 1,981 Billionen US-Dollar für Rüstungen ausgegeben, das war der höchste Betrag seit Beginn der Datenerfassung durch SIPRI im Jahr 1988. Von den weltweiten Waffenexporten entfielen 2020 20 Prozent auf Russland (37 Prozent auf die USA, 17 Prozent auf Frankreich/Deutschland/Großbritannien, 5 Prozent auf China).

Eine kurze Frage zum Schluss: Wie könnten Wirtschaft und Gesellschaft in Russland neue Impulse erhalten? Womöglich durch eine verstärkte Förderung von Bildung und Kultur, Forschung und Entwicklung, Gesundheit; weiter durch Reduzierung der großen gesellschaftlichen Ungleichheit, wozu nicht nur die staatliche Politik durch progressive Einkommens- und Vermögenssteuern, sondern auch Belegschaften, Gewerkschaften, soziale Bewegungen und kommunale Initiativen beizutragen hätten. Vielleicht könnten auf diese Weise auch neue Räume für die notwendige öffentliche Diskussion der komplexen Themen: Klimaschutz, Naturschutz, Artensterben, Nachhaltigkeit, Dekarbonisierung eröffnet werden. Und nur eine weltweite Vernetzung der Diskussionen und Aktionen um Abrüstung, Friedenssicherung und Vertrauensbildung kann Wege zu einer nicht-militärischen Sicherheitspolitik und zu einer friedlichen Welt eröffnen. Auf eine solche Welt hoffen wir.

III.
Krisen in Permanenz

Kontinuitäten und Disruptionen

Jörg Goldberg

Kapitalismus im neuen Gewand?

Paradigmenwechsel und die Rolle großer Krisen

Seit dem offenen Ausbruch der Finanzmarktkrise im September
2008, dem in den entwickelten kapitalistischen Ländern eine tiefe
Wirtschaftskrise folgte, stellt sich die Frage, ob die abkürzend als
neoliberal bezeichnete aktuelle Entwicklungsphase des Kapitalismus ihrem Ende zugeht und was möglicherweise darauf folgen
könnte.

Die neoliberale Phase – das ist weitgehend Konsens – wurde durch die »Kleine Weltwirtschaftskrise« (Abelshauser) von
1973/75 eingeleitet und war durch die Schwächung der Gewerkschaften, eine Umverteilung und Polarisierung von Einkommen
und Vermögen, die Privatisierung öffentlicher Einrichtungen, die
Deregulierung der Arbeits- und Finanzmärkte und eine finanzpolitische Austerität insbesondere zu Lasten der Sozialsysteme und der
öffentlichen Infrastrukturen gekennzeichnet. Der Staat blieb auch
in der Wirtschaftssphäre allgegenwärtig, in den Mittelpunkt rückten aber indirekte Formen staatlicher Interventionen. Obwohl die
Krise 2008ff. nur mit Hilfe massiver staatlicher Eingriffe überwunden werden konnte und der ab 2010 folgende schwache konjunk-
turelle Aufschwung keine weitere Verschärfung des neoliberalen
Kurses mit sich brachte, kam es nicht zu dem von vielen erhoff-
ten Kurswechsel. Schon kurz nach Ausbruch der Krise hatte Jörg
Huffschmid prognostiziert, dass mittelfristig bestenfalls mit einer
»leicht modifizierten … Fortsetzung der neoliberalen Politik« zu

rechnen sei.[1] Und Barry Eichengreen schlussfolgerte: »Nach 2008 war es vielleicht nicht mehr möglich, so weiterzumachen wie zuvor, aber doch so ähnlich…«.[2]

Die Finanzmarktkrise von 2008 als »suspendierte« Krise

Zwar konnte die Krise von 2008ff. überwunden worden, es wurde aber versäumt, deren tiefer liegende Ursachen anzugehen. Die Krise wurde, wie Georg Fülberth 2015 konstatierte, lediglich »suspendiert«. Dies belegt die sich weiter abschwächende Akkumulationsdynamik in den entwickelten Ländern des ›Westens‹: Die Investitionsquoten, d. h. die Realinvestitionen im Verhältnis zur Produktion, gingen weiter zurück, die Arbeitsproduktivität nahm trotz des beschleunigten technischen Fortschritts kaum noch zu (»Produktivitätsparadoxon«), Finanzmärkte und die gesamtwirtschaftliche Verschuldung expandierten im Verhältnis zur ›Realwirtschaft‹ weiter (»Finanzialisierung«). Trotz der Maßnahmen zur Stabilisierung des Bankensektors blieben die Finanzmärkte fragil und krisenanfällig, was u. a. mit der Tendenz zur Informalisierung der Finanzgeschäfte (Stichwort: Schattenbanken) zusammenhängt. Schlimmer: Die staatlichen Notenbanken sahen sich auch nach Überwindung der akuten Finanzkrise und trotz der konjunkturellen Belebung gezwungen, die Geldschleusen immer weiter zu öffnen und die Leitzinsen bei Null zu halten bzw. Negativzinsen zu verordnen, um erneute Krisen zu verhindern. Es zeigte sich, dass die Finanzkrise von 2008 kein einmaliger ›Ausrutscher‹, kein »schwarzer Schwan« (unerwartetes, unvorhersehbares Ereignis) war, oder, wie der ehemalige Chefökonom des Internationalen Währungsfonds (IWF) Blanchard und der Obama-Berater Summers formulierten: »Die offensichtliche Lehre aus der Großen

---

1 Jörg Huffschmid: Nach der Krise: Das Ende des Finanzmarktkapitalismus?, in: Z. Zeitschrift Marxistische Erneuerung, Nr. 127, Juni 2009, S. 49.

2 Barry Eichengreen: Die Großen Crashs 1929 und 2008. Warum sich die Geschichte wiederholt, München 2015, S. 305.

Finanzkrise ... ist, dass Finanzkrisen wahrscheinlich wiederkommen.«[3]

Die inhärente Labilität und Krisenhaftigkeit der neoliberalen Entwicklungsphase nach 2008 wurde durch die Corona-Krise von 2020 eindrücklich bestätigt: Zwar war der Auslöser dieses Mal ein ›externes‹ Ereignis, eben die Pandemie. Die Auswirkungen verbanden sich mit einer schon 2019 ausgebrochenen zyklischen Krise und legten alle jene strukturellen Krisenfaktoren erneut offen, die nach 2008 mit Hilfe großer staatlicher Krisenprogramme und expansiver Geldpolitik überdeckt worden waren. Der zögerliche Konjunkturaufschwung 2010/2018 hat keinen der grundlegenden Widersprüche lösen können. Hinzu kamen eine spätestens seit 2015 sichtbare Krise der Globalisierung – u. a. als Folge des von den USA initiierten Kampfes um die globale Hegemonie insbesondere im Verhältnis zur VR China – und die nach der Pariser Klimakonferenz von 2015 unübersehbar gewordenen Notwendigkeit, das auf fossilen Energien beruhende kapitalistische Produktions- und Konsumtionssystem rasch umzubauen. Die schon länger sichtbare Klimakrise wurde zur ökonomischen Krise. Es scheint daher gerechtfertigt, die Periode 2008/2020 als einheitliche Krisenperiode zu begreifen, welche eine grundlegende Transformation des Kapitalismus und die Abkehr vom wirtschaftspolitischen Paradigma des Neoliberalismus erforderlich macht. Nichts weniger als eine »Renaissance des Staates«[4] scheint auf der Tagesordnung zu stehen. Ob und in welcher Form sich der Kapitalismus an die neuen Herausforderungen anpassen wird ist aber derzeit völlig offen. Wie bei allen anderen historischen Veränderungen kann erst im Nachhinein festgestellt werden, ob es sich dabei wirklich um eine Zäsur, um einen Epochenbruch, handelt.

3   Oliver J. Blanchard / Lawrence H. Summers: Rethinking Stabilization Policy: Evolution or Revolution, National Bureau of Economic Research, Cambridge 2017, abstract.

4   Mariana Mazzucato: Renaissance des Staates, in: Blätter für deutsche und internationale Politik, 5/21, S. 45.

Große Krisen und Entwicklungsphasen des Kapitalismus

Die Debatten über den Umbau des zeitgenössischen Kapitalismus müssen in einen historischen und kapitalismusanalytischen Kontext gestellt werden. Ausgangspunkte von Strukturbrüchen im modernen Kapitalismus waren und sind jeweils »große Krisen« als Krisen des kapitalistischen Systems. Auch wenn diese historisch immer mit ›normalen‹ zyklischen Überproduktionskrisen verbunden waren – seit etwa 200 Jahren eine Grundform der Bewegung der Produktion im Kapitalismus –, so sind Ursachen und Funktionen großer Krisen völlig anders geartet. Diese sind im Kern Ausdruck der historischen Begrenztheit der Produktionsweise selbst, sie eröffnen entweder den Weg zur Überwindung des Kapitalismus oder bewirken dessen Anpassung an veränderte innere und äußere Bedingungen. Kernpunkt sind die politischen Kräfteverhältnisse: Reichen die antikapitalistischen Kräfte nicht aus, um eine sozialistische Transformation einzuleiten, so geht der Kapitalismus in eine neue Entwicklungsphase über, ändert seine Form. Historisch kann man bislang vier solcher Umbruchperioden im modernen Kapitalismus unterscheiden: Die erste war die ›Transformationskrise‹ von 1845/1850, die im Ergebnis dazu führte, die kapitalistische Produktionsweise in Westeuropa und in Nordamerika voll durchzusetzen. Der Zusammenhang zwischen den ökonomischen Krisen von 1845/47 und den revolutionären Ereignissen 1848/1850 ebnete dem modernen Kapitalismus den Weg, zeigte aber auch das revolutionäre Potential solcher Umbrüche, auch wenn dieses damals Marx zufolge dem Kapital nur als »Gespenst« (Kommunistisches Manifest) erschienen war. Der nur durch kurze zyklische Krisen unterbrochene Aufschwung nach der Niederlage der 1848er-Revolutionen endete mit der »Gründerkrise« von 1873 und führte in die bis 1896 während »große Depression«, die vor allem durch einen langanhaltenden Preisverfall und einen Aufschwung der Arbeiterbewegungen gekennzeichnet war. In dieser Periode kam es zu einer starken Konzentration und Zentralisation des Kapitals, der Kapitalismus trat in seine monopolistische und imperialistische Phase ein, die zum Ersten Weltkrieg führte. Nach dem Krieg erlebte Nordamerika einen steilen wirtschaftlichen Aufstieg, während sich die Wirtschaft Westeuropas nur zögerlich erholte. Die Stabilisierung des Kapitalismus wurde durch die »Große Weltwirtschaftskrise« 1929/32 und die bis zum Ausbruch des Zweiten Weltkriegs dauernde »Depression der besonderen Art« (Eugen Varga) beendet. Es folgte eine Periode, in der staatliche Interventionen, die im Kapitalismus immer eine Rolle gespielt hatten, zum systemischen Bestandteil des kapitalistischen Akkumulationsprozesses wurden. Nach einer Phase des Kriegs- und Rüstungskapitalismus setzte sich eine staatsmonopolistische Variante durch, die durch ein gewisses Gleichgewicht zwischen Kapital und Arbeit gekennzeichnet war. Dabei spielte das nach dem Zweiten Weltkrieg entstandene sozialistische Lager eine nicht zu unterschätzende Rolle: Arbeitsproduktivität, Reallöhne und Profite nahmen im ›Gleichschritt‹ zu. Die staatliche Wirtschaftspolitik sorgte unter dem Vorzeichen des »Keynesianismus« für einen Ausgleich zwischen Angebot und Nachfrage. Dieses mit Reallohngewinnen, dem Ausbau von Systemen sozialer Sicherung und niedriger Arbeitslosigkeit verbundene »goldene Zeitalter« endete, als sich das Wachstum von Produktion und Arbeitsproduktivität verlangsamte und die Kapitalrenditen unter Druck gerieten. Befördert durch internationale Erschütterungen (Vietnamkrieg, Zerfall des Weltwährungssystems von Bretton Woods, Ölkrisen und Stärkung der »Dritten Welt«) kam es zur oben erwähnten »Kleinen Weltwirtschaftskrise« von 1973/75, nach der sich die Kräfteverhältnisse zwischen Kapital und Arbeit zu Lasten der letzteren verschoben und der Keynesianismus als wirtschaftspolitisches Paradigma durch bislang nur akademisch verankerte neoklassische und monetaristische Ansätze verdrängt wurde. Politisch setzte sich die neoliberale Entwicklungsphase in den 1980er Jahren definitiv durch, wobei die Krisenerscheinungen und der schließliche Zusammenbruch des sozialistischen Lagers wiederum eine Rolle spielten.

Eine neue große Krise?

Sowohl die Finanzmarktkrise von 2008 als auch die Corona-Krise von 2020 haben in den entwickelten kapitalistischen Ländern des ›Westens‹ tiefe Einbrüche der Produktion ausgelöst, mit gesamtwirtschaftlichen Rückgängen von jeweils vier bis fünf Prozent. In beiden Fällen spielte die VR China eine besondere Rolle, da das Land von beiden Krisen kaum bzw. auf besondere Art betroffen war. Hervorzuheben ist, dass die Weltwirtschaft beide Male durch umfassende Staatseingriffe gerettet wurde und dass das vom liberalen Mainstream als »staatskapitalistisch« und »reformunwillig« kritisierte China beide Male als globaler Rettungsanker fungierte. Dies hätte das neoliberale Credo, demzufolge »der Staat nicht die Lösung, sondern das Problem sei« (Ronald Reagan) definitiv desavouieren müssen – was aber nicht passiert ist.

Nach der Krise 2008/09 erfolgte, wie gezeigt, kein wirtschaftspolitischer Paradigmenwechsel: 2011 kam eine Analyse der wirtschaftspolitischen Empfehlungen der in Deutschland einflussreichsten wirtschaftspolitischen Beratungsgremien, der »Gemeinschaftsgutachten« der führenden Wirtschaftsforschungsinstitute einerseits und der »Jahresgutachten des Sachverständigenrats« andererseits zu dem Ergebnis, dass »sich im Untersuchungszeitraum kein Paradigmenwechsel der ökonomischen Diskurse vollzogen hat. Vielmehr zeichnen sich die wirtschaftspolitischen Konzepte und Empfehlungen der verschiedenen Gutachten über die Krisen hinweg durch eine hohe Kohärenz und Stabilität aus. Die langfristigen wirtschaftspolitischen Empfehlungen zielen durchgehend auf eine Flexibilisierung des Arbeitsmarktes, Lohnmoderation und staatliche Sparmaßnahmen ab.«[5] Wenn man, mit dem Institutionenökonomen Peter A. Hall, ein wirtschaftspolitisches Paradigma als »Rahmenwerk von Ideen, welche die praktische Politik struk-

---

5   Jens-Ole Köhrsen: Paradigmenwechsel in der wirtschaftswissenschaftlichen Politikberatung? Der Wandel wirtschaftspolitischer Diskurse in Deutschland zwischen 1990 und 2009, Düsseldorf 2011, S. 2

turieren«, bezeichnet,[6] dann scheint sich auch nach 2020 auf den ersten Blick nicht viel geändert zu haben: Nach wie vor dominieren die genannten Empfehlungen die wirtschaftstheoretischen und wirtschaftspolitischen Debatten und die »veröffentlichte Meinung« in der medialen Welt. Dies gilt mehr oder weniger in allen entwickelten Ländern, wenn auch Deutschland in dieser Beziehung besonders extrem ist. In der wirtschaftspolitischen Praxis aber haben sich entscheidende Dinge verändert: Auch mittelfristig werden inzwischen großangelegte öffentliche Investitionsprogramme gefordert, deren Finanzierung allerdings umstritten bleibt. Das Dogma des jährlichen Budgetausgleichs wird in Frage gestellt, moderate Steuererhöhungen für Unternehmen und eine globale Mindestbesteuerung stehen auf der finanzpolitischen Tagesordnung. Dass der Staat sich aus der industriellen Strukturpolitik heraushalten und lediglich die allgemeinen Rahmenbedingungen der Unternehmen verbessern solle, gilt inzwischen ebenfalls nicht mehr: Sowohl auf EU-Ebene als auch in Deutschland wird die gezielte Förderung deutscher bzw. europäischer »Champions« gefordert und praktiziert, wobei auf die ›chinesische Gefahr‹ verwiesen wird. Die »horizontale Industriepolitik« wird durch »vertikale Industriepolitik« ergänzt.[7] Und das Herzstück der neoliberalen Wirtschaftspolitik, die Geldpolitik, ist nach fast zehn Jahren Nullzinsen faktisch unwirksam, die Annahme, man könne durch Steuerung der Geldmenge Krisen verhindern, hat sich vor der Realität blamiert. Der behauptete Zusammenhang zwischen Geldmenge, Inflation und Wirtschaftswachstum existiert nicht.

Die Verankerung des neoliberalen Paradigmas

Wenn wir davon ausgehen, dass große Krisen des Kapitalismus einschneidende Veränderungen im Akkumulationsmodell bewirken

---

6   Policy Paradigms. Social Learning and the State: The Case of Economic Policy Making in Britain, Cambridge 1990, S. 59.

7   Katharina Schramm: Auf dem Weg in ein neues wirtschaftspolitisches Paradigma? In: Z. Zeitschrift Marxistische Erneuerung, Nr. 127, September 2021, S. 41ff.

und zu einem wirtschaftspolitischen Paradigmenwechsel führen,
dann ist die aktuelle Situation denkbar unübersichtlich. Einerseits
stehen mit der Dekarbonisierung von Produktion und Konsumtion
und der verstärkten Digitalisierung einschneidende Veränderungen
der ökonomischen Strukturen auf der Tagesordnung. In der Folge
ist eine gewisse Belebung der Akkumulationsdynamik wahrscheinlich.[8] Auch ist es weitgehender Konsens, dass dies ohne umfassende staatliche Eingriffe nicht möglich ist. Wie die Corona-Krise
nochmals gezeigt hat, können die Institutionen der Daseinsvorsorge
nicht privaten, am Markt orientierten Akteuren überlassen werden.
Der »schlanke Staat« ist Vergangenheit. Andererseits aber überwiegt
in der Welt der medial vermittelten wirtschaftspolitischen Ideen
ein bemerkenswerter Konservativismus. Die anstehenden tiefgrei-
fenden Umbrüche, so der wirtschaftspolitische Mainstream, sollen
umgesetzt werden ohne größere Steuererhöhungen, ohne höhere
Staatsschulden und ohne regulierende Eingriffe des Staates. Hinzu
kommt, dass die Wachstumsspielräume enger werden, einerseits aus
demografischen Gründen, andererseits wegen der Verengung der
ökologischen Spielräume: Ein dauerhaft höheres Wirtschaftswachstum, welches die genannten Widersprüche lösen könnte, ist weder
möglich noch wünschenswert. Eine Auflösung dieses Widerspruchs
zwischen der Sphäre der wirtschaftspolitischen Ideen einerseits
und der wirtschaftspolitischen Praxis andererseits ist aktuell nicht
in Sicht. Ist es mittelfristig möglich, den Wein umfangreicher staatlicher Interventionen (wirtschaftspolitische Praxis) zu trinken und
öffentlich weiterhin das Wasser von Schuldenbremse, Sozialabbau,
Lohnzurückhaltung und freien Märkten zu predigen?

Offensichtlich, wie die Diskussionen im Kontext der deutschen
Regierungsbildung nach der Bundestagswahl 2021 zeigen. Auch
wenn die neoliberalen Dogmen hier und da vorsichtig modifiziert
werden – so sprachen die Grünen in den »Vorsondierungen« mit

---

8   Jörg Goldberg: Ein neuer Kapitalismus? Grundlagen historischer Kapitalis-
    musanalyse, Köln 2021, S. 160ff.

der FDP von einer »Ergänzung« der Schuldenbremse, nicht aber von ihrer Abschaffung. Dies wagt kaum jemand zu fordern. Diese Debatte zeigt exemplarisch, dass man zwar die wirtschaftspolitische Praxis ändern will (z. B. durch die Errichtung von finanziellen Sonderfonds), dies aber nicht entsprechend kommunizieren möchte. Als Ideologie feiert das neoliberale Paradigma auch nach 2020 und nach ›Corona‹ fröhliche Urstände. Grundlage für die Widerstandsfähigkeit dieser eigentlich durch die Praxis desavouierten Sichtweise ist der konkurrenzielle Blick auf das gesellschaftliche Leben. Der Neoliberalismus ist eben nicht bloß ein wirtschaftspolitisches Konzept unter anderen: »Solange die auf dem Kapital ruhnde Produktion die notwendige, daher die angemessenste Form für die Entwicklung der gesellschaftlichen Produktivkraft, erscheint das Bewegen der Individuen innerhalb der reinen Bedingungen des Kapitals als ihre Freiheit…«, schreibt Marx in den »Grundrissen«.[9] Eine Überwindung dieser Freiheitsillusion kann nur durch die Assoziation der Arbeiter gelingen: »Ist die Konkurrenz der Arbeiter unter sich gestört, sind alle Arbeiter entschlossen, sich nicht mehr durch die Bourgeoisie ausbeuten zu lassen, so ist das Reich des Besitzes am Ende«, formulierte Friedrich Engels in der »Lage der arbeitenden Klasse in England«.[10] Wenn ein erheblicher Teil der angeblich besonders umweltbewussten jungen Wähler bei der Bundestagswahl von 2021 für die FDP gestimmt hat, so zeigt dies, wie tief das Konkurrenzdenken im Alltagsbewusstsein verankert ist. Die vom Internetbroker »Robin Hood« verkündete Parole »Alle Menschen sind geborene Anleger« verfängt bei Teilen der internetaffinen Jugend, jedenfalls solange es zu keinen dramatischen Rücksetzern an den Finanzmärkten kommt. Der Start-up-Mythos ist besonders bei jüngeren Beschäftigten verbreitet. Das individualisierte Konkurrenzdenken geht einher mit der in Deutschland besonders tief verankerten Furcht vor öffentlichen Schulden und der Vorstellung, der Markt,

---

9   Marx-Engels-Werke, Bd. 42, S. 549.
10 Marx-Engels Werke, Bd. 2, S. 436.

sprich der Unternehmer, wisse immer mehr als der Staat: Der medial immer wieder beschworene wirtschaftspolitische Gründungsmythos der alten Bundesrepublik ist die »soziale Marktwirtschaft«. Dass der Aufstieg nach dem Zweiten Weltkrieg in Wirklichkeit mit einer umfassenden staatlichen Regulierung der damals strukturbestimmenden Wirtschaftszweige, der Montanindustrie und der Wohnungswirtschaft, verbunden war, hat dem Marktglauben keinen Abbruch getan.

Ein wirklicher Paradigmenwechsel, die Überwindung politisch nach wie vor wirkungsmächtiger neoliberaler Dogmen, wird sich nicht quasi automatisch als Folge von Veränderungen der wirtschaftspolitischen Praxis vollziehen. Er ist zu tief im Bewusstsein und teilweise auch in den individuellen Erfahrungen am Arbeitsplatz verankert. Die Masse der abhängig Beschäftigten arbeitet heute oft isoliert, die Arbeitsbedingungen sind individualisiert, Großbetriebe wurden nicht selten in kleine Einheiten aufgeteilt und in Konkurrenz zueinander gestellt. Entscheidend ist, wie Engels früh erkannte, die Überwindung der Konkurrenz unter den Arbeitern im gemeinsamen Kampf für die Verbesserung ihrer Lage. Dies ist unter den Bedingungen des digitalen Kapitalismus und der damit verbundenen Vereinzelung in der Produktion kein mehr oder weniger spontaner Prozess. Erst wenn es gelingt, in der Praxis der sozialen und politischen Auseinandersetzungen deutlich zu machen, dass nachhaltige Verbesserungen nur im Rahmen von solidarischen Lösungen zu haben sind, kann das individualisierte Konkurrenzdenken als Basis des neoliberalen Paradigmas überwunden werden. Dass das nicht unmöglich ist, zeigt der Erfolg sozialer Bewegungen wie »Fridays for Future«, aber auch jener des Berliner Volksbegehrens zur Enteignung großer Wohnungskonzerne.

Lucas Zeise

Wie der Neoliberalismus seinen Tod hinausschiebt

Oder: Die zugekleisterten Risse im Weltfinanzsystem

Im März 2020 haben die Notenbanken der großen kapitalistischen Staaten und Währungsräume eine zuvor nie gesehene Menge frisch geschöpften Geldes in das Finanzsystem der Welt gepumpt, sowie angekündigt, ähnliche Geldmengen bis auf weiteres ins System zu pumpen. Der Anlass war ein Absturz der Aktienmärkte der Welt von um die 30 bis 40 Prozent, der seinerseits von den Abwehrmaßnahmen der Staaten gegen das Coronavirus veranlasst war. Eine tiefe Rezession so gut wie aller hoch entwickelten Volkswirtschaften wurde befürchtet (und trat zu einem Gutteil auch ein). Das Verhalten der Spekulanten am Aktienmarkt war insofern rational, als ein Rückgang von Absatz und Produktion die Erwartungen in die künftigen Gewinne der Kapitalunternehmen minderte und damit den Geldwert der Unternehmensanteile.

Warum aber veranlasst ein – rational begründeter – Absturz der Aktienmärkte die Notenbanken zu so außergewöhnlichen Maßnahmen? Die Antwort im Dreischrittkalkül lautet: Erstens, die seit 2018 spürbare Abschwächung der Profitabilität der Großunternehmen setzt sich fort und wächst sich unter dem Einfluss des Coronavirus in eine schwere Rezession aus. Zweitens, schwächere Unternehmen gehen pleite und können ihre seit 2009 ungefähr verdoppelten Schulden nicht zurückzahlen. Drittens, und das ist das Entscheidende, das bringt ihre Geldgeber – vorwiegend Banken – in Gefahr und damit das gesamte Finanzsystem. Tatsächlich hatten zuvor auffällig oft Notenbanker vor der fragilen Lage der Banken gewarnt: Schuldenfinanzierte Kredite würden immer mehr von Schattenbanken (im Volumen von 3 Billionen Dollar weltweit) statt den halbwegs regulierten Banken vergeben. Deren verbliebenes müdes Kreditgeschäft sei von immer mehr Ausfällen bedroht. Schon eine vom Corona-Fieber verursachte Nachfragedelle könne zu erheblichen Kreditausfällen führen, zusätzlich zu den seit der letzten großen Finanzkrise mitgeschleppten faulen Krediten.

Soll heißen: das internationale Finanzsystem ist auf Kante genäht: Die Aktienmärkte befinden sich fast immer auf Höchstkursen (zum Beispiel auch wieder, als dieser Beitrag im November 2021 geschrieben wird). Obwohl die Profite der Großunternehmen fast weltweit höher als je zuvor sind, ist ihre Verschuldung – relativ zum Eigenkapital – hoch. Die Schulden der Staatshaushalte sind höher denn je – historisch in der Nähe des Niveaus während der beiden Weltkriege. Das bedeutet: Die Pleiteanfälligkeit von Kapitalisten und Banken (oder anderen Kreditgebern) ist hoch. Umgekehrt heißt das, dass jede kleine Störung zu einer großen Störung im Gesamtsystem werden kann. Wenn die Aktienpreise sinken, sinken die Sicherheiten, um die Kredite zu bedienen, mit denen sie gekauft wurden. Das Ergebnis ist hohe Crashanfälligkeit.

Wollen die Notenbanken Bankenpleiten und einen Finanzzusammenbruch verhindern, sind sie gezwungen, den Aktienmarkt nicht abschmieren zu lassen. Sie nutzen zwei Methoden: die verbale, zarte Methode lautet: liebe Marktakteure, wir tun alles, um Bankpleiten nicht zuzulassen; die reale, drastische Methode lautet: wir geben den Bankern so viel Kredit, wie sie wollen, um euch Spekulanten herauszupauken. Im Frühjahr 2020 wendeten die Notenbanker beides erfolgreich an. Der Aktienmarkt erholte sich, über das Vor-Corona-Niveau hinaus, während die Weltrezession erst begann.

Die Methode, Risse im Weltfinanzsystem mit Heilsalbe aus Notenbankliquidität zuzukleistern, ist eine spätere Entwicklung des Neoliberalismus. In der früheren Phase reichte es, den Leitzins zu senken und ein wenig Notkredit zur Verfügung zu stellen. Das erste Mal praktizierte das die US-Notenbank ›Federal Reserve‹ 1987 unter ihrem damaligen Chairman Alan Greenspan während des Crashs vom Oktober. Als der Crash überwunden war, nahm die Expansion des Finanzsektors, die für den Neoliberalismus kennzeichnend ist, noch rasantere Fahrt auf. Die Ausweitung der Kreditvergabe über die Akkumulation der Realwirtschaft hinaus sowie die Inflation der Vermögenspreise (= steigende Preise von Aktien/ Unternehmen, Krediten und Immobilien) sind dabei zwei Seiten derselben Medaille.

Die Aufgabe der Notenbanken bestand schon in der ersten Phase des Neoliberalismus darin, die Kreditexpansion oder auch Geldvermehrung der Banken und des bankähnlichen Geldkapitals zuzulassen und die Vermögenspreise ungehindert steigen zu lassen. Neoliberalismus ist einerseits eine Ideologie, zum anderen eine zielgerichtete Wirtschaftspolitik. Das Ziel dieser Politik besteht im Kern darin, die Profite des im jeweiligen Lande tätigen Kapitals auf dem direktest möglichen Weg zu steigern. Es geht darum, die Kosten für die Unternehmen zu senken, also in erster Linie den wichtigsten Kostenbestandteil, den Lohn der Arbeitskraft. Ihn gilt es zu drücken oder, marxistisch gesprochen, die Mehrwertrate zu erhöhen. Ronald Reagan (Präsident seit 1981) in den USA und Margaret Thatcher (Premierministerin seit 1979) in Britannien sind mit dem Programm angetreten, die Macht der Gewerkschaften zu brechen. Sie haben dieses Programm auch radikal und brutal durchgesetzt. Dies geschah durch gewerkschaftsfeindliche Gesetzgebung, durch provozierte Konflikte, den Einsatz der Medien, der Polizei und der Gerichte. Wichtigstes Werkzeug jedoch waren tiefe Rezessionen in beiden Ländern. In Wirtschaftskrisen steigt die Arbeitslosigkeit. Die Konkurrenz zwischen den Lohnabhängigen steigt mit der Angst um den Arbeitsplatz. Streiks oder andere Aktionen um höhere Löhne oder bessere Arbeitsbedingungen werden sehr schwierig.

Der zweitwichtigste Kostenblock für Kapitalisten sind Steuern und Abgaben an den Staat oder vom Staat betriebene Sozialeinrichtungen wie das Renten- und Gesundheitssystem. Deshalb ist eine Kernforderung des Neoliberalismus der ›schlanke Staat‹, der die Unternehmer wenig kostet. Ein neoliberal organisierter Staat gibt wenig Geld aus für Infrastruktur, Bildung und Soziales. Auch Subventionen an Unternehmen gelten als schlecht. Nur Ausgaben für Rüstung, Militär, Polizei, Gerichte und Gefängnisse gelten als tolerierbar. Am meisten schätzen Neoliberale die Privatisierung von Staatseigentum. Hier verbindet sich der Wunsch nach einem schlanken Staat mit Lohndruck und Gewerkschaftsentmachtung, die bei einem Wechsel zu privaten Eigentümern regelmäßig die Folge sind.

In Darstellung und Realität hat die möglichst hohe Profitabilität des jeweils heimischen Kapitals den zusätzlichen Zweck, Kapital in dieses neoliberale Heimatland zu locken. Liberale und Neoliberale sind, obwohl sie für den Abbau nationaler Grenzen und Schranken eintreten, sonderbarerweise immer auch Nationalisten. Wenn in einem Land besonders hohe Profite möglich sind, strebt das Kapital dahin, um am Gewinnboom teilzunehmen. Voraussetzung ist allerdings, dass der Kapitalverkehr keinen Beschränkungen unterliegt. Der nach allen Seiten hin offene Kapitalmarkt ist im ökonomischen Weltbild der Neoliberalen und ganz im Einklang mit dem Funktionieren des Kapitalismus der freien Konkurrenz daher die ordnende und entscheidende zentrale Instanz. Der Kapitalmarkt entscheidet im Wettbewerb der Kapitalisten untereinander und ebenfalls im hehren Wettbewerb der Nationen um die Gunst des Kapitals.

Der in den 70er Jahren des vorigen Jahrhunderts zur herrschenden Weltwirtschaftspolitik gewordene Neoliberalismus löste eine andere Phase der Regulierung des Weltkapitalismus ab. Dieses Vorgängermodell war wirtschaftspolitisch vom Keynesianismus geprägt, es orientierte auf eine teilweise Befriedung der Arbeiterklasse, es setzte stärker als je zuvor staatliche Mittel zur Stärkung der jeweils nationalen Kapitalakkumulation ein. Es wird von manchen wegen der in großen Industriebetrieben mit langen Fertigungsstraßen gewonnenen größeren Arbeitsproduktivität auch als »Fordismus« bezeichnet. Treffender ist wohl der Ausdruck »Periode des

Klassenkompromisses«. Er widerspiegelt die damalige Bereitschaft der herrschenden Klassen, angesichts der Stärke der Arbeiterbewegung und der Existenz eines sozialistischen Lagers, die niederen Schichten der Gesellschaft am von ihnen geschaffenen Reichtum etwas teilhaben zu lassen und das Konkurrenzverhalten der kapitalistischen Staaten gegeneinander etwas einzudämmen. Die Beschränkung der interimperialistischen Konkurrenz wurde ganz wesentlich durch das von John Maynard Keynes inspirierte Abkommen von Bretton Woods (1944) erreicht. Es sah feste Wechselkurse zwischen den Währungen der kapitalistischen Staaten und ihre feste Bindung an den US-Dollar vor. Im Gegensatz zum oben geschilderten neoliberalen Modell konnte hier der Kapitalmarkt international nicht unbegrenzt agieren. Das Finanzkapital war insoweit eingedämmt.

Politisch war die Periode nach dem Zweiten Weltkrieg vom Kalten Krieg geprägt. Im kapitalistischen Lager waren die USA die unbestrittene Führungsmacht. Die Gegnerschaft zum sozialistischen Lager bestimmte in starkem Maße auch die Wirtschaftspolitik. Durch das European Recovery Program (alias Marshallplan), durch die Offenhaltung des eigenen Binnenmarktes und durch großzügige Schuldenregelung gegenüber den durch den Weltkrieg geschwächten Staaten haben die USA den wesentlichen Beitrag zum Wirtschaftsaufschwung im Kapitalismus beigetragen. Der Historiker Eric Hobsbawm hat diese Periode vom Kriegsende bis in die 1970er Jahre zu Recht als ›Goldenes Zeitalter des Kapitalismus‹ bezeichnet. Der Kapitalismus funktionierte als staatsmonopolistischer Kapitalismus besser als zu anderen Zeiten.

Dieses erfolgreiche kapitalistische Modell, diese geschichtliche Phase im Kapitalismus ging aufgrund einer Mischung aus inneren Widersprüchen und äußerem Widerstand zu Ende. Weil die USA als wohlwollende Hegemonialmacht ihren Markt den anderen kleineren Nationen offen hielten, selber aber wesentlich Kapitalexport betrieben, erzielten wichtige Länder Europas, insbesondere Westdeutschland und Frankreich erhebliche Außenhandels- und Leistungsbilanzüberschüsse, während die USA tief ins Defizit gerieten. Sie stimulierten im Innern die Nachfrage, führten weltweit Kriege, stationierten ganz wie heute überall ihre Soldaten und betrieben eine kostspielige Hochrüstung. Die Überschussländer häuften erhebliche Mengen an Dollarreserven an, die die US-Notenbank jederzeit bereitstellen konnte. Zunächst wurden sie gemäß den Bretton-Woods-Verträgen auch noch zum Kurs von 35 Dollar je Unze in Gold getauscht. US-Präsident Richard Nixon kündigte 1971 die Umtauschpflicht von US-Dollar in Gold auf. Die D-Mark wurde in drei Schritten gegenüber dem Dollar aufgewertet, bis 1973 die europäischen Länder die feste Bindung ihrer Währungen zum Dollar aufkündigten.

Parallel dazu intensivierte sich der Klassenkampf. Politisch erzielte in den USA die schwarze Bürgerrechtsbewegung in den 60er Jahren beträchtliche Erfolge. In Europa intensivierten sich gleichzeitig die gewerkschaftlichen Kämpfe, die auch im Gefolge der politischen Mobilisierung eines Teils der Jugend mit seinem Höhepunkt im Mai 1968 ganz wie in den USA deutliche Verbesserungen bei der sozialen Sicherung und der Bezahlung zur Folge hatten. Um die Gewinnspannen zu sichern, begannen die Unternehmen, die Preise schneller hochzusetzen. In allen Ländern des Kapitalismus stiegen die Inflationsraten. Als die Öl exportierenden Länder 1973 höhere Preise für Erdöl durchsetzten, beschleunigte sich die Inflation.

Der Neoliberalismus der folgenden Jahrzehnte sollte auch als Reaktion der herrschenden Klassen in den wichtigsten kapitalistischen Ländern auf die oben genannten Schwierigkeiten begriffen werden. Er ist somit eine strategische Änderung bei der Niederhaltung der anderen Klassen und zu ihrer ökonomischen Ausbeutung. David Harvey stellt in seiner ›Kleine Geschichte des Neoliberalismus‹ den Aspekt des ökonomischen Klassenkampfes in den Vordergrund. Die Vermögens- und Einkommensverteilung war in den Jahren des Klassenkompromisses spürbar zuungunsten der obersten Schichten verlaufen. Der jetzt so viel diskutierte Thomas Piketty zeigt, dass so etwas in der Geschichte des Kapitalismus nicht die Regel, sondern die Ausnahme war. Der Neoliberalismus hatte ein Konzept, wie das umzukehren war.

Im Rückblick stellt man fest, dass das Ziel steigender Profitraten und ungleicher werdender Einkommens- und Vermögensverteilung vollkommen gelungen ist. Deutlich wird das in der volkswirtschaftlichen Gesamtrechnung, wo sich seit 1980 bis heute der Anteil der Einkommen aus Vermögen auf Kosten des Anteils der Lohneinkommen massiv erhöht hat. Das gilt für alle entwickelten kapitalistischen Länder.

Die Finanzkrise von 2007ff.

Die 2007 ausgebrochene und auch 2022 noch keineswegs überwundene Weltfinanz- und Weltwirtschaftskrise kann als Umbruchkrise des Kapitalismus begriffen werden, und zwar als eine Krise, in der seine neoliberale Funktionsweise an ihr Ende gekommen ist und daher eine Änderung dieser Funktionsweise erzwingt. Keynesianisch und marxistisch orientierte Ökonomen hatten eine solche Krise schon viel früher erwartet. Wenn der Neoliberalismus seinem eigenen Programm gemäß ein Regime ist, das die Profitrate auf direktem Wege über die Steigerung der Mehrwert- oder Ausbeutungsrate, also durch ganz gemeinen Lohndruck zu erhöhen trachtet, muss das eigentlich den altbekannten Widerspruch zwischen hohen Profiten und hohen Investitionen einerseits und zurückbleibenden Lohneinkommen andererseits, also die typische Überproduktionskrise noch schneller als ohnehin zum Ausbruch bringen.

Der Ausbruch einer ansonsten fälligen großen Überproduktionskrise wurde in den dreißig Jahren bis 2007 durch drei wichtige Entwicklungen im Kapitalismus effektiv verzögert. Sie haben damit das über Gebühr lange Überleben der neoliberalen Funktionsweise ermöglicht. Diese drei Entwicklungen sind:

• die technische Revolution der Mikroelektronik/Informationstechnik hat die Profite gesteigert und zugleich einen neuen Investitionszyklus eröffnet, der die rasant wachsenden Profite absorbieren konnte.

- die Niederlage des Sozialismus in Europa und der Sowjetunion sowie die Einbeziehung Chinas in den Kapitalismus hat viele Millionen, nein fast zwei Milliarden Menschen in das System der Mehrwertproduktion neu einbezogen und neue reale Anlagesphären erschlossen.

- drittens entwickelte das neoliberale Regime selbst einen enorm aufgeblähten Finanzsektor, der die Profitmassen absorbierte, von der gemeinen Mehrwertproduktion scheinbar unabhängige Profitquellen erschloss und zugleich durch die Verschuldung nicht nur der Kapitalisten und des Staates, sondern auch der Lohnabhängigen erhöhte.

Die überproportionale Ausweitung des Finanzsektors ist ein wesentliches Kennzeichen des Neoliberalismus. Sein ungeheures Wachstum ist einerseits Resultat der beschleunigten Umverteilung des erarbeiteten Reichtums von unten nach oben. Zugleich dient der Finanzsektor als wichtiger Hebel, um diese Umverteilung von Arm nach Reich zu beschleunigen. Mit der Aufblähung des Finanzsektors hat es das neoliberale Regime geschafft, über viele Jahre hinweg, die eigentlich fällige Überproduktionskrise durch Kreditausweitung (= zunehmende Verschuldung) und scheinbar dauerhaft steigende Preise für Immobilien und Aktien zu überspielen. Das ist auch der Grund, warum die Finanzkrise zum Auslöser der Weltwirtschaftskrise wurde. Als die Finanzblase platzte, trat die Überproduktion zutage und die Weltwirtschaftskrise begann.

Die neoliberale Wirtschaftspolitik hat nie bedeutet, dass der Staat, wie es die Ideologie eigentlich suggeriert, sich aus ökonomischen Angelegenheiten weitgehend heraushält. Im Gegenteil. Als im Herbst 2008 das internationale Finanzsystem im Gefolge der Pleite einer New Yorker Investmentbank zu kollabieren drohte, setzten die kapitalistischen Staaten alle ihnen zur Verfügung stehenden Mittel ein, um das Wirtschafts- und Finanzsystem zu stabilisieren. Diese Aktionen waren wenig koordiniert, dennoch waren sie sehr ähnlich.

- erstens stützten die Notenbanken durch zusätzliche Kreditschöpfung die Geschäftsbanken, die auf dem Finanzmarkt keinen Kredit mehr erhielten;
- zweitens setzten die Regierungen Steuergeld ein, um den Banken zusätzliches Eigenkapital und Garantien zukommen zu lassen;
- drittens ersetzten die Staaten die zusammenbrechende Nachfrage des Privatkapitals und legten große Konjunkturprogramme auf.

Diese Maßnahmen stabilisierten die Weltnachfrage. Die Rezession von 2008/09 war zwar die bei weitem tiefste in den kapitalistischen Hauptländern seit dem Zweiten Weltkrieg, aber sie entwickelte sich nicht zu einer Abwärtsspirale, wie die Weltwirtschaftskrise der 30er Jahre des vorigen Jahrhunderts. Eine wichtige Rolle bei der Erholung der Weltwirtschaft spielte die positive Entwicklung vieler großer so genannter Schwellenländer, insbesondere China. Als die vom Finanzboom fast zwei Jahrzehnte lang aufgeblähte Nachfrage im Gefolge der Finanzkrise absackte, erhöhten viele Schwellenländer die inländische Nachfrage, insbesondere durch staatliche Infrastrukturprojekte.

Die steigende Nachfrage aus den Schwellenländern vor allem Südost- und Südasiens reichte aber nicht aus, um in den altkapitalistischen Ländern (politisch meist »der Westen« genannt), einen selbst tragenden Aufschwung zu produzieren. Die schnelle Erholung 2009/10 war nach einem Jahr Dauer schon beendet. Das Realwachstum übertraf in den meisten Ländern, wenn überhaupt, im Jahrzehnt danach bis heute kaum das Wachstum der Arbeitsbevölkerung, wofür der Ausdruck Stagnation durchaus angemessen ist. Die um Deutschland und Frankreich gebildete Eurozone verstrickte sich zusätzlich in einen Staatsanleihenkrieg, der im Ergebnis den Mittelmeerländern dieser Zone fast ein Jahrzehnt der Schrumpfung einbrachte.

Verhinderte Kapitalentwertung

Kapitalistische Krisen haben eine reinigende Funktion. Weil Teile des Kapitals sich wegen des mangelnden Absatzes nicht verwerten können, verlieren sie an Wert und/oder das reale Kapital verfällt, wird nicht mehr nutzbar oder vernichtet. Rohstoffe, Halbfertigwaren, Maschinen, Gebäude und Anlagen, die von Pleitiers verkauft werden müssen, sind billig zu haben. Dank der gestiegenen Arbeitslosigkeit sinken die Löhne auf breiter Front. Kapital, das überlebt hat, findet bessere Verwertungsbedingungen vor. Auch bei mäßiger Nachfrage, schlechter Auslastung und niedrigen Verkaufspreisen ergeben sich für das frische Kapital auskömmliche Profite. Die Akkumulation kommt so wieder in Gang. Für das als Kredit gehaltene Geldkapital sowie das in Aktien ausgedrückte Finanzkapital, gilt Ähnliches. Wenn die Preise für Aktien sich halbieren, steigen für den neu einsteigenden Spekulanten die Gewinnchancen. Haben die Banken die faulen Kredite abgeschrieben, erhöht sich automatisch die erwartete Rendite auf das entsprechend verringerte Eigenkapital.

Die Finanz- und Weltwirtschaftskrise von 2007ff. hat den Kapitalismus nicht nur hinsichtlich ihres Ausmaßes in eine neue Dimension katapultiert, sondern vor allem auch hinsichtlich ihrer vorübergehenden Heilung. Durch den massiven Einsatz staatlicher Mittel wurde die krisenhaft eigentlich fällige Entwertung und Vernichtung des Kapitals großenteils verhindert. Die Krise wurde verschleppt. Das betraf nicht nur die Realwirtschaft, sondern in verstärktem Maß auch den Finanzsektor. Die dort fälligen Entwertungsprozesse wurden gestoppt. Die USA ließen nur die relativ kleine Investmentbank Lehman Brothers fallen. Die großen Brocken (die damals weltgrößte Versicherung AIG, die bei weitem weltweit größten Hypothekenbanken Fannie Mae und Freddy Mac, die Geldmarktfonds, die den Zahlungsapparat des Landes garantierten) wurden gerettet.

Als nach der kurzen Rezession deutlich wurde, dass die großzügige Kreditgewährung (= Geldschöpfung) des Bankenapparats und der Quasibanken nicht wieder Fahrt aufnahm, ging die US-Notenbank dazu über, die Kreditgewährung ganz selbst zu übernehmen. Sie kaufte die Schulden des Staates (also ihres Eigentümers) auf. Der Staat wurde insoweit Schuldner und Gläubiger zugleich. Die Europäische Zentralbank schloss sich dieser Strategie zur (vorübergehenden) Bewältigung der Eurokrise an. Im Ergebnis entstanden

enorme Summen frischen Geldes in den Händen des Geld- und
Finanzkapitals. Die unmittelbare Folge war ein Überangebot an
Geldkapital und historisch rekordniedrige Zinsen von zum großen
Teil unter null Prozent und das beabsichtigte Wiederaufflackern der
Spekulation in Vermögenswerten. Im Frühjahr 2020, als die Coro-
nakrise begann, verdoppelten die Zentralbanken ihren Einsatz. Das
Ergebnis war wie zuvor: der Finanzsektor kam wieder in Schwung.
Die Produktion und die breite Realökonomie schwankt je nach Lage
der Epidemie, stagniert auf Sicht jedoch unverändert.

Thomas Kuczynski

Fressen und gefressen werden

Ökonomischer Kannibalismus
in Vergangenheit und Gegenwart

Wer in ein altes Lexikon schaut – z. B. den *Meyer* von 1896 –, findet das Wort *Kannibalismus* nur innerhalb des Stichworts *Kannibalen*: »… ursprünglich die Menschen fressenden Bewohner der Karibischen Inseln; daher überhaupt soviel wie Menschenfresser, wilde, grausame Menschen. Daraus entstand *kannibalisch* und *Kannibalismus* …« Wer dagegen eine moderne Enzyklopädie wie *Wikipedia* konsultiert, findet unter dem Stichwort *Kannibalismus* sehr verschiedenartige Vorgänge benannt, und auch der dem alten *Meyer* nächststehende ist breiter gefasst: »Als *Kannibalismus* wird das Verzehren von Artgenossen oder Teilen derselben bezeichnet. Insbesondere versteht man darunter den Verzehr von Menschenfleisch durch Menschen (*Anthropophagie*), aber auch im Tierreich gibt es Kannibalismus.« Gleichen Sinnes benennt der Terminus in der Astronomie das »Verschlucken« kleinerer Galaxien durch größere und im Bereich der Technik das »Ausschlachten« von Geräten und Anlagen zum Zwecke der Ersatzteilgewinnung.

Zur Wirtschaft findet sich hier lediglich der Verweis auf den sinnverwandten Terminus *Kannibalisierung*, mit dem die Verdrängung eines Produkts durch ein qualitativ gleichartiges, aber billigeres desselben (!) Anbieters bezeichnet wird.[1] Analog bezeichnet der

---

1 Vgl. wirtschaftslexikon.gabler.de, Definition: Kannibalisierung (abgerufen am 8.10.2021).

Terminus *Kannibalismus-Effekt* die Tatsache, dass Marktanteilsgewinne einer Marke (z. B. eines neuen Produktes) zulasten anderer Marken gehen, insbesondere wenn »differenziert geplante Produktangebote vom Verbraucher als identisch erlebt werden und sich entsprechend die Angebote auf dem gleichen Teilmarkt gegenseitig Konkurrenz machen (›eine Marke frisst eine andere auf‹).«[2] Die in Klammern gesetzte Erläuterung macht den Zusammenhang ganz deutlich, auch wenn das Phänomen selbst viel älter ist, als offenbar von den *Wikipedia*-Autoren angenommen.

Ein berühmtes Beispiel, dass eine bessere »Marke« durch eine schlechtere »aufgefressen« wird, liefert das sogenannte Gresham'sche Gesetz, wonach das schlechtere das bessere Geld aus der Zirkulationssphäre verdrängt. Thomas Gresham (1519-1579), weiland Finanzberater der englischen Königin und Begründer der Londoner Börse, hatte ein solches Gesetz zwar nie formuliert, aber der schottische Ökonom Henry Dunning Macleod (1821-1902) schrieb ihm 1858 die Entdeckung zu, dass gutes und schlechtes Geld nicht gleichzeitig nebeneinander zirkulieren können, dass schlechtes Geld mit geringem Edelmetallgehalt gutes Geld mit hohem Edelmetallgehalt verdrängt.[3] Auf dem Kontinent waren jedoch, wie wenige Jahre später Louis Wolowski (1810-1876) festgestellt hat, schon der französische Theologe und Philosoph Nicole Oresme (ca. 1330-1382) und der vor allem als Astronom berühmte Nikolaus Kopernikus (1473-1543) zu ganz ähnlichen Einsichten gelangt.[4] Realhistorisch zeigte sich das Wirken des Gresham'schen Gesetzes in den Münzverschlechterungen vor allem des 16. und 17. Jahrhunderts, von denen die Periode

---

2   wirtschaftslexikon.gabler.de, Definition: Kannibalismus-Effekt (abgerufen am 8.10.2021).

3   Vgl. Henry Dunning Macleod: The Elements of Political Economy, London 1858: 475-477.

4   Vgl. L[ouis] Wolowski: Traictie de la première invention des monnoies de Nicole Oresme… et Traité de monnoie de Copernic, Paris 1876 (Reprint Genève 1976). Zu Kopernikus vgl. auch Erich Sommerfeld: Die Geldlehre des Nicolaus Copernicus, Berlin 1978.

der Kipper und Wipper zu Beginn des Dreißigjährigen Krieges in Deutschland eine herausragende, geradezu sprichwörtlich gewordene Rolle spielte, ebenso aber auch in den Papiergeldinflationen des 20. Jahrhunderts, von denen die deutsche Hyperinflation von 1923 nur ein, allerdings ein besonders prägnantes Beispiel darstellt.

»Je ein Kapitalist schlägt viele tot« – oder: Von der Zentralisation zur Monopolisierung

Obwohl Marx das Gresham'sche Gesetz als solches offenbar nicht gekannt hat,[5] finden sich auch in seinem Werk Hinweise sowohl auf die mittelalterlichen und frühneuzeitlichen Münzfälschungen[6] als auch auf das Ersetzen von Gold- und Silbermünzen durch »relativ wertlose Dinge wie Papierzettel«,[7] also Banknoten, das ja erst die Möglichkeit von Papiergeldinflationen schuf. Darüber hinaus zitiert und analysiert er Beispiele für Kannibalismus im weiteren Sinne des Wortes:

Im Zusammenhang mit der ursprünglichen Akkumulation in England, der Expropriation des Landvolks von Grund und Boden und der Verwandlung von Ackerland in Viehweide: »In seiner *Utopia* spricht Thomas Morus von dem sonderbaren Land, wo ›Schafe die Menschen auffressen‹.«[8] – Im Zusammenhang mit der im 19. Jahrhundert fortgeführten Praxis der Vertreibung des Land-

---

5   Vielleicht hatte er wegen seiner vernichtenden Kritik an den »kreuzverwirrten Vorstellungen« Macleods über das englische Bankwesen dessen »Elements of Political Economy« gar nicht erst zur Kenntnis genommen. Vgl. Karl Marx: Das Kapital, Bd. I. Neue Textausgabe, bearb. u. hrsg. v. Thomas Kuczynski, Hamburg 2017 (im Folgenden: NTA): 37. Diejenigen, denen NTA nicht zur Verfügung steht, seien verwiesen auf die originalen Texte in Marx/Engels: Gesamtausgabe (im Folgenden: MEGA), bzw. in Marx/Engels: Werke (im Folgenden: MEW); vgl. MEW 23: 75 bzw. MEGA II/6: 93.

6   Vgl. NTA: 72, bzw. MEW 23: 114/115 bzw. MEGA II/6: 126.

7   Vgl. NTA: 96, bzw. MEW 23: 140 bzw. MEGA II/6: 149.

8   NTA: 649; vgl. MEW 23: 747 bzw. MEGA II/6: 648; Marx zitiert nach Thomas More: Utopia. Originally printed in Latin, 1516. Transl. into English by R. Robinson … Carefully ed. by E. Arber, London 1869: S. 41.

volks: »Manchmal erweicht sich irgendein ausnahmsweis schwach-
herziger Grundherr über die von ihm geschaffene Einöde. ›Es ist
ein traurig Ding, allein in seinem Land zu sein‹, sagte der Graf von
Leicester, als man ihm zum Fertigbau von Holkham gratulierte; ›ich
schaue um mich und sehe kein Haus außer meinem eignen. Ich bin
der Riese vom Riesenturm und habe alle meine Nachbarn aufge-
gessen.‹«[9] – Im Unterkapitel über die »geschichtliche Tendenz der
kapitalistischen Akkumulation« hat Marx die Expropriation vieler
kleinerer Kapitalisten durch einige wenige kurz und bündig in dem
Satz zusammengefasst: »Je ein Kapitalist schlägt viele tot.«[10]

Dieser Satz stellt die Quintessenz dessen dar, was Marx später
in seiner Unterscheidung von Konzentration und Zentralisation des
Kapitals herausgearbeitet hat: »Er [der Prozess der Zentralisation]
unterscheidet sich von dem ersten [dem Prozess der Konzentration]
dadurch, dass er nur veränderte Verteilung der bereits vorhandnen
und funktionierenden Kapitale voraussetzt… Das Kapital schwillt
hier in einer Hand zu großen Massen, weil es dort in vielen Händen verlorengeht. Es ist Konzentration bereits gebildeter Kapitale, Aufhebung ihrer individuellen Selbständigkeit, Expropriation
von Kapitalist durch Kapitalist, Verschmelzung einer größren Anzahl kleinrer Kapitale zu einer kleinren Anzahl größrer Kapitale,
mit einem Wort die eigentliche Zentralisation im Unterschied zur
Akkumulation.«[11] Allerdings subsumiert Marx darunter zwei sehr
verschiedenartige Prozesse: Ob die Zentralisation »sich auf dem ge-
waltsamen Wege der Annexion vollzieht – gewisse Kapitale werden
zu so mächtigen Gravitationszentren gegenüber andren Kapitalen,
dass sie deren inneren Zusammenhalt zerstören und sich um deren
zerfallene Elemente erweitern – oder ob die Verschmelzung einer
Masse von schon vorhandenen resp. in Bildung begriffnen Kapita-

---

9 NTA: 625; vgl. MEW 23: 721 bzw. MEGA II/6: 629; Marx zitiert aus: Public
   health. Seventh Report of the Medical Officer of the Privy Council, London
   1864: S. 135.

10 NTA: 693; vgl. MEW 23: 790 bzw. MEGA II/6: 682.

11 NTA: 560; vgl. MEW 23: 654 bzw. MEGA II/7: 547.

len auf dem versüßteren Wege der Aktiengesellschaften usw. stattfindet – die ökonomische Wirkung wird ganz dieselbe bleiben.«[12]
Mag das Resultat auch dasselbe sein, so sind die Wege zu dessen Erzielung grundverschieden: Beim Beschreiten des erstgenannten findet in der Tat das kannibalische »… ein Kapitalist schlägt viele tot«
statt, wogegen bei der Bildung von Aktiengesellschaften aus vielen
kleinen Kapitalen ein neues, größeres entsteht, und zwar zumeist
ohne »Totschlag« der zu Aktionären gewordenen Kapitalisten.[13]

Aber beide Wege setzen nicht nur das Vorhandensein größerer
und kleinerer Kapitale voraus, sondern auch die Konkurrenz: »Der
Konkurrenzkampf wird durch Verwohlfeilerung der Waren geführt.
Die Wohlfeilheit der Waren hängt, ceteris paribus, von der Produktivität der Arbeit, diese aber von der Stufenleiter der Produktion ab.
Die größeren Kapitale schlagen daher die kleineren.« Hinzu kommt,
»dass mit der Entwicklung der kapitalistischen Produktionsweise
der Minimalumfang der notwendigen Vorschüsse wächst, der erheischt ist, um ein Geschäft unter seinen normalen Bedingungen
zu betreiben. Die kleineren Kapitale drängen sich daher in Produktionssphären, deren sich die große Industrie nur noch sporadisch
oder unvollkommen bemächtigt hat. Die Konkurrenz rast hier im

---

12 NTA: 562; vgl. MEW 23: 656 bzw. MEGA II/7: 548.

13 Marx' Verhältnis zu den Aktiengesellschaften hatte sich im Laufe der Jahre
    stark gewandelt. Im 1865 geschriebenen Hauptmanuskript von Kapital-Band
    III hing er der Illusion an, dass die »capitalistischen Jointstockunternehmungen … ebenso sehr wie die Cooperativfabriken als Uebergangsformen
    aus der capitalistischen Productionsweise in die associirte zu betrachten«
    seien (MEGA2 II/4.2: 504; vgl. MEW 25: 456). In der französischen Ausgabe
    von Kapital-Band I, in der er die Unterscheidung zwischen Konzentration
    und Zentralisation des Kapitals überhaupt erst entwickelte, ist er weitaus
    weniger optimistisch, aber die positiven Effekte auf die Produktivkraftentwicklung übersieht er keinesWegs: »Die Welt müsste z. B. immer noch ohne
    Eisenbahnen auskommen, wenn sie auf den Augenblick gewartet hätte, wo
    die individuellen Kapitale durch Akkumulation sich soweit vergrößert haben, dass sie im Stande sind, eine solche Aufgabe zu übernehmen. Die Zentralisation des Kapitals vermittelst Aktiengesellschaften hat das sozusagen
    im Handumdrehn besorgt«. (NTA: 563; vgl. MEW 23: 656 bzw. MEGA II/7:
    549).

direkten Verhältnis zur Anzahl und im umgekehrten Verhältnis zur Größe der rivalisierenden Kapitale. Sie endet stets mit dem Untergang einer großen Zahl kleiner Kapitalisten, deren Kapitale teils in die Hand des Siegers übergehn, teils untergehn.«[14]

Konnten die bei Marx aus früheren Zeiten angeführten Beispiele noch als von den historischen Akteuren mehr oder minder bewusst herbeigeführte Resultate von Kannibalismus bzw. Kannibalisierung interpretiert werden, ist der Zentralisationsprozess des Kapitals ein objektiver Prozess, der von den Akteuren allenfalls modifiziert, also beschleunigt oder verlangsamt, werden kann, aber prinzipiell unabhängig von ihrem Willen und Wollen abläuft. Er setzt daher die Existenz einer kapitalistischen Produktionsweise voraus, die sich auf ihrer eigenen technologischen Grundlage entwickelt und ihren eigenen ökonomischen Gesetzen folgt. In diesem sozialökonomisch determinierten Sinne sind Kannibalismus und Kannibalisierung zu einem essentiellen Bestandteil kapitalistischer Entwicklung geworden.[15]

Die Tendenz des Zentralisationsprozesses hatte Marx noch gesehen: »Das Kapital kann hier zu gewaltigen Massen in einer einzigen

---

14 NTA: 560/561; vgl. MEW 23: 654/655 bzw. MEGA II/7: 547.

15 Der indigene US-Historiker Jack D. Forbes (1934-2011) war der Auffassung, »dass Imperialismus und Ausbeutung Formen des Kannibalismus sind und wirklich die teuflischsten und bösesten Formen des Kannibalismus« (vgl. sein Buch Columbus und andere Kannibalen. Die indianische Sicht der Dinge. Übers. aus d. Englischen, Wuppertal 1992: 40; in der Neuausgabe Columbus and other cannibals. The wétiko disease of exploitation, imperialism, and terrorism. Rev. ed. New York 2008: 24). Der große Nachteil seiner Untersuchung ist, dass er den Kannibalismus als eine ansteckende Krankheit ansieht, die als »Wétiko-Seuche« (vom angolquinischen Wendigo, zu deutsch Menschenfresser; vgl. den Artikel in Wikipedia English, abgerufen am 4.11.2021), von den ersten Zivilisationen im Nahen Osten ausgehend, nach und nach alle zivilisierten Völker »infizierte« (S. 60 bzw. 44), so dass »die Weltgeschichte der vergangenen 2000 Jahre zum größten Teil die Geschichte der Verbreitung der Wétiko-Seuche« sei (S. 62 bzw. 46); die gegen die Wétiko-Psychose gerichteten Bemühungen seien seiner Ansicht nach vor allem daran gescheitert, dass »sie den Wétiko nicht als kranken Menschen verstanden haben« (S. 150 bzw. 171); das einzige Gegenmittel sei daher die »Suche nach geistiger Gesundheit – die Umkehrung des Brutalisierungsprozesses« (ebenda).

Hand anwachsen, weil es dort einer großen Zahl von Händen entgleitet. In einem einzelnen Geschäftszweig hätte die Zentralisation ihre äußerste Grenze erreicht in dem Augenblick, wo alle dort angelegten Kapitale nur noch ein einziges individuelles Kapital bildeten. In einer gegebnen Gesellschaft wäre diese äußerste Grenze erreicht erst in dem Augenblick, wo das gesamte nationale Kapital nur noch ein einziges Kapital bilden würde in der Hand, sei es eines einzigen Kapitalisten, sei es einer einzigen Kapitalistenvereinigung.«[16] Was er nicht mehr wahrnehmen konnte, war die Tatsache, dass der Zentralisationsprozess, lange vor Erreichung seiner äußersten Grenze, umschlagen würde in einen neuartigen, in einen Monopolisierungsprozess, in dessen Ergebnis auch ein neues Stadium des Kapitalismus, der Monopolkapitalismus erreicht wurde.[17]

Sicherlich, im strengen Sinne des Wortes gibt es selbst heute kaum *Mono*pole, sondern nur *Oligo*pole: Einige wenige Anbieter beherrschen einen gegebenen Markt und befinden sich zumeist in »monopolistischer (!) Konkurrenz«, beispielsweise heutzutage Microsoft und Apple. Aber diese mehr philologische Kritik ändert nichts an der Grundtatsache, dass das Wirtschaftsleben in den kapitalistischen Ländern zumeist von einigen Wenigen beherrscht wird, die ihre vormaligen Konkurrenten »gefressen« haben.

Als im Frühjahr 1914 die älteste deutsche Aktienbank, der A. Schaaffhausen'sche Bankverein, von der Disconto-Gesellschaft »geschluckt« wurde, fiel, wie der Bankexperte Alfred Lansburgh (1872-1937) schrieb, »zum ersten Male eine wirkliche deutsche Großbank dem Konzentrationsprozess zum Opfer«, und er schloss seinen Artikel über »Die Bank mit den 300 Millionen« mit der Prognose: »Weitere Banken werden auf dem beschrittenen Wege nachfolgen

---

16 NTA: 562; vgl. MEW 23: 655/656 bzw. MEGA II/7: 548.

17 Monopole als solche gab es schon wesentlich früher, zu Martin Luthers Zeiten die »Gesellschaft Monopolia« (vgl. NTA: 267 sowie im historisch-kritischen Apparat die Anm. 9668 bzw. MEW 23: 328 bzw. MEGA II/6: 308), sie waren aber nicht, wie dann zu Lenins Zeiten, das sozialökonomisch bestimmende Moment eines Stadiums kapitalistischer Entwicklung.

… und aus den 300 Personen, die heute Deutschland wirtschaftlich
regieren, werden mit der Zeit 50, 25 oder noch weniger werden. Es
ist auch nicht zu erwarten, dass die neueste Konzentrationsbewe-
gung sich auf das Bankwesen beschränken wird … und eines Ta-
ges werden wir aufwachen und uns die Augen reiben: Neben uns
lauter Trusts, vor uns die Notwendigkeit, die Privatmonopole durch
Staatsmonopole abzulösen. Und doch haben wir uns im Grunde
nichts anderes vorzuwerfen, als dass wir der Entwicklung der Dinge
ihren freien, durch die **Aktie** ein wenig beschleunigten Gang gelassen haben.«[18]

Die Privatmonopole durch Staatsmonopole abzulösen, dieser
von Lansburgh sogar als Notwendigkeit prognostizierte Vorgang,
wurde zwar für einige Jahrzehnte in der Sowjetunion und in Osteuropa realisiert, konnte aber im Ergebnis eines »kalten Krieges«
vom Privatkapital wieder rückgängig gemacht werden. Der imperialistische Kannibalismus konnte einen riesigen Triumph feiern – von
wenigen, deshalb besonders verhassten, Ausnahmen wie China und
Kuba abgesehen, beherrschen die Privatmonopole das Wirtschaftsleben im globalen Maßstab, und auch zu Beginn des 21. Jahrhunderts war »das große Fressen«[19] weitergegangen.

2007ff.: Neue Form der Kannibalisierung
Jedoch hat sich seit dem Ausbruch der Finanzkrise von 2007/08
im kapitalistischen Wirtschaftsleben eine neue Form von Kanni-
balisierung entwickelt. Die im Gefolge der Krise seither von den
Zentralbanken geübte Praxis des billigen Geldes hat, entgegen ihrer
Zielsetzung, keineswegs zu einem dauerhaften Aufschwung der
Realwirtschaft geführt, weil eine Erhöhung der Investitionen in der
produzierenden Wirtschaft ausgeblieben ist; die aber wäre wesent-

---

18 Die Bank. Monatshefte für Finanz- und Bankwesen, Berlin 1914, H. 5: 415
    u. 426, hier zitiert nach: Wladimir I. Lenin: Hefte zum Imperialismus =
    Werke, Bd. 39, Berlin 1970: 57/58.

19 Vgl. Winfried Wolf: Fusionsfieber oder: das große Fressen. Globalisierungs-
    mythos – Nationalstaat – Wirtschaftsblöcke, Köln 2000.

liche Voraussetzung dafür, mehr zu produzieren, auf diese Weise das Angebot zu erhöhen und so die Nachfrage zu befriedigen. Das Gegenteil ist der Fall, weshalb die *Neue Zürcher Zeitung* am 9. Dezember 2019 (also Wochen vor den ersten Nachrichten über die Corona-Pandemie) sehr treffend über eine »Kannibalisierung der realen Investitionen« durch die zwar schuldenfinanzierten, aber viel renditeträchtigeren Finanzinvestitionen berichtet hat. Wenn jedoch durch Spekulationen in der Finanzsphäre viel höhere Profite viel leichter und viel schneller zu erlangen sind als durch langfristige Anlagen in der Produktionssphäre, sind die unmittelbaren Folgen für Produktion und Akkumulation dann absehbar, wenn eine von Engels im Kapital-Band III getroffene Feststellung auf die gegenwärtigen Verhältnisse angewendet wird. Sie lautet: »Und sobald die Kapitalbildung ausschließlich in die Hände einiger wenigen, fertiger Großkapitale fiele, **für die die Masse des Profits die Rate aufwiegt,** wäre überhaupt das belebende Feuer der Produktion erloschen. Sie würde einschlummern.«[20]

---

20 Vgl. MEW 25: 269 bzw. MEGA II/15: 255 (Hervorhebung Th. K.), mit der Fortsetzung: »Die Profitrate ist die treibende Macht in der kapitalistischen Produktion…« Im Apparat zu MEGA II/15 ist diese Feststellung unter den aus dem Hauptmanuskript entnommenen Stellen verzeichnet und weder als inhaltlich bedeutsamer Zusatz von Engels noch als nicht korrigierte korrupte Stelle. Aber im Hauptmanuskript ist teilweise ganz anderes zu lesen: »Und sobald die Capitalbildung ausschließlich in die Hände weniger fertiger grosser Capitale fiele, für die die Masse des Profits die Rate aufwiegt, wäre überhaupt das belebende Feuer derselben erloschen. It would cease shining. Die Profitrate ist die treibende agency in der capitalistischen Production…« (MEGA II/4.2: 332/33). Aber erstens kann sich meines Erachtens das »derselben« bei Marx nur auf »die Rate« (des Profits) beziehen und nicht, wie Engels meinte, auf die Produktion, und zweitens bezieht sich das »it« im nachfolgenden Satz wohl auf das belebende Feuer (der Rate und nicht der Produktion), dessen »shining« aufhört, wobei »shining« (leuchten) wohl ein Marx'scher Missgriff für »blazing« (lodern, auflodern) ist. Letzteres ist der englischen Übersetzung von MEGA II/4.2 zu entnehmen, wo es heißt: »And if capital formation were to fall exclusively into the hands of a few existing big capitals, for whom the mass of profit outweighs the rate, the animating fire of production would be totally extinguished. It would cease blazing. The rate of profit is the driving agency of capitalist production …«, womit aller-

Engels' Feststellung erklärt einiges. Sie erklärt, warum Infrastrukturen mehr und mehr verrotten, deren Wiederherstellung, selbst auf dem alten Niveau, hierzulande weit über hundert Milliarden kosten würde – Investitionen, die sich unter dem Blickwinkel des Profits »nicht rechnen«. Sie erklärt, warum Konzerne per »Outsourcing« ihre produzierenden Bereiche mehr und mehr in Billiglohnländer ausgelagert haben, mit dem nunmehr ganz offensichtlich gewordenen Resultat, dass »die Lieferketten reißen«. Sie erklärt, warum über Jahre als Ideal eine vorratslose Produktion (»*Just-in-time-production*«) angestrebt worden ist, deren Resultate heute in Form »neoliberaler Mangelwirtschaft«[21] zu besichtigen sind. Sie erklärt auch, warum die für das Gesundheitswesen Zuständigen in Politik und Wirtschaft der vierten Corona-Welle genauso hilflos gegenüberstanden wie der ersten, weil sie immer noch nicht begriffen haben, dass weder Privatisierungen noch die allein unter betriebswirtschaftlichem Aspekt hochprofitablen Sparprogramme geeignete Mittel zur Bekämpfung der Pandemie sind; die ist allein durch Investitionen in den Griff zu bekommen, und zwar sowohl beim variablen Kapital (durch erhöhten Personalbestand und bessere Bezahlung) als auch beim konstanten Kapital (dessen Struktur zu vielfältig ist, um deren Elemente hier aufzulisten).

In all diesen Bereichen sind die Folgen der Kannibalisierung der Realinvestitionen offenkundig. Und dabei ist noch nicht einmal jener Bereich genannt, über den zwar ständig geredet wird, in dem aber, gemessen an der Aufgabenstellung, bislang kaum etwas getan worden ist – die zwar noch nicht eingetretene, aber immer wahrscheinlicher werdende Klimakatastrophe, die die Fortexistenz der Menschheit bedroht. Die Aussichten auf Veränderung sind jedoch schlechter als je zuvor – angesichts der weiter fortgesetzten neolibe-

---

dings auch hier das »derselben« auf die Produktion bezogen worden ist (vgl. Marx' Economic Manuscript of 1864/65. Transl. by Ben Fowkes = Historical Materialism. Book Series, Vol. 100, Leiden/Boston 2016: 367).

21 Hierzu vgl. meinen Artikel gleichen Titels in: lunapark21 – zeitschrift zur kritik der globalen ökonomie, H. 55 (Herbst 2021): 78/79.

ralen Wirtschaftspolitik, der Nicht-Ergebnisse diverser Weltklima-
konferenzen (die der im November 2021 in Glasgow zu Ende gegan-
genen hat Greta Thunberg zu Recht als »Blablabla« charakterisiert)
und bislang ziemlich erfolglos gebliebener Aktionen wie »Fridays
for future« und ähnlicher Proteste. Gibt es *im Rahmen kapitalistischer Eigentumsverhältnisse* realistische Möglichkeiten, die drohende Katastrophe abzuwenden?

Eine mögliche Variante ist, dass alles beim Alten bleibt: Die Kapi-
taleigentümer treiben weiter ihre Spiele an der Börse und kümmern
sich nicht um neue, profitable Anlagesphären in der Realwirtschaft.
Dann könnte die von Engels angedeutete Möglichkeit verwirklicht
werden: Das »belebende Feuer der Produktion« erlischt, so dass die
Produktion »einschlummert« – auf diese Weise könnten sich Klima,
Ozeane, die belebte Natur usw. erholen, und die natürlichen Selbstreinigungsprozesse würden wieder in Gang kommen. Angesichts
des in weiten Teilen dieser Welt herrschenden Elends wäre dies eine
Lösung für die »happy few«, nicht auszuschließen, aber zumindest
für sozial denkende Menschen nicht erstrebenswert.

Eine andere Variante ist, dass die notwendigen Investitionen
von Staatswegen getätigt werden.[22] Dazu benötigt der Staat allerdings eines – Geld. Das ist auch massenhaft vorhanden, nämlich bei
den an der Börse spielenden, aber ansonsten investitionsabstinen-
ten Kapitaleigentümern. So titelte beispielsweise *Focus online* am
9.11.2021: »Warren Buffett sitzt auf 143 Milliarden Dollar Cash –
doch kauft fast nur eigene Aktien«; derselbe Buffett beschwert sich
seit zehn Jahren, dass er weniger Steuern zu zahlen habe als seine Se-
kretärin (vgl. *Handelsblatt* vom 25.1.2012), und verlangt mehr Steuern für die Superreichen: »Meine Freunde und ich sind lange genug
von einem Milliardär-freundlichen Kongress verhätschelt worden«
(vgl. *Frankfurter Allgemeine Zeitung* vom 15.8.2011). Dem Manne
könnte geholfen werden – nicht etwa durch einen revolutionären

22 Auf diese Variante hat mich Georg Fülberth aufmerksam gemacht; vgl. auch
    meinen Aufsatz »Steuern zum Umsteuern? Ein reformistischer Vorschlag
    zur Abwendung einer Katastrophe«, in: lunapark21, H. 56, a. a. O.

Akt, sondern durch eine Steuerreform, mit der nur zu den Zuständen zurückgekehrt werden würde, wie sie in den USA vor der neoliberalen Konterrevolution herrschten, als der Präsident der Ford Company, Lee Iacocca, sich »in der Steuerklasse von 90 Prozent« befand, »das heißt, um zwei Dollar ausgeben zu können, mussten wir zwanzig Dollar verdienen.«[23] Aber das würde voraussetzen, dass die Politik sich von der neoliberalen Ideologie verabschiedet, die die Wirtschaftspolitik seit Ronald Reagan und Margaret Thatcher, also seit vierzig Jahren, beherrscht, und die Herrschaft des neoliberalen Kannibalismus gebrochen wird. Auf der Basis derart erhöhter Steuereinnahmen könnten sukzessive die notwendigen Realinvestitionen in Billionenhöhe getätigt werden, und demzufolge könnten sich Klima, Ozeane, die belebte Natur usw. langsam erholen und die natürlichen Selbstreinigungsprozesse wieder in Gang kommen.

Das ist kein revolutionäres Programm. Aber vorschnelle Kritiker sollten bedenken, was Marx in vergleichbarer Lage schrieb. Die andauernde Arbeitszeitverlängerung während der industriellen Revolution, der dadurch hervorgerufene Raubbau an der menschlichen Arbeitskraft, führte seiner Ansicht nach damals nicht nur »eine Reaktion **der in ihrer Lebenswurzel bedrohten Gesellschaft** herbei und damit einen gesetzlich beschränkten Normal-Arbeitstag«,[24] sondern: Die von den gesetzlich verordneten Arbeitszeitverkürzungen initiierte »wundervolle Entwicklung von 1853 bis 1860, Hand in Hand mit der **physischen und moralischen Wiedergeburt der Fabrikarbeiter**, schlug das blödeste Auge. Die Fabrikanten selbst … wiesen prahlend auf den Kontrast mit den noch ›freien‹ Exploitationsgebieten hin.«[25]

Vergleichbares heute zu erreichen, wäre wohl nicht die schlechteste Variante.

---

23 Lee Iacocca / William Novak: Iacocca. Eine amerikanische Karriere, Düsseldorf/Wien 1986: 131.

24 Vgl. NTA: 359; vgl. MEW 23: 431 bzw. MEGA II/6: 397 (Hervorhebung Th. K.).

25 Vgl. NTA: 252; vgl. MEW 23: 312/313 bzw. MEGA II/6: 296/297 (Hervorhebung Th. K.).

Kai Eicker-Wolf

Mit MMT aus der Krise?

Zu den wirtschaftspolitischen Versprechen der »Modern Monetary Theory«

Die *Modern Monetary Theory* oder auch *Modern Money Theory* – kurz *MMT* – erfreut sich hierzulande steigender Aufmerksamkeit. Insbesondere in politisch eher linken Kreisen trifft MMT auf Interesse und auch auf Zustimmung. Letzteres dürfte vor allem daran liegen, dass MMT in vielen Punkten eine radikale Gegenposition zu wirtschaftsliberalen Theorien einnimmt und beispielsweise auch Argumente gegen die im Grundgesetz verankerte Schuldenbremse liefert. Dieser liegt bekanntlich die Auffassung zugrunde, dass steigende Staatsschulden zu einer Belastung oder gar Überforderung künftiger Generationen führen würden.

Dem wird die provokante These entgegengestellt, dass ein Staat mit souveränem Geld weder sparen noch zusätzliche Steuern erheben müsse, um Vollbeschäftigung zu garantieren oder ein massives Investitionsprogramm in den Klimaschutz wie etwa einen »Green New Deal« zu finanzieren. Ein Land mit eigener Währung könne niemals insolvent werden und sei jederzeit in der Lage, durch die Notenbank die Finanzierung seiner Ausgaben sicherzustellen.

Ob die Vorstellungen der Modern Monetary Theory tragfähig sind, und ob sie als Grundlage für eine progressive Wirtschaftspolitik dienen können, soll im Folgenden näher untersucht werden.

Modern Monetary Theory:
Vollbeschäftigung durch notenbankfinanzierte Staatsausgaben

Auch wenn manche MMT-Vertreter*innen vorgeben, dass MMT als eigenständige Theorie aufzufassen sei, so ist sie doch als Unterströmung der postkeynesianischen Theorie anzusehen.[1]

Ausgangspunkt der Modern Monetary Theory ist die Idee, dass insbesondere Steuern, aber auch Gebühren und Strafen in der vom Staat definierten Währung zu bezahlen sind, und dass dies zu einer gesellschaftlichen Nachfrage nach dieser Währung führt. Dadurch werde die öffentliche Hand in die Lage versetzt, Ressourcen für den eigenen Bedarf in Anspruch zu nehmen. Für die Bereitstellung dieser Ressourcen erhalten die Verkäufer einen Kredit in Form von Geld, das die Begleichung der Steuerschuld gestattet. Da alle Mitglieder eines Wirtschaftsraums zur Steuerzahlung verpflichtet sind, wird so ein Prozess in Gang gesetzt, der über die Nachfrage nach Geld zu einer breiten gesellschaftlichen Akzeptanz und zum Gebrauch der vom Staat eingeführten Währung führt.

Die Erhebung von Steuern ist – der MMT-Logik folgend – dann auch nicht als Mittel zur Finanzierung der öffentlichen Aufgaben, sondern vielmehr als Geldvernichtung anzusehen: Das von der öffentlichen Hand in Umlauf gebrachte Geld wird dem Wirtschaftskreislauf wieder entzogen. Die Ausgabe von Staatsschuldverschreibungen hat aus der Perspektive der Modern Money Theory ebenfalls nicht die Funktion der Staatsfinanzierung. Vielmehr bieten Staatsschuldtitel die Möglichkeit einer verzinslichen Geldanlage.

Auch für MMT-Vertreter*innen stellt sich natürlich die Frage, wie die dargestellten Überlegungen mit der Realität in Einklang zu

---

1   Vgl. Lavoie (2011: 2). Die zentralen Arbeiten zu MMT stammen von Wray (2015 und 2018), der auch zu den drei Autoren eines Lehrbuchs zählt, das MMT zur Grundlage hat (Mitchell u. a. 2019). Größere Aufmerksamkeit erzielt haben jüngst die eher populärwissenschaftlich gehaltenen Arbeiten von Tcherneva (2020) und vor allem von Kelten (2020). Für die Rezeption von MMT in Deutschland stehen die Monographien von Dirk Ehnts (2020) und Maurice Höfgen (2020). Auf diese Arbeiten stützen sich auch die folgenden Ausführungen.

bringen sind. In den meisten entwickelten Industrieländern sind die Zentralbanken unabhängig, und eine Direktfinanzierung der öffentlichen Hand durch Notenbanken mittels entsprechender gesetzlicher Regulierungen ist untersagt – Finanzministerium und Zentralbank bilden erst recht keine Einheit. Ein Kauf von Staatsanleihen ist Notenbanken in der Regel nur am Sekundärmarkt gestattet.

Nach Auffassung von Anhänger*innen der Modern Monetary Theory handelt es sich bei der institutionellen Trennung bzw. der politischen Unabhängigkeit von Zentralbank und Finanzministerium um selbst auferlegte Beschränkungen. Die komplexe institutionelle Ausgestaltung durch die Trennung von Zentralbank und staatlichem Haushalt sowie das formale Verbot einer Direktfinanzierung der Staatsausgaben werden als Schleier interpretiert, der das reale Geschehen und damit bestehende wirtschaftspolitische Gestaltungsmöglichkeiten verberge. Dabei ist die Frage nach der Tragfähigkeit der Staatsverschuldung für MMT irrelevant. Für einen Staat mit eigener souveräner Währung spiele die Höhe des Schuldenstandes keine Rolle, denn er könne in der eigenen Währung jede fällig werdende und erforderliche Zahlung leisten.

MMT-Anhänger*innen sprechen sich grundsätzlich für flexible Wechselkurse aus. Dabei werden flexible Wechselkurse nicht etwa mit Blick auf die Zahlungsbilanz bzw. den Außenhandel befürwortet. Vielmehr ist eine Währung gemäß MMT nur dann *souverän*, wenn der Wechselkurs frei schwanken kann, denn nur dann besteht kein institutioneller Zwang zur Intervention an den Devisenmärkten bzw. zu einer restriktiven Wirtschaftspolitik zur Stabilisierung des Wechselkurses. Vermieden werden müsse eine Verschuldung in Auslandswährung, denn im Falle einer Abwertung drohe der so genannte *Realschuldeneffekt*: Muss ein Kredit in Auslandswährung bedient werden, und wertet die eigene Währung ab, dann ist ein höherer Betrag an Inlandswährung aufzuwenden, um den Kredit zurückzuzahlen.

Auf der geschilderten Grundlage besteht für MMT ein weiter Spielraum für die Finanz- im Zusammenspiel mit der Geldpolitik,

der, so die wirtschaftspolitische Zielsetzung, insbesondere zur Erreichung von Vollbeschäftigung genutzt werden soll. Als Schlagworte
dient der Begriff *Jobgarantie* (engl. *Job Guarantee*): Die öffentliche
Hand soll über ein entsprechendes Beschäftigungsprogramm als
Arbeitgeber der letzten Instanz (engl. *Employer of last Resort)* jeder
Person ein entsprechendes Angebot machen, die Arbeit sucht. Ziel
ist eine Arbeitslosenrate von Null in Verbindung mit Preisstabilität.[2] Verbunden wird dies zum Teil auch mit der Möglichkeit, einen
»Green New Deal« zu finanzieren. Der Lohn im Rahmen der Jobgarantie soll für eine Vollzeitarbeitskraft ein existenzsicherndes
Arbeitsentgelt zur Verfügung stellen, das auf Stundenbasis auch den
effektiven nationalen Mindestlohn darstellt.

Auch wenn die öffentliche Hand aus MMT-Sicht grundsätzlich
keine Finanzierungsprobleme hat, so bestehen doch ökonomische
Beschränkungen auf der Ausgabenseite, die in der Verfügbarkeit
von Ressourcen und der Auslastung von Kapazitäten bestehen.
Durch eine Steigerung der staatlichen Ausgaben kann es – wenn die
Wirtschaft ihre Kapazitätsgrenzen erreicht hat – zu einer nachfrage-
induzierten Inflation kommen. Um dies zu vermeiden, favorisiert
MMT insbesondere Steuererhöhungen, um in diesem Fall die private Nachfrage zu reduzieren. Die Kaufkraft des privaten Sektors wird
so durch die zusätzlich zu zahlenden Steuern beschränkt, um der
öffentlichen Hand eine inflationsfreie Nutzung der zur Verfügung
stehenden Ressourcen zu ermöglichen.

Wie tragfähig sind die wirtschaftspolitischen MMT-Vorschläge?
Gegen die Modern Monetary Theorey wird häufig der Einwand er-
hoben, dass sie dem Problem der Inflation bzw. der Hyperinflation
keine Aufmerksamkeit widmet. Dieser Vorwurf ist in pauschaler
Form nicht berechtigt. So wird die generelle Notwendigkeit einer
Inflationsbekämpfung durchaus gesehen – allerdings kann hinter-

---

2   Die konkreten Vorstellungen zum Einsatz der Fiskalpolitik im Zusammen-
    spiel mit der Geldpolitik ist stark von Lerners Functional Finance (1943)
    beeinflusst.

fragt werden, ob die Dynamik von Inflationsprozessen tatsächlich adäquat eingeschätzt wird. So behauptet Wray, dass bis zu einer Inflationsrate von 40 (!) Prozent keine ökonomischen negativen Effekte auftreten.[3] Demgegenüber ist allerdings zu bedenken, dass gerade in reifen industriellen Staaten Geldvermögensbestände von relevanter Höhe schon im Bereich der Mittelschichten existieren und dass in diesen Ländern allein deshalb von einer gesellschaftlichen Aversion gegen Inflationsraten im höheren einstelligen Bereich auszugehen ist. Eine sich beschleunigende Inflation wird die Wertaufbewahrungsfunktion des nationalen Geldes zumindest in Mitleidenschaft ziehen und vermutlich bereits vor Erreichen einer Inflationsrate von 40 Prozent zur Flucht der Vermögensbesitzer*innen in Sachwerte oder in ausländische Währungen führen. Zudem kann eine Abwertung der nationalen Währung in Folge der Verlagerung von Vermögen ins Ausland den Inflationsprozess weiter anheizen (Abwertungs-Inflations-Spirale). Um einen Übergang in eine Hyperinflation zu verhindern, muss letztlich wirtschaftspolitisch reagiert werden.

Zudem kann auch gefragt werden, ob der von MMT favorisierte Einsatz der Steuerpolitik zur Inflationsbekämpfung realistisch ist. Zunächst einmal stellt sich die Frage, ab welcher Höhe der Inflationsrate höhere Steuern zum Einsatz kommen sollen, und wie hoch die Steigerung der entsprechenden Steuersätze ausfallen soll. Auch erscheint die Steuerpolitik als Instrument einer diskretionären, auf Inflationsbekämpfung ausgelegten Wirtschaftspolitik aufgrund von erheblichen Wirkungsverzögerungen als relativ ungeeignet – mit ihr kann kaum schnell und präzise reagiert werden, um inflationäre Prozesse zu stoppen.[4]

Und selbst die Idee des Jobgarantieprogramms erscheint bei genauerem Hinsehen kaum als wirtschaftspolitischer Stein der Weisen. Zwar weisen MMT-Vertreter*innen in der Regel darauf hin,

---

3   Wray (2015: 249).
4   So auch das Urteil von Palley (2019: 9f.).

dass Jobgarantie-Beschäftigung auf keinen Fall in Konkurrenz zur Beschäftigung im Privatsektor oder zum Öffentlichen Dienst stehen solle. Ob dies in der Umsetzung gerade mit Blick auf den Öffentlichen Dienst gelingen kann, ist allerdings in Frage zu stellen, da im Jobgarantie-Programm auch Beschäftigung in den Bereichen Pflege sowie Erziehung und Bildung vorgesehen ist.[5] Gesellschaftlich bedeutsame Beschäftigungsverhältnisse und Tätigkeiten – zumal dann, wenn diese von ausgebildeten Fachkräften erbracht werden müssen – sollten allerdings dauerhaft bereitgestellt werden und nicht den Schwankungen des Jobgarantie-Beschäftigungspools unterliegen.[6] Letztlich kann die Beschäftigung im Jobgarantie-Programm immer nur von nachrangiger Bedeutung sein – dieses grundsätzliche Dilemma besteht letztlich für alle öffentlichen Beschäftigungsprogramme, die nicht auf Dauer angelegt sind.

Steuern und Verteilung

Die Ungleichheit von Einkommen und Vermögen und ihre sozialen und politischen Folgen stehen seit einigen Jahren im Mittelpunkt gesellschafts- und wirtschaftspolitischer Debatten. Dies hängt eng mit den Forschungsergebnissen von *Piketty* zusammen: Seit rund vier Jahrzehnten ist in zahlreichen Ländern eine zunehmende und zum Teil dramatisch steigende Ungleichheit der Einkommens- und Vermögensverteilung feststellbar, was insbesondere auf die immer geringere Besteuerung von einkommensstarken und vermögenden Haushalten zurückgeht.[7] Eine progressive Wirtschaftspolitik müsste gerade die zunehmende Ungleichheit und den bedeutenden Einfluss der Steuerpolitik für Verteilungsfragen zum Thema machen.

---

5   Vgl. z. B. Höfgen (2020: 163).

6   So auch Sawyer (2020: 368.).

7   Vgl. dazu Piketty (2014, 2020). Zur Wirkung der besonders radikalen Steuersenkungen auf die Einkommens- und Vermögensverteilung in den USA vgl. auch Saez/Zucman (2020). Für Deutschland sind in diesem Kontext die Arbeiten von Bach u. a. (2016a und 2016b) relevant.

Wie erwähnt haben Steuern im Rahmen von MMT für die öffentliche Hand keine Finanzierungsfunktion. Lediglich die *Steuerpflicht* ist für die Ausgabentätigkeit der öffentlichen Hand bedeutsam. Allerdings hat die Erhebung von Steuern für MMT auch die Aufgabe, der Privatwirtschaft Kaufkraft zu entziehen. So soll dem Staat wie erläutert ein inflationsfreier Zugriff auf Ressourcen ermöglicht werden. Letztlich kommt hier durch die Hintertür doch eine Art von Finanzierungsfunktion von Steuern ins Spiel, denn auch aus MMT-Sicht sichern die Steuereinnahmen dem Staat letztlich die Inanspruchnahme von Ressourcen.

Zu Fragen der Einkommens- und Vermögensverteilung machen MMT-Vertreter*innen ambivalente Aussagen. Zum einen finden sich kurze Bemerkungen, dass die Verteilung in den vergangenen Jahren ungleicher geworden sei – meist verbunden mit dem Hinweis, dies sollte korrigiert und hierzu könne auch die Steuerpolitik herangezogen werden. Auffällig ist allerdings, dass im Rahmen von MMT die Arbeiten von Piketty zur Entwicklung der Einkommens- und Vermögensverteilung so gut wie keine Bedeutung haben und dass Verteilungsfragen in den zentralen MMT-Arbeiten ohne Bezüge zu detaillierten verteilungspolitischen Analysen und empirischem Datenmaterial behandelt werden.

Neben Aussagen, die ein verteilungspolitisches Handeln fordern oder zumindest nahelegen, finden sich allerdings auch Feststellungen von prominenten MMT-Ökonom*innen, die als Absage insbesondere an steuerpolitische Korrekturen von ungleicher Verteilung zu verstehen sind und explizit von einer Umverteilung durch Steuern abrücken. So wirbt Kelton im Februar 2019 in einem Beitrag auf *Bloomberg.com* für ein *Deficit Spending* zur Finanzierung eines Green New Deal und weiterer Ausgabenprogramme, statt reiche Personen zu besteuern.[8] Sicherlich können staatliche Ausgabenprogramme dazu beitragen, die Verteilungslage von unteren Einkommensschichten zu verbessern. Letzteres gilt auch für Be-

---

8   Vgl. Kelton (2019).

schäftigung zu einem armutsfesten Mindestlohn. Allerdings ist das Problem der enormen Konzentration von Einkommen und Vermögen sowie der damit einhergehenden gesellschaftlichen Macht nur durch eine radikale Besteuerung lösbar.

Zu hinterfragen ist auch Wrays Plädoyer für die Abschaffung von Unternehmenssteuern. Wray begründet dies damit, dass Unternehmenssteuern durch Überwälzung zu höheren Preisen und/ oder geringeren Löhnen führen würden. Allerdings sei nicht klar, so Wray, in welchem Umfang die Überwälzung erfolge. Dies hänge vermutlich von der Wettbewerbsintensität auf den Märkten ab. Zum anderen komme es aufgrund des internationalen Steuerwettbewerbs zu Unternehmensverlagerungen.[9]

Tatsächlich ist die Frage, ob und in welcher Form es zur Überwälzung von Unternehmenssteuern kommt, in den Wirtschaftswissenschaften hochgradig umstritten.[10] Grundsätzlich erscheint es nicht plausibel, bei Gewinnsteuern von einer generellen Überwälzung auszugehen. Ebenfalls nur eingeschränkt überzeugen kann die These von Wray, dass der internationale Steuerwettbewerb zu Unternehmensverlagerungen führe. Denn tatsächlich ist die Höhe der Gewinnbesteuerung für grenzüberschreitende Investitionsentscheidungen und Standortverlagerungen einer unter vielen Faktoren. Einen wesentlich größeren Einfluss auf Auslandsinvestitionen haben die Größe der Absatzmärkte, das Vorhandensein von qualifizierten Arbeitskräften, die Infrastruktur und Fragen der Rechtssicherheit.[11]

Außenwirtschaftlicher Spielraum und Währungskonkurrenz

Wie bereits erläutert sprechen sich Vertreter*innen von MMT grundsätzlich für flexible Wechselkurse aus, um souverän agieren zu können. Vor dem Hintergrund der internationalen Währungs-

---

9   Vgl. Wray (2015: 154f.), ähnlich Höfgen (2020: 203ff.).

10 Vgl. z.B. Fauser (2019: 13).

11 Ebd. (3f.).

und Finanzbeziehungen und ihrer Geschichte ist dies durchaus erstaunlich.

Die Erfahrungen der weltwirtschaftlichen Desintegration in den 1930er Jahren führten nach dem Zweiten Weltkrieg bekanntlich zur Errichtung des Systems von Bretton Woods, mit festen, aber anpassungsfähigen Wechselkursen. Der internationale Kapitalverkehr war in den ersten Jahren der Nachkriegszeit weitestgehend unterbunden. Kapitalverkehrskontrollen wurden zwar im Laufe der Zeit zum Teil abgebaut – allerdings blieb der internationale Kapitalverkehr auch in den 1960er Jahren noch relativ stark reguliert. Der Zeitraum bis zum Zusammenbruch dieses Systems im Jahr 1973 wird auch als *goldenes Zeitalter* bezeichnet: hohe und stabile Wachstumsraten gingen einher mit wachsendem Wohlstand und geringer Arbeitslosigkeit. Diese positive wirtschaftliche Entwicklung nach dem Zweiten Weltkrieg ist zumindest ein Indiz dafür, dass stabile Wechselkurse in Verbindung mit Kapitalverkehrsregulierungen flexiblen Wechselkuren vorzuziehen sind.

Wechselkursveränderungen aufgrund von frei schwankenden Wechselkursen können erhebliche Auswirkungen auf die Binnenwirtschaft haben. So wird im Falle einer starken Aufwertung etwa aufgrund von massiven Kapitalzuflüssen der Export des hiervon betroffenen Landes zurückgehen, und es wird in den Exportsektoren zu einem Beschäftigungsrückgang und Unternehmenspleiten kommen. Noch problematischer können die Folgen einer massiven Abwertung ausfallen. So werden hierdurch zwar Exportgüter an Wettbewerbsfähigkeit gewinnen und damit die Ausfuhr von Gütern angeregt. Wenn allerdings eine starke Abhängigkeit von Rohstoffen und Vorprodukten besteht, die nicht durch eine entsprechende Produktion im Inland ersetzt werden können, dann werden die teureren importierten Waren die Inflation im Inland anheizen. Unter Umständen kann dies einen kumulativen Prozess in Form einer Abwertungs-Inflations-Spirale in Gang setzen.

Wie bereits erläutert sind Abwertungen aufgrund des Realschuldeneffektes zudem ein Problem im Falle einer Verschuldung in ausländischer Währung, da der Schuldenstand in eigener Währung allein aufgrund einer Abwertung steigt. Zwar wird von MMT-Vertreter*innen wie erwähnt empfohlen, eine Verschuldung in ausländischer Währung zu vermeiden. Diese Empfehlung erscheint aber unrealistisch, da im Rahmen eines internationalen Kreditgeschäfts der Gläubiger gegenüber dem Schuldner immer am längeren Hebel sitzt.[12] Deshalb können die meisten Länder sich nicht aussuchen, in welcher Währung sie sich verschulden. Im Rahmen von internationalen Kreditbeziehungen werden lediglich Währungen mit einer hohen Reputation bzw. einer hohen Stellung in der internationalen Währungshierarchie akzeptiert – dominant ist hier der US-Dollar – und eben nicht die Währungen von Entwicklungs- und Schwellenländern.[13] Durch eine unzureichende Analyse der internationalen Währungsbeziehungen und der existierenden Währungshierarchien[14] wird die Verschuldung von Schwellen- und Entwicklungsländern in Auslandswährungen von MMT auch nicht als ein strukturelles Problem wahrgenommen.[15]

Schwachwährungsländer sind gezwungen, als Kompensation für die geringe Reputation ihrer Währung generell höhere Zinsen zu zahlen als Länder mit härteren Währungen oder gar Leitwährungen, um ihren Wechselkurs zu stabilisieren. Sie verfügen mithin über keine souveränen Währungen im Sinne von MMT, und sie können durch kurzfristige Kapitalbewegungen unter einen starken Auf- und Abwertungsdruck geraten, auf den sie mit ihrer Geldpolitik reagieren müssen, sollen keine erheblichen wirtschaftlichen Verwerfungen auftreten. Letztlich stellt aus einer entwicklungspoli-

---

12 Vgl. Herr (2001: 167).

13 Vgl. dazu z. B. die entsprechenden Zahlen zu internationalen Kreditgeschäften in Fritz u. a. (2018: 209), Herr (2018: 698) und Epstein (2019: 59).

14 Vgl. dazu z. B. Herr (2001), Fritz u. a. (2018) und auch Herr/Nettekoven (2021).

15 So auch die Einschätzung von Bonizzi u. a. mit Blick auf MMT (2020: 111): »... the significance of an international currency hierarchy has received less attention.«

tischen Perspektive das aktuell vorherrschende unkoordinierte System flexibler Wechselkurse in Verbindung mit dem weltweit stark liberalisierten internationalen Kapitalverkehr für Schwellen- und Entwicklungsländer mit ihren weichen Währungen ein grundlegendes Problem dar. Bonizzi u. a. kommen dann auch folgerichtig zu dem Urteil, dass MMT keinen Beitrag dazu leistet, die beschränkte geldpolitische Autonomie von Entwicklungs- und Schwellenländern zu erweitern – ganz im Gegenteil seien die Vorschläge im besten Falle irreführend, im schlimmsten Falle unverantwortlich.[16] Zwar mag die Errichtung eines Fixkurssystems und ein international abgestimmt regulierter Kapitalverkehr wie zu Zeiten des Bretton-Woods-Systems aktuell illusorisch erscheinen – aber dies wäre einem System mit flexiblen Wechselkursen vorzuziehen: Feste, aber fallweise anpassungsfähige Wechselkurse würden Erwartungen stabilisieren und im Verbund mit Kapitalverkehrskontrollen vor destabilisierenden Kapitalbewegungen schützen. Zudem erweitern Kapitalverkehrskontrollen den Spielraum für eine an binnenwirtschaftlichen Zielen ausgerichtete Wirtschaftspolitik.[17]

Fazit

Zweifellos ist eine Direktfinanzierung von Staatsausgaben durch die Zentralbank bzw. eine Monetarisierung von Staatsschulden nicht generell abzulehnen. So verweisen Heine/Herr vollkommen zu Recht darauf, dass Zentralbanken im Krisenfall die Funktion eines *Lender of last Resort for Public Budgets* erfüllen müssen.[18] Allerdings erscheint eine laufende Finanzierung des Staates durch die Notenbank äußerst fragwürdig – das damit zusammenhängende Problem der Inflation wird auch im Rahmen von MMT letztlich nicht überzeu-

---

16 Vgl. Bonizzi u. a. (2020: 124).

17 Im gegenwärtigen Weltwährungs- und Finanzsystem scheinen die Analyse und die im Rahmen der Modern Monetary Theory gemachten wirtschaftspolitischen Empfehlungen hauptsächlich auf die USA abzuzielen, vgl. dazu ausführlich Epstein (2019: 45ff.).

18 Vgl. Heine/Herr (2021), auch Herr (2014).

gend behandelt. Die in diesem Kontext bedeutende Frage, warum sich die Unabhängigkeit von Zentralbanken historisch herausgebildet hat, wird gar nicht gestellt. Ganz abgesehen davon weist MMT wesentliche Schwachstellen für eine progressive Wirtschaftspolitik auf: Verteilungsfragen insbesondere im Zusammenhang mit der Besteuerung von hohen Einkommen und Vermögen werden systematisch ausgeblendet und sogar negiert, und selbst das in Aussicht gestellte Vollbeschäftigungsprogramm steht vor den gleichen Problemen wie alle öffentlichen Beschäftigungsprogramme, die keine Dauerarbeitsplätze schaffen. Und für Entwicklungs- und Schwellenländer liefert MMT erst recht keine wirtschaftspolitische Grundlage. Insgesamt ist die Modern Monetary Theory kein zukunftstaugliches Konzept für eine progressive Wirtschaftspolitik.

Literatur

Bach, Stefan / Beznoska, Martin / Steiner, Viktor (2016a): Wer trägt die Steuerlast in Deutschland? Verteilungswirkungen des deutschen Steuer- und Transfersystems. DIW Politikberatung Kompakt 114, September, Berlin.

Bach, Stefan / Beznoska, Martin / Steiner, Viktor (2016b): Wer trägt die Steuerlast in Deutschland? Steuerbelastung nur schwach progressiv, in: DIW Wochenbericht 51+52/2016.

Bonizzi, Bruno / Kaltenbrunner, Annina / Michell, Jo (2020): Monetary sovereignity is a spectrum: modern monetary theory and developing countries, in: Edward Fullbrook / Jamie Morgan (Hg.): Modern Monetary Theory and its Critics, World Economics Association Books, Bristol (UK).

Ehnts, Dirk (2020): Geld und Kredit: eine €-päische Perspektive, 3. Aufl., Marburg.

Epstein, Gerald A. (2020): What's Wrong with Modern Money Theory? A Policy Critique. Palgrave Macmillan / Springer Nature Switzerland AG, Cham.

Fauser, Hannes (2019): »Die Unternehmenssteuern in Deutschland sind zu hoch«, Steuermythen. De (https://steuermythen.de/wp-content/uploads/2019/09/09Mythos_Unternehmenssteuernsindzuhoch_v4a.pdf).

Fritz, Barbara / de Paula, Luiz F. / Magalháes Prates, Daniela (2018): Global currency hierarchy and national policy space: a framework for peripheral economics, in: European Journal of Economics and Economic Policies: Intervention, Vol. 15, No. 2, 2018.

Heine, Michael / Herr, Hansjörg (2021): The European Central Bank, Newcastle.

Herr, Hansjörg (2001): Weltwährungssysteme im Rückblick – Lehren für die Zukunft, in: Arne Heise (Hg.), Neue Währungsarchitektur, Marburg.

Herr, Hansjörg (2014): The European Central Bank and the US Federal Reserve as Lender of Last Resort, in: Panoeconomicus, 2014, 1 Special Issue.

Herr, Hansjörg / Nettekoven, Zeynep (2021): International money, privileges and underdevelopment, in: Bonizzi, Bruno / Kaltenbrunner, Annina / Ramos, Raquel A. (Hg.), Emerging Economies and the Global Financial System. Post Keynesian Analysis, London.

Höfgen, Maurice (2020): Mythos Geldknappheit. Modern Monetary Theory oder warum es am Geld nicht scheitern muss, Stuttgart.

Kelton, Stephanie (2019): The Wealthy Are Victims of Their Own Propaganda, Bloomberg.com, https://www.bloomberg.com/opinion/articles/2019-02-01/rich-must-embrace-deficits-to-escape-taxes.

Kelton, Stephanie (2020): The Deficit Myth. Modern Monetary Theory and How to Built a Better Economy. John Murray (Publishers), London.

Lavoie, Marc (2011): The monetary and fiscal nexus of neo-chartalism: A friendly critical look, Ottawa (https://www.boeckler.de/pdf/v_2011_10_27_lavoie.pdf).

Lerner, Abba P. (1943): Functional Finance and the Federal Debt, in: Social Research, Vol. 10, No. 1, Februar 1943.

Mitchell, William / Wray, L. Randall / Watts, Martin (2019): Macroeconomics, Red Globe Press, London.

Palley, Thomas (2019): What's wrong with Modern Money Theory (MMT): A critical Primer, FMM Working Paper No. 44, March 2019, Hans-Böckler-Stiftung, Düsseldorf.

Piketty, Thomas (2014): Das Kapital im 21. Jahrhundert, München.

Piketty, Thomas (2020): Kapital und Ideologie, München.

Saez, Emmanuel / Zucman, Gabriel (2020): Der Triumph der Ungerechtigkeit. Steuern und Ungleichheit im 21. Jahrhundert, Berlin.

Sawyer, Malcolm (2020): Modern monetary theory: is there any added value?, Edward Fullbrook / Jamie Morgan (Hg.): Modern Monetary Theory and its Critics, World Economics Association Books, Bristol (UK).

Tcherneva, Pavlina R. (2020): The Case for a Job Guarantee, Polity Press, Cambridge (UK) / Medford (USA).

Wray, L. Randall (2015): Modern Money Theory, 2. Aufl., Palgrave Macmillan, New York.

Wray, L. Randall (2018): Modernes Geld verstehen. Der Schlüssel zu Vollbeschäftigung und Preisstabilität, Berlin.

Winfried Wolf

Wer die Zeche zahlt

Die Covid-19-Pandemie und die wirtschaftlichen und sozialen Folgen

Die Covid-19-Pandemie hat bis Anfang März 2022 rund 12 Millionen Menschen das Leben gekostet. Sie ist, wie an anderer Stelle nachgewiesen wurde, in erheblichem Maß Ergebnis der kapitalistischen Globalisierung.[1] Gleichzeitig hat diese Pandemie die Krisentendenzen des aktuellen Kapitalismus verstärkt. Sie hat das Auseinanderklaffen von Reich und Arm und die Machtzusammenballung bei sehr wenigen extrem gesteigert. Und sie zeigt wie unter einem Brennglas, dass in der bestehenden Gesellschaftsordnung Profitmaximierung mit Leichenbergen einhergeht.

Das Corona-Desaster ist kapital-gemacht

Beginnen wir beim Letzteren. Bis Anfang März 2022 hat Corona nach offizieller Statistik auf Weltebene rund sechs Millionen Frauen und Männern und in Deutschland circa 125.000 Menschen das Leben gekostet. Andere Berechnungen gingen bereits im November 2021 von weltweit 10,7 bis 19,9 Millionen Corona-Toten aus.[2]

Damit ist der Todeszoll, den die Covid-19-Pandemie der Menschheit binnen rund zwei Jahren trotz moderner Medizin und trotz in

---

1 Ein großes Verdienst kommt hier den Wissenschaftlern Rob und Roderick Wallace zu. Vgl. Rob Wallace, Big Farms Make Big Flu, New York 2016; deutsch: Was COVID-19 mit der ökologischen Krise, dem Raubbau an der Natur und dem Agrobusiness zu tun hat, Köln 2020.

2 Vgl. The pandemic's true death toll, Economist, 13.11.2021, economist.com.

Rekordzeit entwickelter und bereits milliardenfach eingesetzter Anti-Corona-Impfstoffe auferlegte, nicht mehr weit entfernt von den Opfern der Spanischen Grippe, die im Drei-Jahres-Zeitraum 1918 bis 1920 zwischen 20 und 40 Millionen Menschenleben forderte. Als Verena Kreilinger, Christian Zeller und ich im Sommer 2020 das Buch »Corona, Kapital und Krise« vorlegten, da wurden wir von denjenigen, die Corona relativieren und leugnen, noch mit dem Verweis konfrontiert, die Corona-Opfer seien doch »nichts im Vergleich zu den Straßenverkehrstoten«. Tatsächlich liegt inzwischen die Zahl der Corona-Toten in Deutschland beim Zwanzigfachen der Straßenverkehrstoten (im gleichen 22-Monats-Zeitraum).

Bei einem Vergleich auf internationaler Ebene[3] wird deutlich, welche Chancen es gab, Menschenleben zu retten und wie viele unnötig durch das Virus Getötete das ungezügelte Wirken des Kapitals – und damit auch das viel zu wenig eingedämmte Covid-19-Virus – forderte. Bei einem solchen Vergleich sind drei Aspekte interessant:

Erstens. Es gibt in vergleichbaren Ländergruppen enorme Spannweiten bei der Zahl der Menschen, die wegen einer Covid-19-Erkrankung starben. Dabei geht es jeweils um die Zahl der »an und mit Corona Gestorbenen« bezogen auf 100.000 Menschen. Diese Spanne liegt bei den größeren Ländern in Europa beim Zwei- bis Zweieinhalbfachen im Vergleich Niederlande und Deutschland einerseits und Polen, Großbritannien, Italien und Rumänien andererseits. Sie liegt bei den kleineren europäischen Ländern beim Dreifachen im Vergleich der Länder Irland, Österreich und Schweiz

---

3   Im Detail vgl. Winfried Wolf, Die Pandemie Ende 2021 – eine Bilanz, in: Lunapark21, Nr. 56, Dezember 2021. Aufgeführt sind dort acht Länder, die nahe Zero Covid lagen – Zahlen jeweils Corona-Tote bezogen auf 100.000 Einwohner: China: 0,3; Neuseeland: 0,7; Taiwan: 3,6; Südkorea: 6,0; Australien: 7,2; Ruanda: 10,0; Japan: 14,5; Vietnam: 23,4. Unter den acht größeren europäischen Ländern sehen die Quoten aus wie folgt: Niederlande: 109; Deutschland: 117; Frankreich: 180; Spanien: 187; Polen und Großbritannien jeweils: 209; Italien: 220; Rumänien: 277. Die Quoten bei den vier skandinavischen Ländern waren wie folgt: Norwegen: 17,3; Finnland: 21,9; Dänemark: 47,4 und Schweden: 148. Angaben jeweils vom 12.11.2021.

einerseits und Tschechien, Ungarn und Bulgarien andererseits. In Lateinamerika hat Peru mit 597 Corona-Toten auf 100.000 Menschen einen sieben Mal größeren Blutzoll zu beklagen als Kuba mit 73 auf 100.000 Einwohner. In Brasilien sind es vier Mal mehr Corona-Tote als auf Kuba – wobei sehr viel dafür spricht, dass es in Brasilien wesentlich mehr Covid-19-Opfer gibt als in der offiziellen Statistik ausgewiesen.

Zweitens. Angesichts der nackten Zahlen dürfte das Urteil über die seitens der Corona-Relativierer oft als positiv angeführte *schwedische* Corona-Politik deutlich negativ ausfallen. Unter den vier skandinavischen Ländern – alle vier sind hinsichtlich ihrer Randlage in Europa, ihrer sozialen Struktur, ihrer Größe und ihres hochentwickelten Gesundheitssystems vergleichbar – musste Schweden einen achtmal höheren Opferzoll als Norwegen beklagen; er ist sieben Mal höher als in Finnland und noch drei Mal höher als in Dänemark – wobei das letztgenannte Land aufgrund seiner Grenzen mit Deutschland in diesem innerskandinavischen Vergleich benachteiligt ist.

Drittens. Ende 2021 gab es zwar immer noch Länder, die nahe Zero Covid lagen; China, Taiwan und Neuseeland sind hier zu nennen. Ganz offensichtlich konnte jedoch die Zero-Covid-Politik in Südkorea, Vietnam, Japan, auf Kuba nur bis Anfang 2021 aufrechterhalten werden. Ab Frühjahr 2021 wurde diese Politik Schritt für Schritt aufgegeben – in Australien erfolgte dies dann ab Herbst 2021. Dabei spielten wirtschaftliche Zwänge (Tourismus in Kuba), die Globalisierung (neue Autoindustrie in Vietnam) und der Kommerz (Olympische Spiele in Japan) eine wichtige Rolle. Wichtig ist jedoch: Diese Länder mussten die weitgehend erfolgreiche Zero-Covid-Politik aufgegeben, weil sie vom Rest der Welt allein gelassen wurden. Die Laissez-Faire-Pandemie-Politik in einem großen Teil der westlichen Welt trug sodann dazu bei, dass sich zunehmend gefährlichere bzw. ansteckendere Virus-Mutationen herausbildeten, was die Eindämmung der Pandemie enorm erschwerte und die Wirkung der Impfkampagnen abschwächt.

Die vier Wellen der Pandemie, die die Welt seit Anfang 2020 und bis Ende 2021 erlebte, waren von den Wissenschaftlerinnen und Wissenschaftlern im Bereich der Epidemiologie prognostiziert worden. Es gibt auch seit mehr als einem Jahrzehnt genaue Erkenntnisse der WHO, wie eine Pandemie wie die gegenwärtige eingedämmt werden kann.[4] In Australien, Neuseeland, Japan, Taiwan und Vietnam gab es deutliche Mehrheiten für die dort lange Zeit praktizierte Zero-Covid-Politik. In der VR China dürfte die rigide Politik der Pandemie-Bekämpfung von einer großen Mehrheit der Bevölkerung unterstützt werden. Das heißt: Im Fall eines einheitlichen und autoritativen Auftretens von WHO und dem größten Teil der Regierungen in dieser Welt dürfte es für eine solche Politik auch Mehrheiten im Rest der Welt gegeben haben. Tatsache ist: Diese Ratschläge, dieser Erfahrungsschatz und diese real praktizierte Zero-Covid-Politik wurden in einem größeren Teil der Welt, insbesondere in den USA, in Europa und in Russland, ignoriert. Bei jeder neuen Pandemie-Welle behauptete die dortige Politik jeweils, sie sei »völlig überrascht« worden, weswegen deutlich kurzatmige (und teilweise unnötig harte) Maßnahmen ergriffen werden. Es gibt dabei regelmäßig einen absurden Zickzack-Kurs und ein offen widersprüchliches Politik-Verhalten, was jedes Vertrauen in die Wissenschaft und Politik untergraben muss. So wurden in Deutschland im Oktober 2021 die Impfzentren geschlossen; am 18. und 19. November wurde im Bundestag und im Bundesrat beschlossen, dass am 25. November 2021 die »epidemische Lage von nationaler Tragweite« endet. Das erfolgte just zu dem Zeitpunkt, an dem die Inzidenz-Werte auf neue Rekorde zusteuerten. Zum gleichen Zeitpunkt wurden neue und hektische Maßnahmen ergriffen, um eine sich unkontrolliert ausbreitende Pandemie einzugrenzen.

Bilanz: Die Zickzack-Politik mit den vielfältigen JoJo-Lockdowns kostete weltweit Millionen Menschen das Leben. In Deutschland

---

4   World Health Organisation – Western Pacific Region, SARS, How a Global Epidemic was Stopped, Washington 2006. Vgl. Kreilinger / Wolf / Zeller, a. a. O., S. 46ff.

sind die politisch Verantwortlichen für den unnötigen, vermeidbaren Tod von vielen Tausend Menschen verantwortlich. Gleichzeitig gewährte diese verantwortungslose Politik freien Raum für ein flächendeckendes Corona-Leugnertum, was einer Verstärkung der Ellbogen-Mentalität in den westlichen Gesellschaften gleichkommt. Auch wenn es einige Linke unter den Corona-Relativierern gibt, so ist auf Weltebene doch eindeutig, dass es in erster Linie Neoliberale wie FDP-Lindner, Rechte wie Trump oder Rutte und Rechtsextreme wie Gauland oder Bolsonaro sind, die die Pandemie in Frage stellen oder relativieren und die »Freiheit des Individuums« ins Zentrum der Corona-Debatte rückten.

Die Parteinahme von Liberalen und Rechten für das Relativieren von Corona wiederum weist auf die entscheidende Triebkraft hin, die hinter der fatalen Pandemie-Nichtbekämpfung steckt. Das globale System kapitalistischer Weltwirtschaft muss am Laufen gehalten werden; das Akkumulationsregime fordert seinen Tribut. Profit geht vor Gesundheit.

Reich und Arm – Zusammenballung von Macht

Sehen wir von den direkten Opfern der Pandemie ab, so gibt es Millionen indirekte Pandemie-Opfer. In den beiden Corona-Jahren 2020 und 2021 fielen laut Weltbank mehr als 100 Millionen Menschen in absolute Armut. Es kam zu einer Trendumkehr beim weltweiten Kampf gegen die Armut. Für die Reichsten der Welt dagegen waren die beiden Pandemie-Jahre die Phase mit der bislang größten Steigerung ihrer Vermögen. Die Zahl der identifizierten Milliardäre erreichte 2018 den damaligen Höchststand von 2300. 2019 gab es einen leichten Rückgang. Bis Mitte 2021 ist diese Zahl dann auf 2755 hochgeschnellt – es gab einen Sprung um ein Fünftel binnen knapp zweier Jahre. Dabei konnten die Reichsten der Reichen – Elon Musk (Tesla), Jeff Bezos (Amazon), Bill Gates (Microsoft), Mark Zuckerberg (Facebook/Meta) und Bernard Arnault (LVMH / Moët Hennessy – Louis Vuitton) – im besonderen Maß ihren Reichtum steigern. Das trifft auch auf Deutschland zu, wo, wie die *FAZ* schreibt,

»trotz der Pandemie die Privatvermögen weiter gestiegen« sind.
Sehr viel spricht dafür, dass sie nicht zuletzt *wegen* der Pandemie
gestiegen sind.[5]

Für die Mainstream-Medien – insoweit sie das Reicher-Werden
der Reichen überhaupt dokumentieren – geht es dabei meist nur
um den Reichtum als solchen. In Wirklichkeit ist dieser Reichtum
natürlich *Macht über menschliche Arbeitskraft*. Und er speist sich aus
der Ausbeutung menschlicher Arbeit – und dies in zweifacher Weise: Erstens sind diese Superreichen selbst Eigentümer von großen
Unternehmen, die jeweils viele Hunderttausend Menschen beschäf-
tigen. Allein die fünf erwähnten Reichsten der Reichen komman-
dierten im Jahr 2020 direkt über die Arbeitskraft von 1,8 Millionen Menschen.[6] Zweitens sind die meisten Superreichen Vertreter
von *neuen* Wirtschaftszweigen – mit Konzernen in den Sektoren
Internet, Social Media und Elektroauto –, die als Hebel wirken,
mit denen in den traditionellen Wirtschaftszweigen die Strukturen
aufgebrochen und dort erreichte soziale Standards flächendeckend
abgesenkt werden. Auf diese Weise ziehen diese Reichen, insoweit
sie die neuen aufsteigenden Sektoren repräsentieren, in enormem
Umfang Extraprofite auf sich. Tesla beispielsweise hat in den 17 Jahren seit seiner Gründung 2003 und bis einschließlich 2020 nie einen
Jahresgewinn und hunderte Millionen Dollar Verluste verbucht.
Der gigantische Anstieg des Tesla-Aktienkurses ist überwiegend
spekulativ. Als der Börsenwert von Tesla Ende Oktober 2021 – nach
einer Bestellung von 100.000 Tesla-Pkw durch den Autovermie-
ter Hertz (der wiederum im Vorjahr noch kurz vor dem Bankrott
stand!) – die 1000-Milliarden-Dollar-Grenze durchstieß, schrieb
die *Neue Zürcher Zeitung*: »Die jüngsten Kursgewinne [von Tesla;
W. W.] lassen sich rational nicht erfassen. Sie messen praktisch je-

---

5   Reich werden und reich bleiben, in: Frankfurter Allgemeine Zeitung vom
    25. Mai 2021; Johannes Ritter, Deutsche haben 29 Billionen Dollar, in:
    Frankfurter Allgemeine Zeitung, 10.6.2021.

6   Zahlen wie folgt: Tesla 70.000 Beschäftigte; Amazon 1,298 Millionen, Goog-
    le 90.000, Meta (Facebook) 58.000 und LVMH 163.000 Beschäftigte.

dem von Hertz geordneten Fahrzeug einen Börsenwert von mehr als 1 Million Dollar zu. Selbst der Tesla-Chef Elon Musk scheint sich zu fragen, was da vor sich geht.«[7]

Wie bereits von Thomas Piketty hervorgehoben, mündet die einmalige Zusammenballung von Reichtum in einer semi-feudalen Struktur und in entsprechenden Verhaltensweisen. »L'état c'est moi – der Staat, das bin ich« gilt, wenn laut einer Recherche »US-Milliardäre nur 3,4 Prozent Steuern« zahlen[8] oder wenn Elon Musk in Grünheide bei Berlin zwei Jahre lang eine riesige neue Autofabrik ohne letztendlich gültige Baugenehmigung hochziehen kann. Die Nähe zum Göttlichen ist dann nur ein logischer Schritt. »Ich bin ein Außerirdischer«, erklärt Elon Musk selbst, und in einem zehnseitigen *Spiegel*-Report von Herbst 2021 wird er als »personifizierte Wiederentdeckung des Fortschritts« und als »Universalgenie der Technik, vergleichbar mit Leonardo da Vinci« präsentiert.[9]

Man lese die folgende Eloge: Er ging dann »nach Colorado Springs und baute ein Labor in den Bergen, um die Wirkungen des Kugelblitzes zu untersuchen. Einmal arbeitete er bis spät in die Nacht hinein und vergaß, den Empfänger auszustellen. Plötzlich kamen seltsame Geräusche aus dem Apparat. … Als er tags darauf Reportern davon erzählte, behauptete er, damit sei die Existenz intelligenten Lebens im Weltraum bewiesen, die Marsmenschen hätten zu ihm gesprochen. … Kurze Zeit später schrieb Julian Hawthorne in einer der überregionalen Zeitungen einen Artikel über ihn. Sein Verstand sei so weit fortentwickelt, dass er unmöglich ein Mensch sein könne. Er stamme von einem anderen Planeten … und sei mit einem Spezialauftrag auf die Erde geschickt worden: Er solle … der Menschheit die Wege Gottes offenbaren.«

---

7   Tesla knackt die 1000-Milliarden-Dollar-Grenze, in: Neue Zürcher Zeitung, 28.10.2021.

8   Zitat aus: nd, 10.6.2021.

9   Simon Hage, Helene Laube, Guido Mingels, Der Überflieger, in: Der Spiegel 41/2021, 9.10.2021.

Es handelt sich hier um die Beschreibung des serbischen Er-
finders Nikola Tesla (1856-1943), veröffentlicht in einem Buch von
Paul Auster, das 1992 erschien. Das will sagen: Alles schon einmal
dagewesen. Offensichtlich lässt sich Elon Musk von dem historischen Nikola Tesla inspirieren und will die absurde Aura wieder
herstellen, die dieser sich aufgebaut hatte.[10] Geschichte wiederhole
sich immer zweimal, »das eine Mal als Tragödie, das andere Mal als
Farce«, merkte mal jemand an.

Finanzblase und neue Bundesregierung

Die Covid-19-Pandemie führte auf Weltebene zur bislang größten
Unterbrechung der gesellschaftlichen Arbeit. Mitte 2020 befanden
sich zwei Milliarden Arbeitskräfte in Zwangsurlaub. Im April 2020
erlebte das Welt-Bruttoinlandsprodukt im Vergleich zu Anfang
2020 eine Kontraktion um ein Fünftel. Das gab es selbst in der Weltwirtschaftskrise 1929-1933 nicht – und erst recht nicht 2008/09.
Dass es in dieser Zeit nicht zu einem Kollaps einzelner großer
Volkswirtschaften und damit zu einem Zusammenbruch des Welt-
finanzsystems kam, hat nur eine Ursache: Die Regierenden und die
Zentralbanken fluteten die Märkte mit Tausenden Milliarden Dollar
und unterstützten die von der Pandemie Betroffenen mit Hunderten Milliarden Dollar. Der Internationale Währungsfonds (IWF)
schätzt, dass allein im Zeitraum März 2020 bis Anfang 2021 staatliche Hilfen in Höhe von 14 Billionen US-Dollar dafür eingesetzt
wurden, um einen Zusammenbruch des Systems zu verhindern.
Das ist knapp das Doppelte dessen, was in der Weltwirtschaftskrise
2008/09 aufgeboten wurde.

Die große Frage ist: Was sind die – wirtschaftlichen und sozialen – Folgen dieser Politik? Hier gilt auch heute, was Bertolt Brecht
vor einem Dreivierteljahrhundert in den »Flüchtlingsgesprächen«
schrieb: »Die Männer in den Konjunkturforschungsinstituten, die

---

10 Zitat aus: Paul Auster, Mond über Manhattan, Hamburg 1992, S. 184f (US-
    Original Moon Palace, New York 1989). Im wiedergegebenen Zitat wurden
    das Wort »Tesla« jeweils mit »er« oder »sein« ausgetauscht.

doch über genaue Notierungen auf dem Gebiet der wirtschaftlichen Erscheinungen verfügten, zeigten ihren Kopf nur dadurch, dass sie ihn schüttelten.«

Ohne also sagen zu können, welche konkreten Folgen diese Kriseneindämmungspolitik hat, lassen sich doch drei wesentliche Tendenzen identifizieren.

Erstens. Wir erleben eine verstärkte Labilität der weltweiten Finanzmärkte. Auf allen Ebenen gibt es Preisanstieg und Spekulation: an den Börsen, auf den Immobilienmärkten, im Alltagsleben. Es spricht einiges dafür, dass es zu einem neuen Finanzkrach kommt. Der Auslöser kann dabei ein Staatsbankrott sein (Libanon? Argentinien?) oder der Bankrott eines Unternehmens wie Wirecard oder der Sturz eines chinesischen Immobilienriesen.[11] Was eine neue weltweite Krise auslösen würde.

Zweitens. Weltweit gibt es eine massive Erhöhung der öffentlichen Schulden. Sie stiegen in den letzten zwei Jahren in absoluter Höhe deutlich. Und nochmals stärker als Anteil am Bruttoinlandsprodukt. Die Schuldenquote hat sich in den Pandemiejahren schlagartig erhöht. Ende 2020 hatten bereits sieben von achtzehn Ländern des Euroraums Schuldenquoten von mehr als 100 Prozent; die durchschnittliche Schuldenquote im Euroraum lag mit 97,3 Prozent knapp unter der 100-Prozent-Marke. Im Jahr 2021 hat sie diese Marge bereits überschritten.[12]

---

11 Nach dem zweitgrößten Immobilienentwickler Chinas, Evergrande, der sich seit Sommer 2021 in Schieflage befindet, gerieten im Oktober und im November 2021 zwei weitere chinesische Immobilien-Konzerne, Fantasia Holding Group und Kaisa, in Schieflage. Vgl. Hendrik Ankenbrand, Chinas hässliche Monster schockieren, in: Frankfurter Allgemeine Zeitung vom 11. November 2021, und Sabine Gusbeth, Nächster Konzern taumelt, in: Handelsblatt, 6.10.2021.

12 Die sieben Länder mit Schuldenquoten höher als 100 Prozent im Jahr 2020 wie folgt (in Klammern die jeweilige Höhe): Griechenland (206,3 %), Italien (155,6 %), Portugal 135,2 %), Spanien (120,0 %), Frankreich (115,0 %), Zypern (115,3 %) und Belgien (112,8 %). Der Durchschnitt im Euroraum, wie erwähnt: 97,3 %. Die durchschnittliche Schuldenquote bei allen EU-Ländern lag 2020 bei 90,1 %.

Diese Schuldenberge müssen – wenn das Finanzsystem bestehen bleiben soll – mit Zins, Zinseszins und Tilgung finanziert werden. Damit aber verringert sich bei den öffentlichen Haushalten der Spielraum für soziale und Klimapolitik deutlich. Zumal NATO und EU ihre Mitgliedsländer dazu verpflichtet haben, die Militärausgaben in den kommenden Jahren deutlich zu erhöhen. Der Druck, die Kosten dieser Verschuldung der großen Mehrheit der Bevölkerung aufzubürden, wird steigen. Je schwächer die Gewerkschaften und die Linke sind, desto eher wird dieser Druck sich in einer entsprechenden Praxis mit Sozialabbau und Privatisierungen durchsetzen.

Drittens. Die enorme Reichtumsakkumulation, die nochmals stärkere Kapitalkonzentration und die spekulativen Blasen in vielen Sektoren der Weltökonomie kommen einer nochmals verstärkten Finanzialisierung des gesamten Systems gleich. Das wird sich weiter steigern; die *Wirtschaftswoche* prognostizierte: »Die nächste Bundesregierung steht vor dem Dilemma, mit leeren Kassen nun die historischen Herausforderungen einer Dekarbonisierung und Digitalisierung stemmen zu müssen. Da liegt es auf der Hand, nach neuen Quellen wie ›Zukunftsfonds‹ zu suchen.«[13] Die Schaffung von »Zukunftsfonds« meint die Bereitstellung von privatem Kapital für öffentliche Aufgaben, was einem Plus an Finanzialisierung gleichkommt.

Diese fortgesetzt verstärkte Macht des Finanzkapitals bedeutet: noch mehr Selbstlauf entsprechend der Kapitallogik, noch mehr Abbau von öffentlicher Daseinsvorsorge (siehe die Ampel-Pläne für eine kapitalgedeckte Rente), noch weniger langfristige Politik, die den Anforderungen des Klimanotstands gerecht wird (siehe Glasgow). Noch stärkerer Abbau von Demokratie und noch größere Gefahren durch Kriegstreiberei und durch eine Etablierung von autoritären und faschistoiden Herrschaftsmodellen (siehe Polen, Ungarn und die wachsende Wahrscheinlichkeit von Trump 2.0).

---

13 Christan Ramthun, Im Schwitzkasten von Olaf Scholz, in: Wirtschaftswoche, 15.10.2021.

Auch ohne eine größere Erschütterung des kapitalistischen Systems ist deutlich: Nur ein radikaler Bruch mit der Logik des Kapitals, nur ein millionenfacher Aufstand junger Menschen, wie es dies ansatzweise 2018 und 2019 mit Fridays for Future gab, nur bei massenhaftem Widerstand gegen die Staatsmacht, die das vorherrschende System unbeirrt verteidigt, wie dies 2020 im Hambacher Forst, 2021 im Dannenröder Forst oder bei der Verteidigung des Dorfes Lützerath im Rheinischen Braunkohlerevier Ende 2021 der Fall war,[14] und vor allem: nur wenn die allgemein latent kritische Stimmung in der lohnabhängigen Bevölkerung und bei den Gewerkschaften Massenmobilsierungen – beispielsweise für allgemeine radikale Arbeitszeitverkürzungen – auslöst, nur dann wird der beschleunigte Marsch in den Abgrund gestoppt werden können.

Das Geschick des Weltenlaufs müssen die Menschen selbst in die Hand nehmen. Das Kapitalozän muss beendet werden. Ein Anthropozän im Sinne von »die Menschen machen endlich Geschichte als menschliche und klimagerechte Wesen« ist einzuläuten.

---

14 Moritz Binzer, Neues Leben in Lützerath – Hier werden die 1,5 Grad verteidigt, in: SoZ – Sozialistische Zeitung, November 2021.

André Leisewitz

Internationale Klimapolitik

Eine historische Zwischenbilanz

I.

Die erste Umweltkonferenz der Vereinten Nationalen fand vor
einem halben Jahrhundert im Juni 1972 in Stockholm statt. Die Initiative ging von skandinavischen Ländern und den USA aus. Anfang 1972 hatte der 1968 gegründete Club of Rome seine erste Studie
unter dem Titel »Die Grenzen des Wachstums« veröffentlicht, die
die Zukunft der Weltwirtschaft behandelte. Die Studie, u. a. finanziert von der VW-Stiftung, entstand am Massachusetts-Institut für
Technologie (MIT) in den USA und wurde zuerst auf Konferenzen
in den USA und der Schweiz vorgestellt. Im Vorwort hatte der damalige UN-Generalsekretär, U Thant, die Befürchtung geäußert,
dass ohne ernsthafte Abrüstung und globale Kooperation in den
nächsten zehn Jahren sich die großen Probleme der menschlichen
Zivilisation – Umwelt, Hunger, Ressourcenverbrauch, »Bevölke-
rungsexplosion« – nicht mehr würden bewältigen lassen. »Only one
Earth. The Care and Maintenance of a Small Planet« war der Titel
eines in den USA zur Stockholmer Konferenz erschienenen Buches
von René Dubos und Barbara Ward. In Schweden wurde 1967, in
den USA 1969/70, in Japan 1971 jeweils eine nationale Umweltbe-
hörde eingerichtet. Die Idee, beim Innenministerium der BRD in
einem Umweltressort die schon bestehenden Fachabteilungen zu-
sammenzufassen, brachte 1969 Peter Menke-Glückert aus den USA
mit (ein Umweltministerium wurde erst 1986 gegründet, in der
DDR 1972). Im Jahr davor, 1968, hatte die UNESCO in Paris ihre

erste Biosphären-Konferenz abgehalten – ein Vorläufer der Stockholmer Umweltkonferenz.[1]

All das zeigt: Vor gut einem halben Jahrhundert wurde man sich in den politischen Institutionen der Zentren des entwickelten Kapitalismus darüber klar, dass auf nationaler und auf internationaler Ebene großen, globalen Umweltproblemen gegengesteuert werden musste. Diese Erkenntnis speiste sich aus sehr unterschiedlichen Quellen: aus wissenschaftlicher Forschung und einzelnen publizistischen Vorstößen von »concerned scientists«, den praktischen Erfahrungen von Behörden und Konzernen, den Aktivitäten von traditionellen Naturschutzverbänden und den ersten Umwelt-NGOs. Die Umweltbewegung als breitere Protestbewegung entstand erst später, in den 1970er Jahren; sie nahm diesen Impuls auf und trug ihn in die Öffentlichkeit.

Neben der Einrichtung nationaler Umweltbehörden richtete sich das Interesse auf die internationale Regulierung von Umweltproblemen. Einerseits waren sie offenkundig grenzüberschreitend und mussten daher nicht nur lokal-regional, sondern auch international angegangen werden. Andererseits diente die internationale Verallgemeinerung von kostenträchtigen Umweltauflagen auch der Sicherung der Konkurrenzfähigkeit der Industrie in den altindustrialisierten Ländern, die mit solchen Maßnahmen anfingen. Umweltpolitik hatte insofern von Anfang an eine internationale Dimension: Durch zwischenstaatliche, international verbindliche Abmachungen sollten allgemeine Rahmenbedingungen gesetzt werden, die die einzelnen, national und international agierenden ökonomischen Subjekte (in der Welt des Kapitals: Unternehmen, Konzerne) aus sich heraus konkurrenzbedingt nicht treffen konnten und wollten.

II.

Die Stockholmer Konferenz von 1972 mündete in die Gründung des Umweltprogramms der Vereinten Nationen (UNEP). In dessen Rah-

---

1   Joachim Radkau: Die Ära der Ökologie. Eine Weltgeschichte, München 2011, S. 124-165. Radkau nennt die Jahre um 1970 das »zweite Zeitfenster« der globalen Umweltpolitik.

men wurden in den beiden folgenden Jahrzehnten eine ganze Reihe von internationalen Umweltabkommen abgeschlossen, wie z. B. das »Montreal-Protokoll« zum Schutz der Ozonschicht von 1987 (1989 in Kraft getreten), das oft als Beispiel dafür angeführt wird, wie internationale Umweltpolitik erfolgreich funktionieren kann.

Die Ausdünnung der stratosphärischen Ozonschicht wurde zuerst Anfang der 1970er Jahre beobachtet, ein Ozonloch über der Antarktis erstmals 1986. Als Ursache wurde der Eintrag von Chlor und Brom in die Stratosphäre identifiziert. Beide Substanzen stammten aus in den 1950er Jahren eingeführten und als besonders sicher und ungefährlich geltenden Treib- und Kältemitteln, den Fluorchlorkohlenwasserstoffen (FCKW). Diese extrem stabilen Verbindungen zerfallen nach Freisetzung erst in der Stratosphäre. Sie sind daher auch sehr starke, die Aufheizung der Erdatmosphäre fördernde Treibhausgase (THG). Nach deren sukzessivem weltweitem Verbot und Ersatz seit den 1990er Jahren wird derzeit eine Erholung der Ozon-Werte über der Nordhalbkugel bis 2030, über der Südhalbkugel bis 2060 erwartet.[2]

Man sollte sich allerdings über die Bedingungen dieses Erfolgs klar sein. Es ging um die Substitution einer eng umschriebenen Stoffgruppe (FCKW), die in etwa einem Dutzend sehr unterschiedlicher Anwendungsbereiche eingesetzt wurde, u. a. als Treib-, Kälte- und Feuerlöschmittel. Die Zahl der internationalen Hersteller (chemische Großkonzerne) war begrenzt. Für die meisten Anwendungsbereiche konnten die Hersteller eng verwandte, chlorfreie Ersatzstoffe entwickeln, so dass das Geschäft weitgehend unter ihrer Kontrolle blieb. Sie bestimmten, nachdem dank politischer Initiativen der Zwang zur Umstellung unabweisbar geworden war[3], in Kooperation mit An-

---

2   So im letzten der alle vier Jahre erscheinenden WMO-Berichte zur Ozonschicht: WMO, Scientific Assessment of Ozone Depletion 2018, veröff. Febr. 2019. https://public.wmo.int.

3   Die deutsche FCKW-Halon-Verbots-Verordnung trat zum 1. August 1991 in Kraft. Die wichtigsten, die Unterzeichnerstaaten bindenden Regelungen (Ausstiegszeitpläne) des Montreal-Protokolls waren im Juni 1990 beschlossen worden und ab 1992 (mit späteren Verschärfungen) gültig; der Multilaterale Fonds wurde 1992 wirksam.

wenderindustrien und staatlichen Behörden im Wesentlichen den zeitlichen Rahmen und die regulatorischen Schritte des Stoffersatzes (Verwendungseinschränkungen, Stoffverbote) und der Prozessumstellungen. Im Montreal-Protokoll wurden für industriell entwickelte und Entwicklungsländer unterschiedliche Ausstiegsverpflichtungen und -zeiten festgelegt. Die Interessen der Entwicklungsländer konnten des Weiteren über einen multilateralen Substitutionsfonds eingebunden werden: Die FCKW-Anwender dieser Länder erhielten über das Montreal-Protokoll Ausgleichszahlungen, wo der Stoffersatz zugleich den Umstieg auf neue Produktionsanlagen erforderte.

III.

1979, zehn Jahre vor Inkrafttreten des Montreal-Protokolls, hatte in Genf die erste Weltklimakonferenz der Weltorganisation für Meteorologie (World Meteorological Organization, WMO) festgestellt: »Die fortdauernde Ausrichtung der Menschen auf fossile Brennstoffe als wichtigster Energiequelle wird wahrscheinlich zusammen mit der fortgesetzten Waldvernichtung in den kommenden Jahrzehnten und Jahrhunderten zu einem massiven Anstieg der atmosphärischen Kohlendioxid-Konzentration führen.« Zu erwarten seien »bedeutende, eventuell auch gravierende langfristige Veränderungen des globalen Klimas«.[4] Gilbert Plass hatte schon 1956 einen CO_2-bedingten Anstieg der Erdtemperatur gegenüber vorindustriellen Zeiten bis 2000 um etwas über einen Grad Celsius geschätzt[5], damals allerdings eine noch höchst umstrittene Annahme. 1988 forderte eine Folgekonferenz der WMO (»World Conference on the Changing Atmosphere«) in Toronto die Reduzierung der Treibhausgasemissionen bis 2005 um 20 Prozent und bis 2050 um die Hälfte gegenüber 1988. Der im gleichen Jahr von WMO und UNEP ge-

---

4   WMO, World Climate Conference, Declaration and Supporting Documents, nach: Jeremy Legget (Hg.), Global Warming. Die Wärmekatastrophe und wie wir sie verhindern können, München 1991, S. 477f.

5   G. N. Plass, The Carbon Dioxide Theory of Climatic Change, Tellus 8, 1956, S. 140-154.

gründete IPCC (»Zwischenstaatlicher Ausschuss für Klimaänderungen«) veröffentlichte 1990 seinen ersten Bericht.

Damit kam die internationale Klimapolitik in Gang: Die Rio-Konferenz der UN (sog. »Erdgipfel«) verabschiedete 1992 – vor nunmehr 30 Jahren – die Klimarahmenkonvention der Vereinten Nationen (UNFCCC) mit dem Ziel, den damals noch nicht sicher nachgewiesenen, aber mit hoher Wahrscheinlichkeit angenommenen anthropogenen Klimawandel abzubremsen. Die 194 unterzeichnenden Staaten verpflichteten sich, THG-Inventare zu erstellen und über ihre THG-Emissionen zu berichten.

Das 1997 zur Umsetzung der UNFCCC vereinbarte Kyoto-Protokoll sollte dem nächsten Schritt dienen, der THG-Emissionsminderung. Es legte für 38 »Industrieländer« – sog. »Annex B«-Länder des Vertrages: die entwickelten kapitalistischen Länder und die europäischen ehemaligen sozialistischen Länder (»economies in transition«) – , abgestufte Reduktionsziele für die Jahre 2008-2012 fest. Zusammengerechnet ging es um eine Emissionsminderung dieser Länder von 5,2 % gegenüber 1990. Die Entwicklungs- und Schwellenländer blieben davon wegen der »historischen Emissionen« der altindustrialisierten Länder ausgenommen. Wie die Emissionsziele erreicht würden, war den einzelnen Ländern überlassen; institutionalisiert wurden zudem »flexible Mechanismen« (Emissionshandel, Durchführung von kostengünstigen Emissionsminderungsmaßnahmen im Ausland mit Emissionsgutschrift usf.). Wichtige Fragen blieben offen (Technologietransfer, Finanztransfer in Entwicklungsländer, Überwachungsmechanismen usw.) und lösten in den Folgejahren massive Konflikte sowohl innerhalb der Gruppe der sog. Industrieländer wie zwischen Industrieländern und den Entwicklungs- und Schwellenländern aus.

IV.

Die USA ratifizierten das Kyoto-Protokoll nicht. Kanada stieg, um Strafzahlungen wegen massiver Überschreitung seiner Emissionsziele zu vermeiden, Ende 2011 aus. Japan erklärte 2010, sich an einer weiteren Vertragsperiode (2013-2020) nicht zu beteiligen; Russland und Neuseeland machten in der zweiten Phase ebenfalls nicht mit. Es gelang zwar nach mehreren gescheiterten Konferenzen 2012 in Doha, ein Regime für diese zweite Vertragsphase festzulegen. Im Einzelnen unterschiedliche Reduktionsverpflichtungen (um zusammengenommen 18 % bis 2020 gegenüber 1990) gingen jedoch nur 37 Industriestaaten ein, die zusammen gerade 15 % der globalen Emissionen verantworteten (darunter die 27 Mitgliedsländer der EU).[6] Insgesamt ein Desaster, aber die internationale Klimadiplomatie war froh, das Kyoto-Protokoll nicht schon beerdigt zu haben.

Die Vorbereitung der Klimarahmenkonvention und die Planung der Rio-Konferenz von 1992 fielen in die zweite Hälfte der 1980er Jahre – in eine Zeit, die noch von großen Erwartungen an internationale Kooperation und eine Politik zur Lösung der »das Überleben der Menschheit … berührenden Probleme«[7] geprägt war, wie dies insbesondere in dem bei der UNO-Vollversammlung 1987 vorgelegten Bericht der Weltkommission für Umwelt und Entwicklung »Unsere gemeinsame Zukunft« (sog. Brundtland-Bericht) zum Ausdruck kam. Die Brundtland-Kommission zeichnete ein ziemlich ungeschminktes Bild der drohenden Umweltkatastrophe. Sie konstatierte neben der historischen Verantwortung der industrialisierten Länder für die Umweltkrise »armutsbedingte« und »wachstumsbedingte« Umweltzerstörungen und sah in den ungleichen Weltwirtschaftsbeziehungen und Ressourcenabflüssen aus der Dritten Welt eine entscheidende Ursache ihrer ökonomischen und ökologischen Misere. Unter dem Stichwort »sustainable development« (nachhaltige Entwicklung) setzte sie auf ein neues, qualitatives Wachstum als Ausweg aus der Krise. Jedoch zeichneten sich bereits im Vorfeld der Rio-Konferenz ausgeprägte Konflikte zwischen den entwickelten kapitalistischen Ländern und den Ländern des globalen Südens ab, die besonders die

---

6   Vgl. Umweltbundesamt, Kyoto-Protokoll: www.umweltbundesamt.de.

7   Unsere gemeinsame Zukunft. Bericht der Weltkommission für Umwelt und Entwicklung [1987], Berlin 1990, S. 15 (Vorwort von Gro Harlem Brundtland).

Tab. 1: Globale Treibhausgas-Emissionen 1990-2018 nach Ländergruppen (in Gt-Tonnen CO_2-Äquivalenten und %-Weltanteil)

	1990		2018	
	Gt	%	Gt	%
(1) USA, Japan, EU27	12,4	38,1	11,5	22,5
darunter: USA	*6,2*	*18,9*	*6,3*	*12,3*
Deutschland	*1,2*	*3,8*	*0,9*	*1,7*
(2) BRICS	9,4	28,8	21,5	42,0
darunter: VR China	*3,9*	*12,0*	*13,7*	*26,8*
Indien	*1,9*	*4,2*	*3,6*	*7,1*
(3) Welt	32,7	100	51,2	100

BRICS: Brasilien, Russland, Indien, China, Südafrika
Berechnet nach: Emissions Database for Global Atmospheric Research (EDGAR/ JRC), GHG emissions of all world countries, 2021 report. https://edgar.jrc.ec.europa. eu/report_2021

Klimafrage betrafen.[8] Das »dritte Zeitfenster« der globalen Umweltpolitik, das Radkau für die Jahre 1986-1992 konstatiert, schloss sich schon wieder. In der »postsozialistischen« Ära gewannen marktradikaler Neoliberalismus, kapitalistische Globalisierung, Durchsetzung der Konkurrenz neue Handlungsfelder und einen neuen Spielraum, in dem die Ziele eines U Thant oder einer Brundtland-Kommission, die von der »historischen Verantwortung« des globalen Nordens sprach, keinen Platz mehr hatten.

V.

Für eine vorläufige Bilanz der globalen THG-Emissionsentwicklung von 1990 bis 2018 (Tab. 1 und 2, Abb. 1) kann die Emissions-Datenbank des Joint Research Centre der EU herangezogen werden.[9]

---

8   Vgl. die damalige Bestandsaufnahme des Verf.: Ökologischer Imperialismus (II). Globale Umweltprobleme und Umweltpolitik – Bestandaufnahme im Vorfeld von Rio, in: Z. 10 (Juni 1992), S. 25-37.

9   Emissions Database for Global Atmospheric Research (EDGAR/JRC) – GHG emissions of all world countries, 2021 report. Vgl. https://edgar.jrc. ec.europa.eu/report_2021. Angaben in Gigatonnen (1 Gt = 10^9 t).

In den fast drei Jahrzehnten zwischen 1990 und 2018 reduzier-
ten die technologisch führenden kapitalistischen Länder (USA, Japan, EU27) ihre jährlichen THG-Emissionen um weniger als zehn
Prozent. In den USA nahmen die Emissionen sogar noch leicht zu.
Zwar stieg z. B. die Effizienz bei der Energiegewinnung, aber diese
relative Emissionssenkung wurde durch den wachsenden Verbrauch
kompensiert. Daraus folgten ein kontinuierlicher Anstieg der atmosphärischen CO_2-Konzentration und damit der Erdtemperatur. Drei
verlorene Jahrzehnte für den Klimaschutz.

Zur Gruppe der BRICS-Staaten (Brasilien, Russland, Indien,
China, Südafrika) gehören eine Reihe aufsteigender Schwellenländer. Deren nachholende Industrialisierung fußt in allererster Linie
auf fossilen Energieträgern, insbesondere Kohleverbrennung. Von
1990 bis 2018 ist der jährliche THG-Ausstoß der BRICS-Staaten auf
das 2,3-Fache gestiegen; ihr Anteil an den globalen Emissionen erhöhte sich von 29 % (1990) auf 42 % (2018) (Tab.1). Während sich
die Emissionen Russlands vermindert haben (um 25 %, insbesondere in Folge des Zusammenbruchs der Sowjetunion[10]), sind die
Chinas und Indiens um das 3,5-Fache (China) bzw. das 2,6-Fache
(Indien) gestiegen.

Tabelle 1 bilanziert sämtliche THG-Emissionen (nicht nur CO_2);
Abb. 1 zeigt dagegen den Trend der energiebedingten CO_2-Emis-
sionen. Chinas Großer Sprung fällt in die fünfzehn Jahre von 2000
bis 2015. Der starke Anteilszuwachs der – in der Terminologie der
UNCTAD – »ökonomisch sich entwickelnden Staaten« an den globalen THG-Emissionen hängt auch damit zusammen, dass sie und
insbesondere China nach 1990 mit der Expansion globaler Waren-
ketten (»Globalisierung«) zur Zuliefer-Werkstatt der Welt wurden,
während Industrieproduktion und -beschäftigung in den entwickelten kapitalistischen Ländern meist deutlich zurückgingen. Mit
dieser Arbeitsteilung wurden erhebliche Mengen der produktions-

---

10 Vgl. Klimareporter, 28.3.2020: A. Davydova, Russland überarbeitet seine
    Klimastrategie.

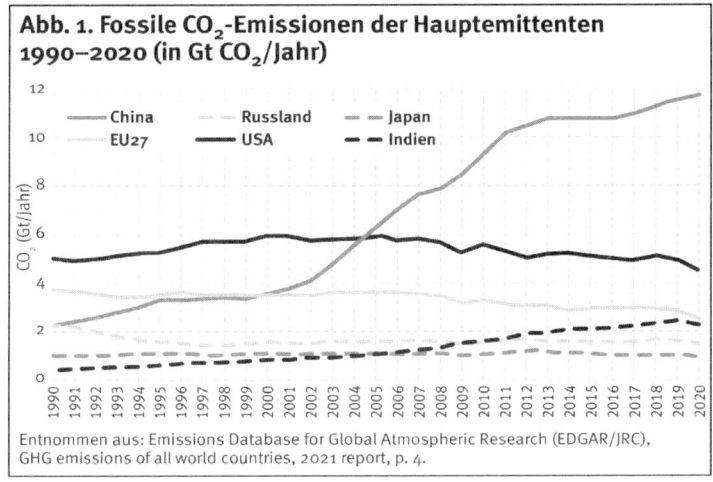

Abb. 1. Fossile CO$_2$-Emissionen der Hauptemittenten 1990–2020 (in Gt CO$_2$/Jahr)

Entnommen aus: Emissions Database for Global Atmospheric Research (EDGAR/JRC), GHG emissions of all world countries, 2021 report, p. 4.

und exportbedingten Emissionen in den globalen Süden verlagert. Die Freisetzung von THG wird in den entsprechenden Inventaren dem Land zugeordnet, wo sie entstehen – unabhängig davon, ob die entsprechenden Güter im Lande konsumiert oder ob sie exportiert werden. 2016 waren in den USA importbedingt die Konsumtions-Emissionen 8 % höher als die produktionsbedingten; für China lagen die konsumtionsbedingten Emissionen im gleichen Jahr um 16 % unter den produktionsbedingten.[11]

Im Welt-Durchschnitt haben sich die Pro-Kopf-Emissionen (Tab. 2; auch hier: alle THG, nicht nur energiebedingtes CO$_2$) in den letzten dreißig Jahren kaum verändert.[12] Sie bewegen sich zwischen 6 und 7 t CO$_2$-Äquivalente. 2018 lagen Brasilien und Indien unter diesem Durchschnitt. Für China wird eine Verdreifachung seit 1990

---

11 Sog. »handelsbedingter Emissionstransfer«. Daten nach: H. Ritchie / M. Roser, CO$_2$ emissions. https://ourworldindata.org/co2-emissions.

12 Alle Berechnungen und Vergleiche haben ihre Tücken. Die Pro-Kopf-Emissionen sagen nur begrenzt etwas über die Lebensweise aus. Die höchsten CO$_2$-Emissionen pro Kopf haben die öl- und gasproduzierenden Länder. Ein hoher Anteil an Atomstrom (Bsp. Frankreich) drückt die Pro-Kopf-Emissionen.

Tab. 2: Treibhausgas-Emissionen pro Kopf 1990-2018
(in t CO_2-Äquivalente)

Jahr	Welt	USA	Japan	EU 27	Deutschland	Brasilien	Russland	Indien	China	Südafrika
1990	6,1	24,4	10,4	11,8	15,5	4,5	20,7	1,6	3,3	10,6
2018	6,7	19,3	10,0	8,9	10,6	6,0	16,1	2,7	9,7	10,0
2018/ 1990 (%)	110	79	96	75	68	132	78	169	291	95

Berechnet nach: Emissions Database for Global Atmospheric Research (EDGAR/ JRC), GHG emissions of all world countries, 2021 report, edgar.jrc.ec.europa.eu/ report_2021

auf annähernd 10 t/Kopf im Jahr 2018 berichtet, Ausdruck des wirt-schaftlichen Aufstiegs, der Zurückdrängung der Armut und der ver-änderten Lebensweise (individueller Konsum) insbesondere in den städtischen und industriellen Ballungsräumen des Landes. Damit erreichen die chinesischen Pro-Kopf-Emissionen inzwischen die gleiche Größenordnung wie die der EU27 oder Japans. In den USA liegen sie dagegen nach wie vor um das Doppelte darüber.

Es gibt verschiedene Berechnungen für die historischen (kumu-lierten) CO_2-Emissionen. Der nachstehend (Tab. 3) wiedergegebe-nen Schätzung zufolge entfielen 2017, also unter Einbeziehung der gravierenden weltwirtschaftlichen Veränderungen der letzten drei-ßig Jahre, auf die entwickelten kapitalistischen Länder (hier: USA, EU28, Japan, Kanada) 53 Prozent der in der Vergangenheit seit 1751 global freigesetzten CO_2-Emissionen. Nach Weltregionen gibt die gleiche Quelle für Europa 33 %, für Nordamerika und Asien jeweils 29 %, für Afrika und Südamerika jeweils 3 % und für Ozeanien 1,2 % an. (Auch bei diesen Daten ist darauf hinzuweisen, dass hier Län-der und Regionen mit völlig unterschiedlicher Bevölkerungsgröße miteinander verglichen werden, dass also eigentlich nur Pro-Kopf-Aussagen tragfähig sein können.)

*Tab. 3: Historische CO_2-Emissionen aus fossilen Brennstoffen
und Zementherstellung 1751-2017 der neun größten Emittenten
(in Gt CO_2 und %)*

	Welt	USA	EU28	China	Russland	Japan	Indien	Kanada	Ukraine	Südafrika
Gt	1.531	457	353	200	101	62	48	32	19	19,8
%	100	25	22	12,7	6	4	3	2	1,2	1,3

Daten nach: H. Ritchie/M. Roser, CO_2 emissions. ourworldindata.org/co2-emissions

VI.

Die historischen Emissionen verweisen darauf, wer sich in der Vergangenheit die »atmosphärische Allmende« oder auch CO_2-Müllkippe zum Schaden der anderen angeeignet hat. Dies war und ist einer der großen Konfliktpunkte in der internationalen Klimadiplomatie zwischen dem globalen Süden und dem globalen Norden, im Kern zwischen den entwickelten kapitalistischen Ländern und den sich nachholend industrialisierenden, ehemals unterdrückten und abhängigen Kolonien und peripheren Ländern der Dritten Welt, die nach einem Spielraum für ihre eigene Entwicklung verlangten. Dieser Konflikt war bei der Rio-Konferenz 1992, vor dem wirtschaftlichen Aufstieg der Schwellenländer, noch ausgeprägter. Heute muss sich auch ein Land wie China seinen wachsenden Anteil an den globalen THG-Emissionen und die völlige Unvereinbarkeit einer noch auf fossile Energiequellen gestützten Wirtschaftsentwicklung mit »unserer gemeinsamen Zukunft« vorhalten lassen.

Der Rückblick zeigt auch, dass das »Modell« des Montreal-Protokolls für die internationale Klimapolitik kaum tragfähig war. Dies aus zwei Gründen.

Erstens war das Montreal-Protokoll höchstens zur Hälfte erfolgreich, weil sich nicht verhindern ließ, dass die ozonschichtschädigenden FCKW durch Ersatzstoffe abgelöst wurden, die selbst starke Treibhausgase sind und heute schrittweise durch entsprechende

internationale Regulierungen zurückgedrängt werden müssen.[13] Das
Montreal-Protokoll lieferte daher nur einen schwachen Beitrag zum
Klimaschutz. Den Herstellern und Anwendern der FCKW war dieses
Problem voll bewusst, aber der Umstieg auf andere, schon damals
verfüg- und weiterentwickelbare Alternativen hätte einen starken
technologischen Bruch bei den industriellen Anwendern und den
Verlust eines bedeutenden Geschäftsfeldes bei den Herstellern bedeutet. Das hätte seinerzeit massive staatlich-politische Interventionen erfordert, die nicht zur Debatte standen.[14] Indem die Lösung des
Problems weitgehend in der Hand der Hersteller- und Anwender-
industrien verblieb, wurde der FCKW-Ausstieg um wenigstens ein
Jahrzehnt verzögert und trotz öffentlicher Kritik (Greenpeace war
seinerzeit außerordentlich aktiv auf dem Gebiet) keine Anstrengungen unternommen, um auf die klimawirksamen Substitute zu verzichten.

Zweitens: Beim Montreal-Protokoll ging es nur um die globale Regulierung einer Stoffgruppe mit begrenzten Anwendungsbereichen.
Beim Kyoto-Protokoll sind dagegen – abgesehen von den anderen
Treibhausgasen – wegen der energiebedingten CO_2-Emissionen ein
Schlüsselbereich der Gesamtwirtschaft (die Energiewirtschaft) und
alle mit Verbrennungsprozessen verbundenen Technologien quer
durch alle Branchen und Lebensbereiche betroffen. Deren Umstellung auf »sustainable development« (Brundtland-Bericht) kann nicht
durch einfache Substitution (anderer Brennstoff) gelöst werden, sondern erfordert die Umstellung der gesamten Energiegewinnung und
-versorgung (Erneuerbare Energien). Das bedeutet umfangreiche
»ökologische« Kapitalentwertung und hohen Bedarf an Neuanlage
von Kapital und betrifft zugleich die etablierte Lebensweise der Ge-

---

13 Der weltweite Treibhausbeitrag dieser Ersatzstoffe (Fluorkohlenwasserstof-
   fe) wurde für 2004 mit 1,3 % angenommen bei deutlichem Anstieg bis auf
   über 7 % in 2050 ohne »phase down«. www.umweltbundesamt.de.

14 Vgl. Enquête-Kommission »Schutz des Menschen und der Umwelt«, An-
   hörung am 3. und 4. Dezember 1992, versch. Stellungnahmen zu FCKW-
   Ersatzstoffen.

sellschaften (Mobilität, Wohnen, individueller Konsum usw.) rund-um. Dass die sich als Rückgrat der Gesamtwirtschaft empfinden-den Energiekonzerne (die »Carbon majors«[15]) über Jahrzehnte alles unternahmen, um dem gegenzusteuern, ist nicht verwunderlich. Sie trugen dazu bei, dass die internationale Klimapolitik und -diplomatie nicht nur durch die jeweiligen Konzern- und Profitinteressen, son-dern auch durch die Konkurrenz zwischen den entwickelten kapita-listischen Ländern und zwischen ihnen und den Schwellenländern um Wachstum und Weltmarktanteile »überdeterminiert« wurde.

VII.

Das Konzept der internationalen Emissionskontrolle und -minde-rung, wie es im Montreal- und Kyoto-Protokoll verfolgt wurde, wies *erstens* den Nationalstaaten die Verantwortung für die Erfassung und Regulation der auf ihrem Territorium entstehenden Emissionen – die bei Produktion und Verwendung von THG oder aus Verbrennungs-prozessen (CO_2), aus Landwirtschaft, Landnutzung und anderen Prozessen freigesetzt werden – zu. *Zweitens* sollten die Vorgaben für die Erfassung und Minderung der Emissionen sowie für zwischen-staatliche Mechanismen (z. B. Beratung und Finanzierung von Ent-wicklungsländern, Emissionshandel u. a. m.) in den internationalen Konferenzen der Rahmenkonventionen »top down« vereinbart und durch Ratifizierung der Vertragsstaaten völkerrechtlich verbindlich gemacht werden.

Neoliberale Globalisierung, entfesselte Weltmarktkonkurrenz, Neubestimmung der Weltordnung (von »Make America great again« bis zur deutschen Klimapolitik als Geopolitik) und wachsende so-ziale Polarisierung im Innern, bei der Klimapolitik zum sozialen Be-lastungsfaktor zu werden droht, erwiesen sich für das Funktionieren

---

15 Zwei Drittel der historischen CO_2- und Methan-Emissionen gehen auf rd. 90 global agierende Konzerne in den Branchen fossile Brennstoffe und Ze-ment zurück. Vgl. Richard Heede, Tracing anthropogenic CO_2 and methane emissions to fossil fuel and cement producers 1854-2010, Climatic Change, vol. 122(1): 229-241. Deutsch auszugsweise in Z. 114 (Juni 2018), S. 17-31.

eines solchen Regulationskonzepts als nicht besonders förderliche Voraussetzungen. Das hatte sich beim Schicksal des Kyoto-Protokolls und den Bemühungen um dessen zweite Phase besonders deutlich gezeigt. Das Kyoto-Protokoll ist inzwischen jedoch Geschichte. Die neue Phase wird durch das Übereinkommen von Paris (2015) bestimmt. Anders als das Kyoto-Protokoll, das nur die teilnehmenden Industriestaaten auf verbindlich vorgegebene Reduktionsziele verpflichtete, müssen alle das Pariser Übereinkommen ratifizierenden Staaten (bis Oktober 2021 waren das bis auf einige OPEC-Länder 192 von 197 Vertragsstaaten der Klimarahmenkonvention) eigene Reduktionspläne (Nationally Determined Contributions, NDC) und dazugehörige Umsetzungspläne vorlegen. Das wird etwas euphemistisch als »selbstbestimmte Reduzierung der Emissionen« und »bottom-up-Ansatz« bezeichnet.[16]

In Paris verpflichteten sich die Vertragsstaaten darauf, die Erderwärmung auf deutlich unter 2° Celsius, möglichst jedoch auf 1,5° Celsius gegenüber dem vorindustriellen Niveau zu begrenzen. Diese Festlegung ist allerdings nicht sehr präzise und stark interpretierbar. Der 5. Sachstandsbericht des IPCC von 2013 hatte auf die durch die verlorenen Jahrzehnte der Klimapolitik enorm gewachsene Brisanz der Klimakrise verwiesen. Die Pariser Klimaziele orientieren sich daran. Dass sie – entsprechende Anstrengungen vorausgesetzt – erreichbar sein würden, ergibt sich aus Abschätzungen des global noch verfügbaren »Budgets« an CO_2-Emissionen, die freigesetzt werden könnten, wenn die Erderwärmung auf das 1,5°-Ziel begrenzt werden sollte.[17] Damit war auch ein Maßstab gewonnen, anhand dessen die NDCs der einzelnen Vertragsstaaten bewertet werden können: taugen sie als adäquater Beitrag des jeweiligen Landes für die gemeinsame Einhaltung der Pariser Klimaziele? Das könnte sich zukünftig als Vorteil erweisen, denn damit werden wieder stärker die National-

---

16 Umweltbundesamt, Übereinkommen von Paris (28.9.2021): www.umweltbundesamt.de.

17 Aktualisiert im 6. IPCC-Sachstandsbericht (2021): www.de-ipcc.de/350.php.

staaten – der Raum, innerhalb dessen sich soziale, ökologische und politische Bewegungen formieren und entsprechende Kräfteverhältnisse herausbilden – zur Arena der Auseinandersetzung um Klimareduktionsziele.[18] Dabei steht außer Frage, dass die technologischen Grundlagen für einen solchen Entwicklungspfad gegeben sind oder geschaffen werden können. Dazu gibt es viele und überzeugende Studien. Die auf fossilen Energieträgern fußende kapitalistische Industrialisierung hat längst die Voraussetzungen dafür geschaffen, ihre energetische Basis – selbst als innerkapitalistische Transformation – umzuwälzen. Das ist aber nur ein Aspekt. Entscheidend bleibt demgegenüber, ob eine entsprechende Transformation politisch erzwungen werden kann.

Dass auf die Klimakrise reagiert werden muss, war – wie der historische Rückblick zeigt – in den politischen Institutionen der kapitalistischen Welt schon vor fünfzig Jahren ruchbar geworden. Die verschiedenen Konzepte des »Green New Deal« zeigen heute, dass diese Fragestellung präsent ist. Aber solche Konzepte und Versprechungen sollten nicht mit der realen Entwicklung verwechselt werden. Die gegenwärtig eingegangenen Verpflichtungen der Vertragsstaaten reichen, würden sie umgesetzt, bei weitem nicht aus, um den Pariser Klimazielen gerecht zu werden. Beim gegenwärtigen Stand ist mit einer Erderwärmung von wenigsten 2,7°C zu rechnen, so die UNEP in ihrem 2021 »Emissions Gap Report«.[19] Das Pariser Übereinkommen sieht allerdings neben einer regelmäßigen Überprüfung des Standes der THG-Emissionen der Vertragsstaaten und der »Lücke« zu den Pariser Klimazielen vor, dass die Staaten ihre Selbstverpflichtungen alle fünf Jahre aktualisieren (»Ambitionssteigerung«). Das könnte ein dauerhafter Ansatzpunkt für entsprechende Bewegungen sein.

---

18 Dies war diskutiert worden z. B. in Z. 114 (Klimakrise I, Juni 2018) und Z. 119 (Klimakrise II, September 2019) und ist, um nur einen aktuellen Titel zu nennen, Gegenstand von Klaus Dörre, Die Utopie des Sozialismus. Kompass für eine Nachhaltigkeitsrevolution, Berlin 2021.

19 UNEP, Emissions Gap Report 2021, S. XVI. www.unep.org.

Was die Bundesrepublik betrifft, so erfüllen die gegenwärtigen Reduktionsverpflichtungen mit dem Ziel »Klimaneutralität 2045«, wie sie im aktuell gültigen Klimaschutzgesetz festgelegt sind und wie sie von der Ampel-Koalition in ihrem Koalitionsvertrag sowie in der »Eröffnungsbilanz Klimaschutz« bekräftigt wurden, die entsprechenden Anforderungen keineswegs. Der Koalitionsvertrag spricht zwar davon, die neue Regierung werde »unsere Klima-, Energie- und Wirtschaftspolitik auf den 1,5-Grad-Pfad ausrichten« und kündigt »Klimaneutralität spätestens 2045« an[20]. Jedoch unterlässt es die Regierung in allen bisher vorgelegten Dokumenten, dies anhand des der BRD noch zur Verfügung stehenden CO_2-Budgets zu belegen.[21] Entsprechende Überprüfungen zeigen, dass die BRD, wollte sie denn ihren adäquaten Beitrag zur Erreichung der Pariser Klimaziele leisten, spätestens Mitte der 2030er Jahre klimaneutral sein müsste.[22]

---

20 Zeilen 1757/1758 und 1764 des Koalitionsvertrags.

21 Das hatte der Sachverständigenrat für Umweltfragen schon 2020 eingefordert: SRU, Umweltgutachten 2020: Für eine entschlossene Umweltpolitik in Deutschland und Europa, Berlin, Mai 2020, S. 37-108. Bei entsprechenden Berechnungen wird das globale CO_2-Restbudget gemäß der Bevölkerungszahl auf die einzelnen Länder aufgeteilt. Dabei werden die historischen Emissionen nicht berücksichtigt, und ebenso wenig wird der unterschiedliche Entwicklungsstand der einzelnen Länder in Rechnung gestellt. Auch hier ist das Verfahren also »ökoimperialistisch« kontaminiert.

22 So stellen u. a. F. Matthes u. a. (Öko-Institut/WWF), Mind the Ambition Gap, Nov. 2021, S. 9, fest, »dass, gemessen an den Emissionsbudgets, das aktuell im Gesetz verankerte Ziel, in Deutschland Treibausgasneutralität bis 2045 und die dazugehörigen Sektorzwischenziele zu erreichen, nicht mit einem 1,5°C-Pfad und auch nicht mit einem 1,7°C-Pfad erreichbar und damit für die Ziele von Paris nicht ausreichend ist.«

Matthias Martin Becker

Ein Leben ohne Plackerei?

Die »späte Digitalisierung« und die gegenwärtige kapitalistische Krise – Abschaffung oder Verdichtung der Lohnarbeit?

> I think that what you're frightened of is knowing
> you need workers more than they need you.
> (Robert Wyatt)

»Man kann mit ihm reden. ›Nimm diese Schraube und mach sie an einem Auto fest, mit diesem Schraubschlüssel hier.‹ Oder: ›Geh einkaufen und bring mir folgende Lebensmittel mit …‹ Solche Sachen.« Mit diesen Worten stellte Elon Musk im August 2021 das neuste Projekt der Firma Tesla vor: einen zweibeinigen Arbeitsroboter, 177 Zentimeter hoch und 57 Kilo schwer. Die Maschine werde für Arbeiten aller Art geeignet sein, erklärte Musk auf dem »Tesla-Tag für Künstliche Intelligenz« – und das ohne explizite Programmierung. »Körperliche Arbeit wird etwas sein, was wir uns aussuchen können, wenn wir es wollen.« Bereits 2022 soll ein Prototyp fertig sein. Um das Vorhaben zu veranschaulichen, hatte man einen Tänzer engagiert, der in einem weißen, futuristisch anmutenden Ganzkörperanzug mit Silikonmaske einen Roboter nachahmte, der einen Menschen nachahmt … ein merkwürdiges Schauspiel.

Die Episode ist weniger abseitig, als sie klingt. Sie führt ins Zentrum dessen, was heute Digitalisierung genannt wird, wenn auch auf einem Umweg. Elon Musk verkörpert in der öffentlichen Wahrnehmung den digital-technischen Fortschritt. Laut einer Studie aus

Großbritannien aus dem Jahr 2018 wurde er in 12 Prozent aller Medienbeiträge zum Thema Künstliche Intelligenz (KI) erwähnt.[1] In der Presse gilt er als technologischer Visionär.[2] Seine Projekte wie das Raumfahrtunternehmen *SpaceX* oder die *Starlink*-Satelliten stehen für die Front des technisch Machbaren. Er zählt zu den wohlhabendsten und einflussreichsten Menschen der Welt.

Gleichzeitig winden sich Computeringenieure und Robotiker regelmäßig vor Schmerz und Fremdscham, wenn Elon Musk an das Mikrophon tritt. Seine Ankündigungen sind häufig abstrus, zum Teil reine Phantasie. Tesla wird keinen Roboter auf den Markt bringen, der ohne explizite Programmierung Autos repariert oder einkaufen geht. Solche Geräte sind bisher einfach nicht machbar. Dass die Ankündigung völlig unrealistisch ist, schadet aber Tesla und insbesondere Musk nicht im geringsten.

Gerade deshalb taugt Elon Musk als Gesicht der »späten Digitalisierung«[3], in der sich Phantasie und Realität auf besondere Weise mischen. Der Ausdruck steht hier sowohl für ein Bündel von Technologien als auch für eine Ideologie, das heißt: für Basis und Überbau. Verbunden ist die so verstandene Digitalisierung mit dem Aufstieg von Firmen wie Tesla.

Meine These lautet, dass diese Entwicklung erst verständlich wird als Ausdruck einer makroökonomischen Krise. Diese Krise ist gekennzeichnet durch eine stockende Rationalisierung der Arbeit, industrielle Überkapazitäten und ökonomische Stagnationstendenzen (besonders, aber nicht nur) in den frühindustrialisierten

---

1 J. Scott Brennen, Philip N. Howard and Rasmus Kleis Nielsen (2018) An Industry-Led Debate: How UK Media Cover Artificial Intelligence. Oxford, Großbritannien: Reuters Institute for the Study of Journalism, als PDF auf reutersinstitute.politics.ox.ac.uk

2 Im *Spiegel* wurde Musk im Oktober 2021 sogar zu »einem Universalgenie der Technik« erklärt, »vergleichbar vielleicht mit Leonardo da Vinci oder Thomas Edison«, obwohl in dem Artikel kein Beitrag Musks zum technischen Fortschritt genannt wurde.

3 Matthias Becker (2017) Automatisierung und Ausbeutung: Was wird aus der Arbeit im digitalen Kapitalismus? Wien, S. 200ff.

Ländern. Erst dieses Umfeld erlaubt einem Unternehmer wie Elon Musk, seine besondere Rolle zu spielen. Aber Tesla weckt nicht nur Phantasien, sondern bewegt enorme Investitionen. Wer Elon Musk lächerlich findet, spricht gleichzeitig ein Urteil über unsere Zeit, die ihn hofiert. Er ist sozusagen eine Mischung aus John Pierpont Morgan *und* Charles Ponzi, ein Industrieller *und* ein Hochstapler, und solche merkwürdigen, diffusen Mischungen charakterisieren die späte Digitalisierung.

Finanzialisierung und Digitalisierung

Die Medien lieben Elon Musk, weil er niemals langweilig ist. Er spricht über Daten-Schnittstellen zwischen dem menschlichen Gehirn und Computern, über automatisierten Individualverkehr, die baldige Besiedlung des Planeten Mars oder eine drohende Machtübernahme von denkenden Maschinen. Dass man ebenso gut, vielleicht besser die Frau von der Käsetheke im Supermarkt nach ihrer technischen Expertise fragen könnte, stört überhaupt nicht. Das Phänomen Elon Musk beruht gerade darauf, dass niemand ihn ernst nehmen muss, damit er Trends setzt.

Im Januar 2021 beispielsweise schrieb Musk bei dem Kurznachrichtendienst Twitter: »Benutzt Signal!« Damit meinte er den gleichnamigen Internet-Messenger. Dennoch stieg der Aktienkurs der US-amerikanischen Firma *Signal Advance*, ein Hersteller von Medizintechnik, innerhalb weniger Stunden von 0,60 US-Dollar auf zeitweise 70 US-Dollar. Professionelle Börsenhändler nennen Freizeit-Spekulanten manchmal respektlos »dummes Geld«, Investitionen ohne Strategie, Sinn und Verstand. Aber es ist nicht dumm, aufgrund eines Tweets von Elon Musk Aktien zu kaufen und auf steigende Kurse zu wetten, wenn davon auszugehen ist, dass genug Menschen ihn falsch verstehen werden. Ja, selbst *wenn niemand ihn falsch versteht*, kann eine solche Wette rational sein, sofern die Zeitspanne bis zur Veräußerung kurz genug ist. Gleichzeitig illustriert die Anekdote, wie viel Kapital gegenwärtig nach profitablen Anlagemöglichkeiten sucht.

Computertechnik, Internet und KI entstanden als staatlich geförderte Großtechnik.[4] Ihre massenhafte Verbreitung im Alltagsleben
ab den 1980er Jahren war dann allerdings eng mit den Finanzmärkten verbunden. Einerseits investierten Börsen und Finanzinstitutionen in die neuste und schnellste Computer- und Kommunikations-
technik, um ihre Transaktionen zu beschleunigen (und zu diesem
Zweck zu automatisieren). Andererseits lieferten die entsprechenden Technologien ein plausibles Narrativ für die Aktienspekulation
und befeuerten so die Expansion der Finanzmärkte, insbesondere
seit der sogenannten *dot.com*-Blase Ende der 1990er Jahre. Klap-
pern und Plappern gehört zu diesem Geschäft notwendig dazu.[5]

Dies ist der Hintergrund von Elon Musks Karriere. 1999 gründete er ein Unternehmen, das Zahlungen übers Internet abwickelte. In
der Folgezeit wurde er reich durch Unternehmensverkäufe und Ak-
tienoptionen. Laut dem US-Magazin *Forbes* erhielt er im Jahr 2020
elf Milliarden US-Dollar in Form von Aktien der Firma Tesla, wo
er als Vorstandsvorsitzender fungiert.[6] Allerdings erzielte der Auto-
hersteller im Zeitraum zwischen der Gründung im Jahr 2003 und
dem Jahr 2020 keinen Gewinn.[7] Immerhin konnte das Unternehmen die Menge der verkauften hochpreisigen Elektrofahrzeuge zwischen 2016 und 2020 von 76.000 auf 499.000 Stück steigern. Zum
Vergleich: der Volkswagen-Konzern verkaufte 2020 9,3 Millionen

---

4 Martin Schmitt (2016) Internet im Kalten Krieg: Eine Vorgeschichte des
   globalen Kommunikationsnetzes. Bielefeld: Transcript. Vergleiche auch
   Mariana Mazzucato (2011) The Entrepreneurial State. London: Demos.
   PDF unter www.demos.co.uk.

5 Narrative entscheiden über den Erfolg der Spekulation. Deshalb hat das
   Schema Basis/Überbau hier nur bedingt Erklärungskraft.

6 Zum Vergleich: der Einkommensmedian in den USA lag im Jahr 2020 bei
   33.103 Dollar.

7 2020 kam Tesla zum ersten Mal aus den roten Zahlen heraus – weil Auto-
   hersteller in den USA sogenannte »Null-Emissions-Fahrzeuge« herstellen
   sollen, dies nicht tun und deshalb Emissionszertifikate von Tesla aufkaufen
   müssen. Allerdings erzielte das Unternehmen im zweiten und dritten Quar-
   tal 2021 zum ersten Mal einen Gewinn unabhängig von diesem Geschäfts-
   feld.

Autos – also die 18-fache Stückzahl –, seine Marktkapitalisierung lag dennoch deutlich unter der von Tesla. Zeitweise war VW nur ein Sechstel von Musks Firma wert.

Die Digitalkonzerne als Krisenprofiteure

Die treibende und bestimmende Rolle des Finanzkapitals bedeutet nicht, dass es sich bei der späten Digitalisierung um »reine Spekulation«, Hirngespinste und Bauernfängerei handelt. Im Gegenteil, seine Rolle besteht schließlich darin, innovative Produkte und Verfahren zu identifizieren, von denen ein Produktivitätssprung zu erwarten ist, weil sie den etablierten unternehmerischen und technischen Strukturen überlegen sind.[8] Allerdings hat die Informations- und Netzwerktechnik dieses Versprechen auf wachsende Produktivität bisher kaum eingelöst.

Während digitale Technik und Daten verarbeitende Geräte sich immer weiter verbreiten, gehen die Zuwächse bei der Arbeitsproduktivität seit den 1960er Jahren langfristig zurück.[9] Mitte der 1990er Jahre stiegen die Zuwächse in den USA allerdings von etwa 1 Prozent auf 2,3 Prozent jährlich. Diese Steigerung beruhte aber fast ausschließlich auf Rationalisierungserfolgen im Groß- und Einzelhandel. »Seit 2005 ist die Produktivitätszunahme schon wieder zu Ende«, betont **der** Wirtschaftsinformatiker Peter Brödner. »Seitdem liegt sie zunächst bei einem Prozent und ist zuletzt trotz weiterer Investitionen in Computertechnik sogar deutlich unter diesen Wert gefallen.«[10]

---

8   Damit soll nicht nahegelegt werden, dass das Finanzkapital diese Funktion entsprechend der VWL-Lehrbücher tatsächlich erfüllt. Wesentliche großtechnische Innovationen seit dem Zweiten Weltkrieg wurden nicht über Finanzmärkte, sondern staatlich finanziert, vgl. Fußnote 4.

9   Dies gilt auch für die Multifaktorproduktivtät, ebenfalls ein Indikator für den Rationalisierungserfolg im umfassenden Sinn.

10 Peter Brödner (2021) Das Produktivitätsparadoxon der Computertechnik. In: Heinz-Josef Bontrup / Jürgen Daub (Hg.) Digitalisierung und Technik – Fortschritt oder Fluch? Perspektiven der Produktivkraftentwicklung im modernen Kapitalismus, Köln, S. 114-144, hier S. 118.

Der Einfluss von Computertechnik auf die Produktivität ist diffus. Trotzdem sind Unternehmen, deren Geschäft auf die ein oder andere Weise auf Digitaltechnik und Internet beruht, mittlerweile die wertvollsten der Welt, zumindest gemessen an der Marktkapitalisierung. Unter den ersten Zehn finden sich Microsoft, Apple, Alphabet/Google, Facebook, Amazon, Alibaba und Tencent. Während die »Leitindustrien« früherer Epochen Basisinnovationen verbreiteten, durch die die Produktivität gesamtgesellschaftlich wuchs (wie zum Beispiel Elektrizität, Farben- und Elektrochemie, motorisierter Individualverkehr oder Haushaltsgeräte), sind diese Technologiekonzerne keine Wachstumstreiber. Sie scheinen von den Tendenzen der ökonomischen Stagnation geradezu zu profitieren – wie kann das sein?

Ein Versandhändler wie Amazon unterscheidet sich natürlich grundlegend von einem Medien- und Werbekonzern wie Google oder einer Software- und Computerfirma wie Microsoft oder Apple. Gemeinsam ist ihnen, dass sie bestimmte Marktnischen fast vollständig beherrschen und Monopolgewinne erzielen, weil sie Kunden und Zulieferer erfolgreich an sich binden. Wenn möglich treten diese Unternehmen nur als Vermittler auf und verlangen von Anbietern und/oder Konsumenten Gebühren. Mit dieser »Plattformstrategie« lagern sie unternehmerische Risiken aus: Wie immer die Transaktion auch aussehen mag, der Vermittler verdient immer an ihr.

Die Soziologin Sabine Pfeiffer spricht in diesem Zusammenhang vom Digitalen als einer »Distributivkraft«: »Im entwickelten Kapitalismus unserer Tage ist das zentrale Problem die Realisierung von geschaffenen Werten auf Märkten. Strategien der Marktausdehnung und des Konsums werden zum relevanter werdenden Feld für Konkurrenz.«[11] Diese Strategien tragen allerdings nicht zum gesamtgesellschaftlichen Produktivitätswachstum bei, sondern schaf-

---

11 Sabine Pfeiffer (2021) Digitalisierung als Distributivkraft: Über das Neue am digitalen Kapitalismus, Bielefeld, S. 16.

fen lediglich »proprietäre Märkte« (Philipp Staab)[12], auf denen die Plattformen »Informationsrenten« (Ralf Krämer) abschöpfen.[13]

Die Orientierung auf Renten, verbunden mit einer schwachen Nachfrage für Konsum- und Investitionsgüter, ist ein Aspekt der säkularen Stagnation in den frühindustrialisierten Länder. Insofern umfasst die »späte Digitalisierung« »neo-feudalistische« Tendenzen: »Für etwas Geld zu verlangen, dessen Produktion einen nichts gekostet hat, entspricht eigentlich nicht kapitalistischen Umgangsformen. Renten sind, salopp gesagt, typisch feudalistisch. Aber die Plattformen tun nichts anderes wie einst die Landesherren, wenn sie den Zehnten verlangen für den Zugang zu einem Markt, um den sie einen Zaun errichtet haben.«[14] Allerdings verlangen sie nicht den Zehnten, sondern »den Dritten«. Die Vermittlungsgebühren in den »App-Stores« von Apple und Android sowie bei Amazon liegen oft bei 30 Prozent.

Die marktbeherrschende Stellung dieser Konzerne bleibt allerdings permanent umstritten. Informationsrenten beruhen auf bestimmten ökonomischen und sozialen Voraussetzungen, zum Beispiel auf der wirksamen Durchsetzung von geistigen Eigentumsrechten (Patente, Urheberrecht) und auf technischen Maßnahmen, um den Datenfluss zu kontrollieren. Zudem bleibt ein Markteintritt von Konkurrenten prinzipiell weiterhin möglich. Es handelt sich um »volatile Monopole« (Ulrich Dolata). Dies gilt insbesondere für reine »Internetunternehmen«, die digitalisierbare Waren verbreiten, wie Suchmaschinen, Soziale Netzwerke und Medienhändler (etwa Streaming-Anbieter). Diese Unternehmen sind »schlank« insofern,

---

12 Philipp Staab (2019) Digitaler Kapitalismus: *Markt* und Herrschaft in der Ökonomie der Unknappheit. Frankfurt am Main: Suhrkamp. Vergleiche auch Matthias Becker (2017) Automatisierung und Ausbeutung: Was wird aus der Arbeit im digitalen Kapitalismus?, Wien, S. 163ff.

13 Ralf Krämer (2002) ›Informationsrente – zur politischen Ökonomie des Informationskapitalismus‹, in: Das Argument, Nr. 248, 5/6 2002, S. 637-652.

14 Matthias Becker (2017) Automatisierung und Ausbeutung: Was wird aus der Arbeit im digitalen Kapitalismus?, Wien, S. 164.

als dass ihr Geschäft fast ausschließlich auf Software beruht und sie
kaum über Produktionskapital verfügen (im Gegensatz beispielsweise zu einem Logistiker wie *Amazon*). Gerade deshalb sind sie
ersetzbar, denn Kunden und Zuarbeiter können mühelos zu einer
anderen Plattform weiterziehen.

Aus diesem Grund müssen die Plattformen Zulieferer und Kunden an sich binden (*Lock-in*-Strategien), zum Beispiel indem sie die
generierten Daten monopolisieren. Ab einer gewissen Größe wirken
Netzwerkeffekte einem Wechsel entgegen: »Ein Unternehmen kann
heute nicht mehr existieren, ohne auf Google gefunden zu werden;
Software, die nicht über *Google Play* oder den *Apple App Store* an-
geboten wird, ist zunehmend irrelevant, und die Listung auf Plattformen wie *Amazon* und *Alibaba* versetzt viele Anbieter erst in die
Lage, überhaupt die Möglichkeiten des Onlinehandels nutzen zu
können.«[15] Außerdem verteidigen sich die Plattformen, indem sie
potentielle Konkurrenten aufkaufen und deren Systeme ihrem eigenen Angebot hinzufügen.

In einer wirtschaftshistorischen Perspektive zeigt sich, dass der
Aufstieg großer, teils transnationaler Handelskonzerne bereits vor
der Verbreitung von Digitaltechnik begann. Die »Rationalisierung
des Konsums« durch die Selbstbedienung der Kunden, *Discount*-
Strategien und eine ausgefeilte Logistik zieht sich durch das ganze
20. Jahrhundert. Die Möglichkeiten durch Vernetzung und Ver-
datung (etwa maschinenlesbare Barcodes) beschleunigten ab den
1980er Jahren diese Entwicklungen und stärkten große Einheiten
am Ende der Lieferkette gegenüber den Zulieferern.

Die gegenwärtige relative Stärke des (»digitalen«) Handelskapi-
tals erklärt sich wiederum aus dem Nachlassen der wirtschaftlichen
Wachstumsdynamik. Die Online-Händler sind am besten in der

---

15 Florian Butollo / Patricia de Paiva Lareio (2021) Technikutopien und säku-
    lare Stagnation: Der Kapitalismus als Treiber und Schranke des Digitalen.
    In: Heinz-Josef Bontrup / Jürgen Daub (Hg.) Digitalisierung und Technik
    – Fortschritt oder Fluch?: Perspektiven der Produktivkraftentwicklung im
    modernen Kapitalismus, Köln, S. 145-169, hier S. 158.

Lage, kaufkräftige Nachfrage *aufzuspüren*. Sie sind ganz nah beim Kunden – auf seinem digitalen Endgerät in der Tasche. Sie wissen (angeblich) am besten, was er will. Sie machen ihm als erste ein Angebot und versprechen gleichzeitig, dass es nirgendwo billiger zu haben ist. Über den Erfolg entscheiden der günstigste Preis, eine breite Angebotspalette und das Tempo der Transaktion (*on demand*). So versuchen die Plattformen, den letzten, entscheidenden Schritt in der Wertschöpfungskette zu kontrollieren, den Verkauf an den Endkunden. Gleichzeitig setzen sie ihre Lieferanten unter Druck und treiben einen Unterbietungswettbewerb an.

»Gig-Economy«: computergestützte Tagelöhnerei

Der Beitrag der Internet-Plattformen zur gesamtgesellschaftlichen Produktivität mag fragwürdig sein, immerhin sind sie selbst profitabel. In der zweiten und dritten Reihe dagegen finden wir sogenannte App-Konzerne wie *Uber* oder *Wolt* (die Branche wird auch *Gig Economy*, früher *Sharing Economy* genannt), die keine oder nur geringe Gewinne erwirtschaften. Sie leben bisher von der fortgesetzten Finanzierungsbereitschaft der Investoren. Fast alle von ihnen setzen auf Expansion um jeden Preis. Das Kalkül: Wenn ein Marktsegment erst einmal erobert ist, können die Preise für Endkunden und Lieferanten steigen. Dass diese Strategie teilweise über Jahre durchgehalten wird, ist ein weiteres Anzeichen dafür, dass es an attraktiven Investitionsmöglichkeiten mangelt, worauf beispielsweise Florian Butollo und Patricia de Paiva Lareio hinweisen: »Ein Exzess an Anlagekapital steht einer relative Stagnation auf der Nachfrageseite gegenüber und entsprechend dominieren Anlagestrategien, die auf Marktdominanz wetten.«[16]

Anders gesagt, die App-Unternehmen wollen gerne zu marktbeherrschenden Plattformen werden. Im Gegensatz zu »Online-Marktplätzen« und »Match-Makers« können sie sich allerdings nicht auf eine bloß formelle Vermittlung beschränken. Typischer-

---

16 Ebd., S. 159.

weise organisieren sie einfache Dienstleistungen wie Lieferungen und Personentransport, dies vor allem in großen Städten. Ihren Beschäftigten zahlen sie meist den Mindestlohn oder nur wenig mehr. Teilweise müssen die Angestellten trotzdem ihre Ausrüstung oder beispielsweise Fahrradreparaturen selbst bezahlen. Eine wesentliche Innovation der App-Unternehmen besteht nämlich darin, die Ressourcen der Beschäftigten als Kapital einzusetzen. Mit den Möglichkeiten des mobilen Internets organisieren sie ein System der Tagelöhnerei, das flexiblen Personaleinsatz mit niedrigen Arbeitskosten verbindet.

Der langfristige Erfolg dieses Geschäftsmodells ist nicht gesichert. Er beruht unter anderem darauf, dass die Aufsichtsbehörden die gewagte arbeitsrechtliche Konstruktion akzeptieren, derzufolge die Mitarbeiter selbständig tätig seien, und die Gewerbeaufsicht wohlwollendes Desinteresse zeigt. Die App-Konzerne brauchen einen permanenten Nachschub unverbrauchter Mitarbeiter; in einigen Fällen werden jedes Jahr 90 Prozent der Belegschaft ausgetauscht. Auf den ersten Blick wirkt Gegenwehr der Beschäftigten fast unmöglich. Es handelt sich zu einem großen Teil um junge Freelancer ohne (sichtbare) Machtressourcen. Für viele ist der Job nur ein Zuverdienst, entsprechend gering ist ihre Bereitschaft, sich für bessere Löhne oder Arbeitsbedingungen zu engagieren. Verträge unliebsamer Mitarbeiterinnen werden nicht verlängert. Dennoch kam es bei vielen Lieferdiensten zu Protesten gegen die schlechten Arbeitsbedingungen und vereinzelt zu Betriebsratsgründungen. Wenn das Management in die Gewinnzone will, müssen die Löhne allerdings *sinken*.

Rationalisierung auf Daten-Grundlage

Solche neuen Märkte und Unternehmensformen sind die eine Seite der »späten Digitalisierung« – eine »Internetwirtschaft« geprägt durch einen Überschuss an liquidem Kapital, fehlender Kaufkraft und Unterbeschäftigung. Davon zu unterscheiden ist die »Digitalisierung« der konkreten Arbeit in den bestehenden Unternehmen, konkret: die Rationalisierung auf dem gegenwärtigen Stand der technischen Möglichkeiten.

Wenn Tesla einen Universal-Roboter ankündigt, versinnbildlicht dieser Apparat eine gelingende Rationalisierung und eine deutlich steigende Produktivität – mithin genau das, woran es dem System gegenwärtig fehlt. Aber bei der gegenwärtigen Rationalisierung spielen Roboter – ob nun von Tesla oder von anderen Herstellern – keine wichtige Rolle. Die Unternehmen investieren insgesamt kaum in neue Automatisierungstechnik, nicht zuletzt deshalb, weil die stagnierenden Löhne solche Investitionen überflüssig beziehungsweise riskant machen.

Im Herbst 2021 scheinen die Arbeitskosten (auch in Gestalt von »Personalmangel«) endlich zu steigen, damit auch der Anreiz für die Automatisierung. Ob dieser Trend anhalten wird, ist unklar. Bisher jedenfalls setzt das Management in der Regel nicht auf Roboter, sondern auf eine Abwertung der (Fach-)Arbeit mit digitaltechnischen Mitteln.

Der Soziologe Simon Schaupp betont in diesem Zusammenhang die Rolle der »algorithmischen Arbeitssteuerung«, die er folgendermaßen charakterisiert: »Arbeitsanweisungen werden von Computern erteilt. Das Arbeitshandeln wird digital evaluiert. Die erhobenen Daten werden genutzt, um menschliche Arbeit aus den betreffenden Produktionsprozessen zu verdrängen.«[17] Die algorithmische Steuerung automatisiert weniger bestimmte Teilarbeiten als vielmehr (tendenziell) das *Management*. Planung, Disposition, Beurteilung und Kontrolle der Arbeit finden zunehmend Softwaregestützt statt. Die Tätigkeiten werden medial und kleinteilig angeleitet, zum Beispiel mit einer Schritt-für-Schritt-Anleitung auf einem digitalen Endgerät. Um es etwas zugespitzt zu formulieren, die algorithmische Steuerung zielt nicht darauf ab, die Menschen durch Roboter zu ersetzen. Sie will die Menschen in Roboter verwandeln.

---

17 Simon Schaupp (2021) Technopolitik von unten: Algorithmische Arbeitssteuerung und kybernetische Proletarisierung, Berlin, S. 262.

Diese Unterscheidung ist wichtig. In der betrieblichen Praxis sind »Automatisierung« (das heißt: Mechanisierung) und »Digitalisierung« (das heißt: Erfassung und Steuerung der Abläufe mit Computer-Software) zwei unterschiedliche Ansätze der Rationalisierung, zwischen denen sich das Management entscheiden muss. Die Umorganisation der betrieblichen Abläufe auf digitaler Grundlage hat sich in der Logistik, bei manchen personenbezogenen Dienstleistungen und in der *Gig Economy* verbreitet. Die »algorithmische Steuerung« dringt aber auch in die industrielle Fertigung vor und führt im Ergebnis oftmals zu einer Dequalifizierung.

Diese Entwicklung widerlegt die Hoffnungen, die DGB und IG Metall an das Projekt »Industrie 4.0« knüpften. Ihre Initiative zielte auf eine Modernisierung der deutschen Industrie, um ihre Position gegenüber den USA und China zu verbessern. Die Gewerkschaften verbanden damit den Wunsch, in den Kernbereichen der deutschen Exportindustrie – Maschinenbau und Automobilherstellung, nach Möglichkeit auch Elektronik, Pharma- und Chemieindustrie – die Betriebe auf eine »*high road*« zu bugsieren, wie das industriesoziologische Schlagwort lautet: Steigerung der Produktivität durch Investitionen in qualifizierte Beschäftigte *und* Technik. Diese Aufwertung sollte mittels einer staatlich finanzierten und moderierten technologischen Offensive erreicht werden und nicht zuletzt Verlagerungen ins Ausland entgegenwirken.

Allerdings hat die umfassende Vernetzung von Maschinerie und Beschäftigten und die automatisierte Datenauswertung (sofern sich die Unternehmen darauf eingelassen haben) die Prozesse nicht nennenswert effizienter gemacht, von ganz wenigen Ausnahmen abgesehen. Die erhoffte Produktivitätssteigerung blieb aus, die Modernisierung der technischen Ausstattung stockt weiterhin. Was immer das Problem der Unternehmen sein mag, ein Mangel an Daten ist es offenbar nicht. Die »Industrie 4.0« fokussierte ganz auf die Digitaltechnik. Fragen der betrieblichen Organisation, der Arbeitsteilung und Hierarchie tauchten dagegen nicht auf, ebenso wenig der fundamentale Widerspruch, dass die Beschäftigten komplexere Prozesse beherrschen sollen, während sie gleichzeitig (relative) Einbußen bei Entlohnung, Arbeitsbedingungen und beruflicher Autonomie hinnehmen müssen.

Eine neo-tayloristische Unternehmensberatung behauptet unterdessen, betrieblicher Erfolg sei möglich, indem die Beschäftigten lückenlos überwacht und überlistet werden. Arbeiter aus der Automobilindustrie berichten, dass der Zugang zu Maschinen (und damit zu Daten) mit kleinen verschiedenfarbigen Metallschlüsseln geregelt wird. Diese Schlüssel würden von Kollegen nur ungern weitergeben, weil sie immer wieder benötigt werden. »Ne, da leiht keiner gern seinen Schlüssel aus!«, erzählt ein junger Mann. So lenkt das Management den Zugriff – und damit die betriebliche Hierarchie – wirksamer als beispielsweise mit Passwörtern, die mühelos weitergegeben werden können – und verhindert aus Angst vor einem Kontrollverlust Kooperation.

Die Leerstelle

Kehren wir abschließend noch einmal zu dem Roboter von Tesla zurück, der vielleicht irgendwann tatsächlich auf den Markt kommen wird. Der automatische Diener und die denkende Maschine faszinieren die Menschen schon seit Jahrhunderten. Sie wecken Ängste vor Abwertung und Arbeitslosigkeit, aber auch Hoffnungen auf ein Leben ohne Plackerei, vielleicht sogar auf eine Welt ohne Lohnarbeit. Leider überstrahlt diese Faszination die wirkliche Rolle von Robotik und Maschinenlernen in der Produktion als *Werkzeugen*.

Denn was für die gewerkschaftliche Debatte über die »Industrie 4.0« gilt, gilt ebenso für die öffentliche Auseinandersetzung über die Digitalisierung. Die lebendige Arbeit taucht höchstens am Rande auf, als bemitleidenswert und schutzbedürftig, von denkenden Maschinen bedroht. Dabei entscheidet die Arbeit – mit ihren Kenntnissen und Fertigkeiten, ihren Wünschen und Bedürfnissen – nach wie vor über Erfolg oder Misserfolg Produktion.

Viele Arbeiten, übrigens gerade auch einige im Niedriglohnbereich, sind durchaus schwierig durchzuführen, und die Beschäftigten müssen nicht nur leidensfähig, sondern auch lernfähig und sozial kompetent sein. Trotz der Digitalisierung, manchmal gerade wegen ihr bleiben die besonderen Fähigkeiten der lebendigen Arbeit – Vernunft, Verstand und Kommunikation – entscheidend. Dieser Umstand wird immer wieder übersehen, ausgeblendet und abgestritten. Der Maschinerie dagegen werden wahre Zauberkräfte zugeschrieben. Die diskursive Abwertung der lebendigen Arbeit findet ihre Fortsetzung in ihrer praktischen Abwertung.

Gisela Notz

Von wegen Krankenschwestern streiken nicht!¹

Krankenhäuser in der Krise:
Wie mit der Losung »Gesundheit statt Profit«
ein erfolgreicher Arbeitskampf geführt wurde

Einer der längsten und härtesten Krankenhausstreiks in der deutschen Geschichte wurde im Oktober 2021 in Berlin beendet. Er begann am 9. September 2021 und umfasste die Beschäftigten von Charité, Vivantes und der Vivantes-Tochtergesellschaften. Er endete mit dem Sieg der Beschäftigten. Sie gewannen vor allem deshalb, weil sich die Streikenden über die Konzerne, die Berufsgruppen und Standorte hinweg nicht auseinanderdividieren ließen, sondern solidarisch blieben. Die Erfahrung des Zusammenhalts und der Solidarität wissen sie auch für die Zukunft zu nutzen. »Der Kampf war hart, aber er hat sich gelohnt«, schrieb das Bündnis »Gesundheit statt Profit«.² Die Krankenhausbewegung hat mit ihrem Sieg Geschichte geschrieben. Denn die Geschichte der betrieblichen Streiks ist tatsächlich eine weitgehende Männergeschichte.

---

1   Wenn in diesem Beitrag meist von Krankenschwestern die Rede ist, so ist damit das Pflegepersonal gemeint. Krankenschwestern ist der traditionelle Begriff, der bis in die Jetztzeit benutzt wird. Seit 1953 ist Krankenschwester eine gesetzlich geschützte Berufsbezeichnung. Erst seit 2004 gilt die Bezeichnung Gesundheits- und Krankenpfleger. Der frühere gesetzliche Schutz bleibt. Vor 1985 ausgebildete Krankenschwestern können die alte oder die neue Berufsbezeichnung verwenden.

2   In Berlin heißt das Bündnis »Gesundheit statt Profite«, hier im Buch jedoch durchgängig »… statt Profit«, angelehnt an dessen Webpräsenz.

Warum ist Streik Männersache?

Im historischen Gedächtnis ist die Geschichte der Arbeitskämpfe seit der Frühphase des Kapitalismus stark männlich geprägt. So geht es auch aus alten Streikaufrufen oder zeitgenössischen Bildern hervor: Oft sieht man darauf kräftige Arbeiteranführer vor rauchenden Fabrikschloten im Wortgefecht mit den Kapitalisten. Frauen, die auf solchen Bildern erscheinen, sind meist nicht in Arbeitskleidung und scheinen nicht begeistert von den streikenden Männern. Oft haben sie ein Kind auf dem Arm oder/und eines, das sich an ihrem Rock festhält. In den Erzählungen aus dieser Zeit sind Frauen eher diejenigen, die die Kampfeskraft der Männer lähmten, weil sie fürchteten, kein Geld fürs tägliche Brot zu haben. Das nutzten die Fabrikherren nicht nur in der Vergangenheit aus. Frauen, auch wenn sie schlechtbezahlte Fabrikarbeiterinnen waren, nahmen angeblich ihr Schicksal demütig hin, während die Männer den Klassenfeind bekämpften. »Mann der Arbeit, aufgewacht! Und erkenne deine Macht! Alle Räder stehen still – wenn dein starker Arm es will«, sangen die Arbeiter bei ihren Treffen.

Es ist auch nicht zufällig, dass sich vor allem die Industrie- und nicht die Arbeitssoziologie mit dem Thema Streik und der Geschichte von Streiks befasst. Frauen hatten lange als »Arbeitspersonen« keinen Subjektstatus, weil sie in der Erwerbsarbeit traditionell nicht vorgesehen sind. Nicht nur auf Gewerkschaftskongressen wurde immer wieder diskutiert, was für ein Chaos ausbricht, wenn die Frauen erwerbstätig sind und ihre Männer kein gemütliches Heim vorfinden. Die Dienstleistungsforschung, selbst die Forschung über Angestellte, ist in der Arbeitssoziologie eine relativ neue Disziplin und immer noch selten vertreten. Studien über Pflegearbeit wurden zunächst von Frauen, die sich der Frauenforschung zuordneten, erstellt.[3] In der Mainstream-Soziologie spielen sie eine marginale

---

3   Hier einige Beispiele: Helga Krüger: Die andere Bildungssegmentation. Berufssysteme und soziale Ungleichheit zwischen den Geschlechtern am Beispiel der Umstrukturierung in Pflegeberufen, in: Axel Bolder u. a. (Hg.): Die Wiederentdeckung der Ungleichheit. Aktuelle Tendenzen in Bildung

Rolle. Auch bei den Streikanalysen und -statistiken bleibt der Sorge-
bereich und auch das Geschlecht als Analysekategorie meist unbe-
rücksichtigt.

Ist Krankenschwester kein Beruf, sondern eine Berufung?

Kranken- und Altenpflege haben sich als Beruf erst während des
18. und 19. Jahrhunderts entwickelt. Erst dann entstand ein Schwesternberuf. Die Ausbildung in den »Mutterhäusern« war meist von
den Kirchen, später auch von der Caritas, der Inneren Mission und
dem Deutschen Roten Kreuz organisiert. In den »Mutterhäusern«
lebten die Schwestern in einer ordensähnlichen Gemeinschaft in
Kost und Logis und bekamen ein kleines Taschengeld. Auf der
Grundlage des christlichen Glaubens sollten sie vor allem lernen,
anderen Menschen zu helfen. Arbeitsrechtlich hatten sie einen Son-
derstatus, weil sie vom Mutterhaus an die Krankenanstalt entsandt
wurden. Sie waren nicht krankenversichert und auch nicht sozialversicherungspflichtig und erwarben deshalb auch keinen Anspruch auf eine eigenständige Absicherung. Da sie nicht als Arbeit-
nehmerinnen galten, waren sie auch später vom Geltungsbereich
des Betriebsverfassungsgesetzes ausgenommen. Erst an der Schwel-
le zum 20. Jahrhundert entstanden freie Schwesternschaften, die als
»Berufsschwestern« bezeichnet wurden. Das Leitbild des »Liebes-
dienstes« blieb: »Eine ›gute‹ Schwester … verstand ihre Tätigkeit
nicht als Beruf, sondern als Berufung; nicht als Arbeit, sondern als
Dienst.«[4] Daran, dass eine ›gute‹ Schwester für ihre Rechte streiken
könnte, dachte niemand. Noch 1950 sagte der damalige Vorsitzende
der ÖTV bei einer Vorstandssitzung: »Die Schwestern sind ein be-
sonderes Volk, das auch vom Gewerkschaftsstandpunkt aus anders

---

und Arbeit, Opladen 1996, S. 253-274; Susanne Kreutzer: Vom »Liebesdienst« zum modernen Frauenberuf. Die Reform der Krankenpflege nach
1945, Frankfurt/New York 2005; Kerstin Rieder: Zwischen Lohnarbeit
und Liebesdienst. Belastungen in der Krankenpflege, Weinheim/München
1999.

4   Kreutzer: Vom Liebesdienst, a.a.O., S. 7.

angefaßt werden muß.«[5] Krankenschwester oder Gesundheits- und
KrankenpflegerIn sind auch heute noch typische Frauenberufe. Im
Jahr 2020 waren 80 Prozent der sozialversicherungspflichtig Beschäftigten in der Krankenpflege Frauen; in der Altenpflege waren
es sogar 83 Prozent.[6] Immer noch heißt es: eine Schwester schaut
nicht auf die Uhr. Eine Schwester ist glücklich, wenn die Kranken
zufrieden sind, sie arbeitet um Gottes Lohn. Solche Sprüche mussten sie sich lange anhören. Zu Beginn der Corona-Krise wurden sie
beklatscht, weil sie so lieb, nett und hilfsbereit sind. Sie wollten das
Klatschen nicht. Der Applaus ist verklungen. Geändert hat sich dadurch nichts.

Die aktuelle Situation in der Krankenpflege

Die Bundesanstalt für Arbeit wies im Mai 2021 auf »deutlich bestehende Fachkräfteengpässe« im Pflegesektor hin. Sie erklärte
auch, dass »keine nennenswerte Entspannung dieser Engpässe«
zu erwarten sei.[7] Nicht nur, seit es um die Pandemie geht, leiden
die meisten Krankenhäuser unter Personalnot. Krankenschwestern
protestierten schon vor der Pandemie gegen den Personalmangel,
blieben aber ungehört. Die Arbeit im Krankenhaus ist auch unter
»normalen« Bedingungen enorm belastend, durch die Pandemie
hat sich dies um ein Vielfaches verstärkt. Zu wenig Personal, zu
hohe Arbeitsbelastung und unfaire Bezahlung kennzeichnen die
Arbeitsbedingungen, in Berlin und in vielen Städten und Gemeinden. (Nicht nur) die Initiative »Gesundheit statt Profit« in Nürnberg
macht die falsche Politik der letzten Jahre dafür verantwortlich, dass
das Gesundheitswesen direkt auf eine Katastrophe zusteuert.[8] Denn

---

5 ÖTV-Archiv 7/0579: Protokoll der Vorstandssitzung der HFA Gesundheitswesen am 26./27.4.1950.

6 Bundesanstalt für Arbeit: Berichte: Blickpunkt Arbeitsmarkt – Arbeits-
marktsituation im Pflegebereich, Nürnberg, Mai 2021.

7 Ebd.

8 Initiative »Gesundheit statt Profit«, www.gesundheit-statt-profit.de (Zugriff:
28.11.2021).

nicht erst seit der Pandemie ist die Personalknappheit erschreckend. Nicht erst in der vierten Welle der Corona-Pandemie (ab Ende November 2021) arbeitete das Pflegepersonal am Limit. Dennoch wurden in Deutschland auf dem Höhepunkt der zweiten Pandemiewelle 20 Kliniken geschlossen. Und auch mitten in der dritten Welle wurden aus Profitgründen in verschiedenen Städten in etlichen Krankenhäusern Stellen abgebaut und Klinken dichtgemacht.[9] Große private Gesundheitskonzerne bereicherten sich hingegen in der Pandemie auf Kosten von Pflegepersonal und Patienten, kleine Kliniken gingen auch bei den Krankenhaus-Rettungsschirmen, die für das Freihalten von Betten für COVID-PatientInnen gewährt wurden, leer aus. Während der Pandemiewellen wurde der Arbeitsdruck oft unerträglich. Für wichtige unterstützende Patientengespräche bleibt keine Zeit. Das Gefühl, den eigenen Ansprüchen nicht gerecht zu werden, erzeugt zusätzlichen Stress. Viele Pflegekräfte haben sich bei der Arbeit infiziert, etliche starben daran. Wer nicht mehr konnte oder wollte, ließ sich krankschreiben oder kehrte dem Schwesternberuf ganz den Rücken. In der Zwischenzeit haben viele gekündigt und den Pflegeberuf verlassen, weil sie die physischen und psychischen Dauerbelastungen nicht mehr »stemmen« konnten. Insbesondere Häuser mit großer Intensivkapazität mussten und müssen aufgrund von Kündigungen oder Krankheit der Pflegekräfte Betten sperren. Die meisten Krankenschwestern üben ihren Beruf gerne aus. Sie haben ihn gelernt oder lernen ihn noch, weil sie einen sinnvollen Beruf ergreifen wollten. Viele woll(t)en ihren Beruf beibehalten und wehrten sich schon länger, wenn auch vergebens, mit phantasievollen Aktionen und Demonstrationen gegen Lohndrückerei, Ausbeutung und Klinikschließungen: »Wir wollen endlich mal wieder pflegen, statt nur den Dienst zu überleben!!!«, schrieben Pflegekräfte der Charité bereits 2015 beim ersten erfolgreichen Streik für mehr Personal, auf ihre Transparente.[10] Damals kämpften die Frauen gegen die krankma-

---

9   ARD / Das Erste vom 17.2.2021: Plusminus: Kliniksterben in der Pandemie.

10   Vgl. hierzu den Film »Mehr von uns ist besser für Alle«, Labournet TV 2017.

chenden Zustände an den Krankenhäusern, die vor allem durch die Einführung des »Fallpauschalensystems«, in dem festgelegt wurde, wie viel Geld das Krankenhaus für eine bestimmte Leistung bekommt. Dadurch haben sich die Arbeitsbedingungen enorm verschlechtert, Pflegepersonal wurde weiter abgebaut, weil es zu viel Kosten verursacht. Den Streik legitimierte ein Berliner Arbeitsrichter damals so: »Die unternehmerische Freiheit des Arbeitgebers endet dort, wo der Gesundheitsschutz der Beschäftigten anfängt.«[11] Auch der erstrittene Entlastungstarifvertrag ließ der Klinikleitung zu viel Spielraum, die Personalbesetzung ohne größere Konsequenzen zu unterschreiten.

Ungehörige Krankenschwestern

Sechs Jahre waren seit dem großen Streik von 2015 vergangen, als in Berlins Krankenhäusern erneut protestiert wurde. Das kam nicht plötzlich und nicht erst mit dem Virus. Im Mai 2021 hatten die Beschäftigten der zwei großen Krankenhäuser und der Vivantes-Tochtergesellschaften ein 100-Tage-Ultimatum an die Konzerne gestellt. Kurz vor der Abgeordnetenhauswahl forderten sie einen Tarifvertrag zur Entlastung des Personals und die Bezahlung *aller* Beschäftigten nach dem Tarifvertrag für den öffentlichen Dienst (TVöD) zu vereinbaren. Am 12. Mai startete die Berliner Krankenhausbewegung mit einer großen Demonstration vor dem Roten Rathaus in die Tarifauseinandersetzung. Sie hatte damals schon 63 % der gesamten Belegschaft und eine Mehrheit auf jeder Station hinter sich. Nach Wochen der Organisierung – die Bewegung zog von Bezirk zu Bezirk – solidarisierten sich viele Menschen mit den Zielen der Beschäftigten, darunter auch PolitikerInnen aus den Parteien der rot-rot-grünen Koalition. Damit wurde die Landesregierung einer Bewährungsprobe ausgesetzt, inwieweit linke Regierungsbeteiligungen für soziale und gewerkschaftliche Bewegungen hilfreich sein kann. Natürlich kämpften die Krankenschwestern auch für die

---

11 Zit. nach: Daniel Behruzi: Krankenhausbewegung: Schub aus Berlin, in: ak 673, 17.8.2021.

Vergrößerung ihrer eigenen Basis. In jeder Station eines jeden Krankenhauses wurden Forderungsdiskussionen geführt, die am 9. Juli im Stadion der Alten Försterei zusammengetragen wurden. Der Fußballverein Union Berlin hatte hierfür seine Pforten geöffnet.

Das Ultimatum war ergebnislos verstrichen und mündete in einen dreitägigen Warnstreik. Vom 20. bis 22. August trafen sich die Krankenschwestern mit Verbündeten zum Soli-Camp am Urbanhafen in Kreuzberg, vor dem Urban-Krankenhaus, das zu Vivantes gehört. Die Arbeitgeber ließen Verhandlungstermine platzen und starteten Einschüchterungsversuche gegen AktivistInnen, die sich aber nicht vereinzeln ließen. Eine Einigung blieb aus. In einer Urabstimmung votierten fast 100 Prozent der Beschäftigten für einen unbefristeten Erzwingungsstreik.

Am 9. September 2021 war es so weit: Sechs Wochen lang haben sich bis zu 2.000 Krankenschwestern der beiden größten, landeseigenen Krankenhauskonzerne in Berlin, Charité und Vivantes, und solche der Vivantes-Tochterunternehmen[12] selbst ermächtigt: »Wir haben genug! Wir streiken!« – und zwar unbefristet. »Das ist einfach super, cool ist das«, sagten die Jüngeren. Das hatten sie in ihrer Ausbildung nicht gelernt. Sie waren aufmüpfig, widerständig und ungehorsam geworden. Das gemeinsame Vorgehen und die vielen UnterstützerInnen machten ihnen Mut, bei ihren Forderungen zu bleiben. Freilich waren sie auch während des Streiks nicht untätig: Am 16. September statteten sie dem Berliner Abgeordnetenhaus einen Besuch ab, sie organisierten eine Spendenkampagne, riefen zu Demonstrationen vor der SPD-Zentrale auf, und – mit einem riesi-

---

12 In Tochtergesellschaften arbeiten MitarbeiterInnen der Reinigung, Speiseversorgung und -logistik, Labore und etlichen weiteren Bereichen in den Krankenhäusern. »Nur rund 250 der insgesamt 2.000 Angestellten der Tochtergesellschaften«, so ein Bericht der *taz*, »werden nach dem Tarifvertrag des öffentlichen Dienstes bezahlt – die, die zuvor direkt bei Vivantes beschäftigt waren. Alle anderen erhalten bis zu 900 Euro weniger – bei gleicher Arbeit. Teilweise verdienen die Angestellten nicht einmal den Landesmindestlohn.« (Manuela Heim: Berliner Krankenhausbewegung – Erfolgreich zu Ende gestreikt«, in: die tageszeitung, taz.de, 27.10.2021.)

gen Aufgebot – zu einer Großdemo am 9. Oktober 2021 unter dem
Motto: »Wir retten euch – wer rettet uns?« Diesmal trafen sie sich
auf dem Hermannplatz an der Grenze von Neukölln und Kreuzberg.
Diejenigen, die dort sprachen, waren fast alle – in verschiedenen
Positionen – in bestreikten Krankenhäusern tätig. Sie sprachen
nicht als BittstellerInnen, sondern als KämpferInnen für ihre Rechte
und die ihrer KollegInnen in den Tochterfirmen, denn für die Charité waren bereits Eckpunkte verhandelt worden.

Zuspruch und Unterstützung erhielten sie bei ihren Kundge-
bungen und Demonstrationen durch die Beteiligung der Bevölkerung aus Berlin und anderen Städten. Denn die Krankenschwestern
waren gut organisiert, daher gelang es ihnen, die Bündnispartne-
rInnen aus allen Bevölkerungskreisen zusammenzuhalten. Während die Beschäftigten für ihre Ziele kämpften, erreichten sie täglich Solidaritätsschreiben aus dem ganzen Land. Beschäftigte der
Brandenburger Asklepios-Kliniken, die schon im Juni gestreikt
hatten, Beschäftigte des Klinikums Nürnberg und das Bündnis »Gesundheit statt Profit«, ebenfalls aus Nürnberg, solidarisierten sich
mit einem Solidaritätsschreiben vom 20. August mit der Berliner
Krankenhausbewegung, die KollegInnen der Berliner AWO traten
in den Warnstreik; Beschäftigte der Volksbühne Berlin, AktivistInnen der Bewegung »Deutsche Wohnen & Co. enteignen« solidarisierten sich. Das »Bündnis für sexuelle Selbstbestimmung« und die
»Omas gegen Rechts« demonstrierten mit ihnen, Berliner GEW-
LehrerInnen gingen zeitgleich in den Arbeitskampf für Klassen-
obergrenzen – um nur einige der Solidaritätsaktionen zu nennen.

Mit den Streiks haben die Berliner Krankenhausbewegung und
ihre UnterstützerInnen erreicht, dass Tausende neue Mitglieder der
Gewerkschaft ver.di, die den Streik unterstützt hat, beigetreten sind
und sich den Aktionen angeschlossen haben. Vor allem hat auch
die große Mehrheit der PatientInnen und der Berliner Bevölkerung
erkannt, dass der Streik auch ihre Angelegenheit ist. Dazu verhal-
fen die klaren Forderungen und die Tatsache, dass sie alle Verhandlungen und Gespräche offen und für alle Beschäftigten transparent

geführt haben und den Streik auch während der Verhandlungen weiterführten. Ihre Erfahrungen haben gezeigt, dass die unbefristete gemeinsame Arbeitsniederlegung und ihre Beharrlichkeit die besten Mittel sind, ihr Anliegen zum Erfolg zu bringen.

Aufgrund des politischen Drucks suchten die Krankenhausleitungen nach zehn Tagen das Gespräch. Sie teilten den Streikenden mit, dass sie aufhören sollten zu streiken, dann erst würden sie mit den Streikenden reden. Sie hofften, die Einheit der Beschäftigten durch getrennte Verhandlungen, verschiedene Tarife, Schlichtungen und Aussetzen der Streiks zu schwächen und zu unterlaufen. Beim Vivantes-Management bestand offenbar die Hoffnung, dass die Beschäftigten nach einem Abschluss an der Charité alleine weiterkämpfen müssen und ihnen die Kraft ausgehen würde, den gleichen Tarifvertrag durchzusetzen.

Damit hatten sie keinen Erfolg. Die Beschäftigten bei Vivantes mussten nicht alleine weiterkämpfen, nachdem es ein erstes Eckpunktepapier an der Charité gab. Sie hielten ihren Druck aufrecht und ließen die KollegInnen bei Vivantes nicht im Regen stehen. Die Charité-Leitung suchte zunächst Zuflucht in einem möglichen eigenen Haustarif. Bei den Vivantes-Töchtern sollte der Streik während einer Mediation, für die der ehemalige Brandenburger SPD-Ministerpräsident Platzeck eingesetzt wurde, unterbrochen werden. Das alles lehnten die Krankenschwestern ab. Als die Pflegekräfte der beiden Unternehmen sich am 12. Oktober 2021 bereits auf Eckpunkte für einen Entlastungstarifvertrag der Pflegebeschäftigten geeinigt hatten, streikten sie weiter, bis auch die Forderungen der Tochterunternehmen und damit alle Forderungen durchgesetzt waren.

Solidarisch erfolgreich

Nach 30 Streiktagen an der Charité, 35 Streiktagen bei Vivantes und 43 Streiktagen bei den Töchtern von Vivantes konnte am 29. Oktober 2021 endlich ein Eckpunktepapier für die Tochterunternehmen durch die Gewerkschaft ver.di und Vivantes unterzeichnet werden. Damit haben sich auch die Beschäftigten dieser Unternehmen ganz entschiedene Verbesserungen erkämpft. Insbesondere in den unteren Lohngruppen bekommen sie in Zukunft deutlich höhere Einkommen und damit mehr Gerechtigkeit. Gemeinsam haben die Streikenden mit ihren UnterstützerInnen einen großen Erfolg erzielt. Nach den Erfolgen bei Charité und Vivantes für einen Tarifvertrag mit mehr Personal können sie die Gesundheitsversorgung der PatientInnen wieder besser in den Mittelpunkt stellen und mit mehr Würde arbeiten. Und nur weil sie nicht lockerließen, konnten sie schließlich auch für die Tochterunternehmen von Vivantes gerechtere Löhne für tausende KollegInnen erreichen. Für sie gelten »der gleiche Urlaub, die gleiche Arbeitszeit, der gleiche Kündigungsschutz oder die gleichen Regeln bei der Lohnfortzahlung im Krankheitsfall wie bei Vivantes«, hieß es von Seiten der ver.di-Verhandlungsführung.[13] Die Solidarität zwischen den Belegschaften der verschiedenen Krankenhäuser und den Menschen aus den unterstützenden Bewegungen war es, die die Politik und die Klinikleitungen zum Handeln brachte. Sie alle waren erst von der Straße zu kriegen, als sie für alle erreicht hatten, was sie wollten.[14] Das war ein großer Erfolg für die Berliner Krankenhausbewegung.

Das sahen auch die Hauptamtlichen der Gewerkschaft ver.di, die sie nicht im Stich gelassen haben, so: »Erzielen konnten wir dieses gute Ergebnis nur, weil die Beschäftigten mit großer Entschlossenheit und Ausdauer gekämpft haben«, sagte Silvia Bühler, Mitglied im ver.di-Bundesvorstand. »Einmal mehr haben Beschäftigte aus dem Gesundheitswesen gezeigt, dass sie sich nicht mehr von der Politik und den Arbeitgebern vertrösten lassen, sondern ihre Forderung nach mehr Personal in letzter Konsequenz auch durch Arbeitskampf durchsetzen.«[15] Dass Beschäftigte im Gesundheitswesen wochenlang für eine bessere Personalausstattung streiken müssten, sei

---

13 Vgl. Nelli Tügel: Sie kämpfen, um bleiben zu können, in: WOZ. Die Wochenzeitung, 11.11.2021, woz.ch.

14 Vgl. auch: Manuela Heim: Erfolgreich zu Ende gestreikt, a.a.O.

15 Silvia Bühler, zit. nach: ver.di Gesundheit Soziales: Erfolg auch bei Vivantes, Pressemitteilung, 12.10.2021.

beschämend für den noch amtierenden Bundesgesundheitsminister Jens Spahn. Die viel zu dünne Personaldecke in den Krankenhäusern sei gefährlich für Patientinnen und Patienten und gefährde die Gesundheit der Beschäftigten.

Sie werden ihre Interessen auch weiter durchsetzen müssen

Auf dem Deutschen Pflegetag 2021 am 13./14. Oktober in Berlin wurde über Verbesserungen des Pflegeberufs gesprochen. Bundesgesundheitsminister Jens Spahn (CDU) unterstützte die Lohnforderungen der Pflegekräfte. Dass die Beschäftigten nach dem langen Streik auch 12 Euro Mindestlohn und höhere Ausbildungsvergütungen erhalten werden, verbuchte er auf sein Konto. Zum Auftakt des Pflegetags sagte er: »4000 Euro, da kann ich mitgehen.« Zugleich kam auch der Dämpfer: Spahn machte deutlich, dass die Löhne und Gehälter von den Tarifpartnern ausgehandelt werden müssten. Das könne nicht die Politik tun. Die Pflegekräfte rief er auf, sich zusammenzutun, um ihre Forderungen durchzusetzen. Angesichts des Personalmangels in der Branche säßen sie am längeren Hebel, sagte Spahn: »Sie müssen Ihre Interessen durchsetzen.«[16] Ist das zynisch gemeint, oder der Aufruf zum nächsten Streik? Letzteres eher nicht, denn Spahn verwies auch darauf, dass der Weg zu mehr Personal noch mindestens zehn Jahre dauern würde, weil die gesetzlichen Verbesserungen im Alltag der Pflegekräfte noch nicht angekommen seien. Ob die Krankenschwestern so lange warten wollen?

Die Präsidentin des Pflegerates verwies bei der gleichen Veranstaltung darauf, dass bereits in acht Jahren, also bis 2030 die Zahl der Pflegebedürftigen um eine weitere Million auf 5,1 Millionen Menschen steigt. Wenn nichts gegen den Personalmangel unternommen werde, fehlten dann 500.000 Pflegekräfte in der Altenpflege und in den Kliniken, heute seien es bereits 200.000. Auch sie appellierte an die Krankenschwestern. Sie sollten die neue Regierung auf ihre Wahl-

---

16 Jens Spahn zu Pflegelöhnen. »4000 Euro, da kann ich mitgehen«, in: Die Welt, 13.10.2021.

versprechen »festnageln«. Solange die zuständigen PolitikerInnen sie nicht aus Überzeugung unterstützen, gilt, was die Krankenschwester Silvia Habekost in einem Interview sagte: »Die Politiker erzählen viel, aber es bewegt sich trotzdem nichts«. Wenn allen klar sei, dass es so nicht weitergeht, »wieso braucht man dann den langen Streik?«[17]

Wie kann es weitergehen?
Die dünne Personaldecke wird nicht so schnell dicker werden. Aber die »barmherzigen Schwestern« werden sich nichts mehr gefallen lassen. In dem wochenlangen Arbeitskampf sind die MitarbeiterInnen über die Konzerne, Standorte und Berufsgruppen hinweg zusammengewachsen. Sie haben gelernt: Kämpfen lohnt sich, vor allem wenn man zusammensteht. Sie haben auch dazu beigetragen, »die gewerkschaftliche Praxis in eine kämpferische und beteiligungsorientierte Richtung weiterzuentwickeln.«[18] Die Erkenntnisse werden sie auch in Zukunft zu nutzen wissen. Nicht zuletzt hat der Streik auch zur Aufwertung des traditionellen Frauenberufes beigetragen.

(Nicht nur) mit der Erfahrung der Corona-Pandemie ist vielen Menschen klar geworden, dass es mit einem Gesundheitssystem, das geprägt ist von Ökonomisierung und Profitlogik nicht mehr weitergehen kann. Dieses System funktioniert ständig am Rande des Zusammenbruchs. Denn all das geht zu Lasten einer menschengerechten Versorgung. Das Bündnis »Gesundheit statt Profit« kämpfte nicht nur für die beiden großen Kliniken in Berlin, sondern auch in anderen Städten. Sie sind noch lange nicht am Ziel. Sie verweisen darauf, dass ein Krankenhaus keine Fabrik ist. Ein Krankenhaus sollte ein Gesundzumachenhaus und kein Profitzumachenhaus sein. Deshalb sagt das Bündnis: »Profite pflegen keine Menschen« – und will eine Vergesellschaftung des Gesundheitswesens. Der Markt richtet nichts, jedenfalls nicht für die Masse der Bevölkerung.

---

17 Zit. nach: Stella Merendino: Pfleger*innen wollen streiken. »Wir können nicht mehr«, in: taz, 6.9.2021.

18 Behruzi, Krankenhausbewegung, a. a. O.

Autorinnen und Autoren

Matin Baraki, Dr. phil., Lehrer und Technischer Assistent an der Universität Kabul. 1995 Promotion an der Universität Marburg, wo er Mitglied des Zentrums für Konfliktforschung ist. Lehrt internationale Politik an der Universität Marburg.

Matthias Martin Becker, Übersetzer und freier Wissenschaftsjournalist u. a. für Deutschlandfunk, SWR und WDR, lebt in Berlin. 2021 erschien bei PapyRossa sein Buch *Klima, Chaos, Kapital. Was über den Kapitalismus wissen sollte, wer den Planeten retten will.*

Dieter Boris, Prof. Dr. phil., von 1972 bis 2008 tätig als Professor für Soziologie an der Universität Marburg. Zahlreiche Forschungsaufenthalte in Ländern der »Peripherie«, besonders Lateinamerikas, aus denen zahlreiche Veröffentlichungen hervorgegangen sind, bei PapyRossa: *Bolívars Erben. Linksregierungen in Lateinamerika.*

Frank Deppe, Dr. phil., emeritierter Professor für Politikwissenschaft an der Universität Marburg. Zahlreiche Veröffentlichungen, bei PapyRossa u. a. *Der Staat – Basiswissen* und *Niccolò Machiavelli. Zur Kritik der reinen Politik.*

Kai Eicker-Wolf, Dr. phil., Ökonom, ist Referent für finanzpolitische Fragen bei der GEW Hessen und Leiter der Abteilung Wirtschaftspolitik beim DGB Bezirk Hessen-Thüringen. Zahlreiche Veröffentlichungen, Ko-Autor des PapyRossa-Buchs *Mit Tempo in die Privatisierung. Autobahnen, Schulen, Rente – und was noch?*

Georg Fülberth, Dr. phil., von 1972 bis 2004 Professor für Politikwissenschaft an der Universität Marburg. Zahlreiche Veröffentlichungen bei PapyRossa, zuletzt: *Friedrich Engels – Basiswissen* und in 7. Auflage *G Strich – Kleine Geschichte des Kapitalismus.*

Jutta von Freyberg, Dr. phil., Studium der Politikwissenschaft und der Soziologie in Frankfurt a. M. und Marburg. Langjährige wissenschaftliche Mitarbeiterin bei Wolfgang Gehrcke, MdB (Die Linke). Ko-Autorin des PapyRossa-Buchs *Afghanistan – So werden die neuen Kriege gemacht. Deutschland und der Krieg am Hindukusch.*

Jörg Goldberg, Dr. rer. pol., Diplom-Volkswirt, Regierungsberater in Benin und Sambia, entwicklungspolitischer Gutachter mit Schwerpunkt Afrika. Redaktionsmitglied von »Z. Zeitschrift Marxistische Erneuerung«. Zahlreiche Veröffentlichungen, bei PapyRossa zuletzt: *Ein neuer Kapitalismus? Grundlagen historischer Kapitalismusanalyse.*

Jörg Kronauer, Soziologe und freier Journalist. Lebt in London und ist Redakteur des Nachrichtenportals german-foreign-policy.com. Zahlreiche Veröffentlichungen, bei PapyRossa zuletzt: *Der Aufmarsch – Russland, China und der Westen.*

Thomas Kuczynski, Prof. Dr. sc. oec., Statistiker und Ökonom, freier Publizist. War letzter Direktor des Instituts für Wirtschaftsgeschichte der Akademie der Wissenschaften der DDR. Zahlreiche Veröffentlichungen, darunter bei PapyRossa: *Geschichten aus dem Lunapark. Historisch-kritische Betrachtungen zur Ökonomie der Gegenwart.*

André Leisewitz, Dr. phil., war Mitarbeiter des Instituts für Marxistische Studien und Forschungen (IMSF) und ist im Vorstand der Heinz-Jung-Stiftung sowie Redakteur der *Z. Zeitschrift Marxistische Erneuerung.*

Gert Meyer, Dr. phil., Politikwissenschaftler, war Lehrbeauftragter an der Universität Marburg Zahlreiche Veröffentlichungen zur Geschichte und zum politischen System der Sowjetunion und Russlands im 20. Jahrhundert, darunter 1990 *Nationalitätenkonflikte in der Sowjetunion*, eines der ersten PapyRossa-Bücher überhaupt.

Gisela Notz, Dr. phil., Sozialwissenschaftlerin und Historikerin. Arbeitete als wissenschaftliche Referentin bei der Friedrich-Ebert-Stiftung. Lehrbeauftragte an verschiedenen Universitäten. Zahlreiche Veröffentlichung, bei PapyRossa: *Feminismus – Basiswissen.*

Werner Ruf, Prof. Dr. phil., mehrjährige Forschungsaufenthalte in Nordafrika. Lehrtätigkeiten in den USA und Frankreich. Lehrte von 1982 bis 2003 an der Universität Kassel. Zahlreiche Veröffentlichungen, bei Papy-Rossa zuletzt: *Vom Underdog zum Global Player – Deutschlands Rückkehr auf die Weltbühne.*

Werner Rügemer, Dr. phil., Publizist und interventionistischer Philosoph. Autor zahlreicher Bücher, bei PapyRossa zuletzt: *Die Kapitalisten des 21. Jahrhunderts* sowie *Imperium EU. ArbeitsUnrecht, Krise, Neue Gegenwehr.*

Ulrich Schneider, Dr. phil., Historiker, Generalsekretär der Internationalen Föderation der Widerstandskämpfer (FIR) sowie Bundessprecher der VVN-BdA. Zahlreiche Veröffentlichungen, bei PapyRossa zuletzt: *Antisemitismus im Dritten Reich – Von der Ausgrenzung zum Völkermord.*

Conrad Schuhler, Diplom-Volkswirt, Studium an den Universitäten Manchester und München, Harkness-Fellow an den Universitäten Yale und Berkeley (USA). Langjähriger Vorsitzender des Instituts für sozialökologische Wirtschaftsforschung (isw) in München. Zahlreiche Veröffentlichungen, bei PapyRossa zuletzt: *Das Neue Amerika des Joseph R. Biden.*

Gerd Wiegel, Dr. phil., Referent der Bundestagsfraktion der Partei Die Linke für Rechtsextremismus/Antifaschismus. Zahlreiche Veröffentlichungen, bei PapyRossa zuletzt: *Brandreden – Die AfD im Bundestag.*

Winfried Wolf, Dr. phil., Politologe, Chefredakteur von *Lunapark21,* Bücher zu Weltwirtschaft, Verkehr und Stuttgart 21. Autor zahlreicher Bücher, bei PapyRossa zuletzt: *Corona, Krise, Kapital. Plädoyer für eine solidarische Alternative in den Zeiten der Pandemie.*

Lucas Zeise, Finanzjournalist, Studium der Philosophie und Volkswirtschaft. War an der Gründung der *Financial Times Deutschland* beteiligt. Zahlreiche Veröffentlichungen, bei PapyRossa zuletzt: *Das Finanzkapital – Basiswissen.*